Adrian Rouzbeh lebt Erfolg. Vom abgeschriebenen Außenseiter machte er sich zum Multi-Unternehmer, Firmenberater und Kampfsportler auf Profiniveau. In seinem Buch liefert er erstmals die Erfolgstools, die für echte Ergebnisse sorgen. Er räumt auf mit falschen Leitsätzen und gibt dem Leser praxiserprobte Tipps an die Hand, mit denen Rouzbeh sich selbst hochgekämpft hat. *Erfolg aus Prinzip* ermöglicht dem Leser völlig neue Blickwinkel und bezieht alle Aspekte ein, die auf dem Weg nach oben relevant sind: Psychologie und Kommunikation, Karriere und Fortschritt, Glück und Gesundheit und vieles mehr. Egal ob jung oder alt, Angestellter oder Unternehmer, engagierte Mutter oder Familienvater – dieses Buch ist für jeden, der mehr vom Leben will. Rouzbeh zeigt nicht nur, *dass* ein erfolgreicheres Leben für jeden möglich ist, sondern erklärt auch, *wie*.

ADRIAN ROUZBEH, geboren 1991, ist Philanthrop, mehrfacher Selfmade-Unternehmer, CEO, Erfolgsexperte und Leistungssportler. Er ist als gefragter Speaker, Konzeptionist und Berater für viele der größten und renommiertesten Unternehmen Deutschlands tätig. Außerdem teilt er sein bewährtes Wissen auf vielen Messen, Kongressen sowie an Universitäten und Schulen. Mit seinem innovativen Unternehmen PHOENIX HUMAN PRIME hat er eine Erfolgsakademie in Nordrhein-Westfalen geschaffen und zahlreiche erfolgreiche Entrepreneure und Athleten hervorgebracht. Außerdem ist er Gründer und Berater vieler erfolgreicher Medienbrands.

ADRIAN ROUZBEH

ERFOLG AUS PRINZIP

DAS UNIVERSELLE HANDBUCH FÜR
ALLE, DIE MEHR WOLLEN

Ullstein

Besuchen Sie uns im Internet:
www.ullstein.de

Originalausgabe im Ullstein Taschenbuch
1. Auflage Juli 2020
© Ullstein Buchverlage GmbH, Berlin 2020
Redaktionelle Mitarbeit: Leonard Bauer
Umschlaggestaltung: zero-media.net, München
Titelabbildung: © Memo Filiz
Satz: Red Cape Production, Berlin
Gesetzt aus der Sentinel und Gotham
Druck und Bindearbeiten: CPI book GmbH, Leck
ISBN 978-3-548-06313-3

INHALT

Intro 9

Hallo, Erde! 35

Ich sehe was, was du nicht siehst 49

Frau Kappes 71

Bis jetzt 83

Fluch und Segen der Sprache 95

Frame 101

Kommunikation 119

Glück und Erfolg 131

Effizienz 151

Routinen 167

Umfeld 187

Falsche Tippgeber 205

Psychologische Gesetze 217

Gesetz der Macht 221

Gesetz der Masse 239

Rezi 257

Achtsamkeit 277

Epilog 297

Danksagung 305

Anmerkungen 308

Weitere Quellen 311

Dieses Buch ist all den Menschen gewidmet, die ihre wertvolle Zeit und Energie in ihre persönliche Weiterentwicklung investieren, um ihr volles Potenzial auszuschöpfen

INTRO

Mein Name ist Adrian Rouzbeh. Hello.

Ich bin Gründer und CEO von PHOENIX HUMAN PRIME (PHP), einer innovativen Dachfirma, die Bildungseinrichtung, Sportstudio, Gesundheitszentrum, Unternehmensberatung und Agentur zugleich ist – all diese Bereiche bilden jeweils eigene Unternehmenssparten bei PHP.

Darüber hinaus bin ich Geschäftsführer weiterer Firmen und regelmäßig als Berater, Analytiker und Konzeptionist für viele der größten und renommiertesten Firmen Deutschlands tätig. Dasselbe tue ich für viele Brands, Führungspersonen, Persönlichkeiten, Athleten und vor allem CEOs.

Ich bin routinierter Speaker und Coach und habe in meinem Leben bislang mehr als tausend Vorträge gehalten und Seminare, Workshops und Coachings durchgeführt. Ich bin außerdem seit zwölf Jahren aktiver Kampfsportler (Schwarzgurt) sowie Kampfsporttrainer in meinem eigenen Gym.

Außerdem bin ich als Start-up-Coach und Finanzberater für viele Gründer und Unternehmer tätig. Auch die Digitalisierung gehört zu meinen Gebieten, und natürlich bin ich in der Social-Media-Branche sehr aktiv, nicht nur als Influencer, sondern auch als Konzeptionist und Erfinder verschiedener Social Media Brands (u. a. *Jurafakten*, Deutschlands größte Jura-Seite in den sozialen Medien).

Ich referiere und berate an Schulen und unterstütze dabei nicht nur Schüler, sondern auch Lehrer und Schulleiter.

Weiter bin ich als Gastdozent an Universitäten unterwegs und bringe zeitgemäßes Praxiswissen in die Hörsäle. Und seit mehr als neun Jahren bin ich als Paar-, Beziehungs- und Dating-Coach aktiv und referiere regelmäßig rund um die Themen Mann-Frau-Dynamiken und Beziehungen.

Meine Kerntätigkeit und das, womit alles begann, ist meine Arbeit als Coach und Berater für zwischenmenschliche Beziehungen und sämtliche Bereiche, die mit dem menschlichen Verstand und unserem Verhalten zu tun haben.

Es ist meine größte Leidenschaft, Menschen zu helfen, die mit verschiedenen Problemen des Lebens zu kämpfen haben. In meinem Wirken als Coach konnte ich Leute aus tiefsten Depressionen holen, Beziehungskrisen beenden und Menschen von ihrer Drogensucht befreien. Dabei hatte ich immer wieder mit extremen Härtefällen zu tun und konnte Dutzende glücklicherweise auch vor dem Suizid bewahren.

Es ist meine Herzensangelegenheit, vor allem die Außenseiter, Mauerblümchen, Mobbing-Opfer, Über-/Untergewichtigen, »Abgeschriebenen« oder andere ungeschliffene Diamanten auf dem Weg zu ihrem persönlichen Erfolg zu unterstützen.

Damit du verstehst, wie und vor allem warum ich zu diesen vielfältigen Tätigkeiten gekommen bin, müssen wir einen kurzen Abstecher in meine Vergangenheit machen. Alles, was ich heute tue, hängt nämlich maßgeblich damit zusammen, was mir widerfahren ist und was ich daraus gelernt habe.

Ich war ein kleines, pummeliges Mausibärchen, wie es im Buche steht. Schon als kleines Kind musste ich eine Brille tragen und hatte mit Neurodermitis und starkem Asthma zu kämpfen. Daher bekam ich früh hohe Dosen Cortison, die mich mit den Jahren aufgehen ließen wie einen Hefeteig. Ich war ein lebensfroher, neugieriger Junge, der niemandem etwas zuleide tun wollte. Meine Eltern versuchten, mich so zeitgemäß und frei wie möglich zu erziehen und mir nur die besten Werte mit auf den Weg zu geben. Ich wuchs in sehr behüteten Verhältnissen auf, meine Eltern taten alles dafür, dass es mir an nichts fehlte.

Ich war immer schon sehr wissbegierig, wollte herausfinden, wie Dinge funktionieren, und am liebsten die ganze Welt umarmen. So verliefen meine ersten Jahre bis zur Einschulung glücklich und unbeschwert. Ich war gespannt darauf, was vor mir lag, und voller Vorfreude auf die neuen Freunde, die die Schulzeit bringen würde. Ich fing früh an zu lesen und wollte immer mehr von dieser Welt kennenlernen und verstehen.

Doch dann erschlug mich das Leben. Statt neuer Freunde, neuem Wissen und einer normalen Entwicklung erwartete mich die schlimmste Zeit meines Lebens. In meinem Verhalten war ich von Anfang an etwas auffälliger als viele andere Kinder. Ich war hibbeliger, redete viel und stellte mehr Fragen als die anderen. Dabei wollte ich nicht bewusst »stören« oder die Lehrer ärgern – ich habe den Unterrichtsstoff sofort verstanden, hatte mir »Lernen« und »Wissensvermittlung« jedoch irgendwie interessanter vorgestellt.

Den meisten Lehrern passte meine Art von Anfang an nicht. Anstatt mich zu fördern oder sich zumindest in irgendeiner Weise mit mir als »Sonderfall« auseinanderzusetzen, grenzten viele von ihnen mich mit der Zeit systematisch aus. Schon früh wurde ich als geistig eingeschränkt und hyperaktiv abgestempelt. Stellte ich zu viele Fragen oder verhielt ich mich nicht genau so, wie es von mir erwartet wurde, musste ich vor die Tür. Ich wurde regelrecht mundtot gemacht, weil ich mehr Fragen stellte als andere. Aber wo sonst sollte ich Fragen stellen, wenn nicht in der Schule? Ich verbrachte irgendwann mehr Zeit vorm als im Klassenzimmer.

Weil die Lehrer mich grundsätzlich belächelten und anders behandelten als die anderen, ließ der Spott meiner Mitschüler nicht lange auf sich warten. Ich war nämlich nicht nur »anders«, sondern auch ziemlich sensibel und naiv – ich rechnete bei allem immer nur mit dem Guten. Irgendwann begannen meine Mitschüler, mich regelrecht zu ihrem Boxsack zu machen.

Meine Schulzeit begann also mit Ausgrenzung und Demütigung und entwickelte sich zu einem Albtraum. Ich weiß gar nicht, ob das, was ich damals durchmachte, überhaupt noch unter den Begriff »Mobbing« fällt, denn ich wurde fast täglich geschlagen, verarscht und ausgenutzt. Von Mitschülern verprügelt und bespuckt zu werden gehörte für mich irgendwann zur Tagesordnung. Ich verstand die Welt nicht mehr. Ich hatte diesen Menschen ja nichts getan. Ich wollte einfach nur dazugehören und gemocht werden. Stattdessen lernte ich, dass im Leben Gutherzigkeit und Naivität nicht automatisch erwidert werden.

Jahrelang wehrte ich mich nicht und schlug grundsätzlich nicht zurück. »Nur schwache Menschen schlagen, Adrian.« Diesen Satz meiner Mutter hatte ich oft im Kopf. Ich wollte nicht schwach sein und niemandem wehtun. Also ließ ich mich schlagen und lachte den Schmerz weg oder versuchte, mich mit Worten zu wehren.

Dass mein Lachen nicht gerade dazu führte, dass meine Peiniger aufhörten, versteht sich von selbst. Aber ich wollte keine Schwäche zeigen. Weinen konnte ich immer noch zu

Hause. Aber nicht mal das war immer ein sicherer Ort für mich, denn naiv, wie ich war, lud ich öfters »Freunde« zu mir ein. Ich stellte sie stolz meinen Eltern vor und wollte ihnen meine Spiele zeigen. Leider ging der Plan meist nicht auf, innerhalb weniger Minuten hatten sie mich aus meinem eigenen Zimmer ausgeschlossen und spielten alleine. Meiner Mutter sagte ich einfach, das gehöre zum Spiel dazu. Als sie gingen, nahmen sie sich gerne noch ein paar Videospiele oder Comichefte zum »Ausleihen« mit. Nichts davon sah ich jemals wieder. Alle wussten, dass ich mich niemals wehrte und niemandem etwas übel nahm. Mit Adrian konnte man alles machen.

Es wurde mit den Jahren nicht besser, sondern schlimmer, besonders, als ich auf die weiterführende Schule kam. Jeder Schulweg, jede Pause glich einem Höllentrip. Ich hatte abends schon Bauchkrämpfe und lag nachts wach, weil ich überlegte, wie ich meinen Peinigern am nächsten Tag ausweichen könnte.

Mein Leben bestand aus Angst, Selbstzweifel und Ratlosigkeit. Zu Hause indes hörte ich von allen Seiten, was ich für ein toller Junge sei und dass Fairness und Gutherzigkeit trotz allem irgendwann belohnt würden. Das Leben sprach eine andere Sprache. Ich war der, den man für alles verantwortlich machen konnte, an dem man seine Schlagkräfte messen und seinen Frust auslassen konnte, dem man Pausenbrote, Mangahefte oder Taschengeld abziehen konnte, ohne Konsequenzen zu befürchten oder ein schlechtes Gewissen zu haben. Schließlich wehrte ich mich nicht. Und wenn sogar mancher Lehrer mich auslachte …

Im Laufe meiner Schulzeit kam ich in den Ruf, dauernd für Probleme zu sorgen. Wo ich war, ließen Ausgrenzungen, Erniedrigungen oder Prügelattacken nicht lange auf sich warten, die Schuld daran gab man grundsätzlich mir. Ich kann gar nicht aufzählen, wie oft ich wegen Ärgers zum Lehrer zitiert wurde, an dem ich entweder gar nicht beteiligt war oder den ich hatte schlichten wollen. Wann immer es möglich war, hieß es: *»Der Adrian war's«*. War ja logisch, dass der nervige, dicke ADS-Junge schon wieder Probleme macht. Ich war der perfekte Sündenbock. Ich kann mich nur an sehr wenige Situationen erinnern, in denen sich jemand für mich einsetzte.

Vom Glauben an den Sinn und Zweck des Schulsystems habe ich mich bei alldem schon relativ früh verabschiedet. Zu oft erlebte ich, dass Lehrer willkürlich agierten – auf Basis von Sympathie bzw. Abneigung. Sie luden oft ihre privaten Emotionen auf Schüler ab, gleichzeitig bekamen Schüler gute Noten, weil sie Lehrern in den Arsch krochen. Sie taten das, weil bessere Noten in ihren Augen eine bessere Zukunft bedeuteten. Dass uns dieses System aufs Leben vorbereiten sollte, konnte ich bald nicht mehr nachvollziehen.

All die Probleme, in die ich jahrelang verwickelt war, bekamen natürlich auch meine Eltern zu spüren. Meine Mutter erreichte eine unverschämte Nachricht nach der anderen: »Ihr Sohn ist unmöglich«, »Ihr Sohn ist sozial inkompetent und unfähig zu lernen«, »Ihr Sohn ist ein Störenfried« und so weiter. Auch meine Noten sprachen eine eindeutige Sprache. Sobald ich nicht nach der Pfeife der Lehrer tanzte, wurden die Noten gegen mich instrumentalisiert und irgendwann sogar gegen meine Eltern. Die Lehrer begannen, meine Eltern zu fragen: »Führen Sie eine glückliche Ehe?«, »Gibt es zu Hause oft Streit?«, »In welchen Verhältnissen wächst Ihr Sohn auf?«, »Bekommt er genug Aufmerksamkeit und Liebe?«, »Hat Ihr Sohn schon mal häusliche Gewalt erlebt?«, »Sind Sie sicher, dass Ihr Sohn intellektuell normal entwickelt ist?«.

Lehrer gerierten sich als Hobbypsychologen, Eheberater und Experten für Kindererziehung. Dabei genoss ich nicht nur eine moderne Erziehung, sondern wuchs auch in finanziell sicheren, gebildeten und sozial absolut stabilen Verhältnissen auf. Zu Hause hatte ich eine heile Welt. Mit drei jüngeren Geschwistern konnte es zwar manchmal etwas chaotisch werden, aber meine Eltern gaben sich alle Mühe, jedem von uns so viel Zeit, Liebe und Aufmerksamkeit wie möglich zu schenken.

Die Tatsache, dass meine Mutter nicht nur sehr jung, sondern auch Ausländerin war, bot den Lehrern und Schulleitern aber offenbar den perfekten Nährboden für eine Fülle an Vorurteilen und Beleidigungen. Dabei stand sie als Einzige immer hinter mir und verlor nie den Glauben daran, dass ich zu mehr fähig sei, als man ihr weismachen wollte. Denn während meiner gesamten Schulzeit taten viele Lehrer alles dafür, meiner Mutter zu beweisen, dass ihr Sohn sozial inkompetent, unterdurchschnittlich intelligent und generell zu wenig imstande sei.

Lediglich ein kleiner Teil der Lehrer hielt zu mir. Sie sahen in mir Potenzial, aber standen damit meist alleine. Mir und meinen Eltern wurde gesagt, ich würde nicht mal die Hauptschule schaffen. Ich wurde von einer Schule zur nächsten geschoben. In der Schule, die mich letztlich widerwillig annahm, wurde ich mit den Worten begrüßt: »Wer ist Adrian? O.k. – du dahinten bleibst erst mal ganz ruhig!«

Um meine angebliche Konzentrationsschwäche in den Griff zu bekommen und dafür zu sorgen, dass ich »irgendwie über die Runden komme«, verschrieben mir die Ärzte schließlich das, was heutzutage viele Kinder oder Jugendliche bekommen, die aus der Reihe tanzen: *Ritalin*. Dadurch wurde ich ein vollkommen anderer Mensch – aber nicht im positiven Sinne. Ich ging wie gelähmt und in Trance durch die Welt. Durch Ritalin wurde ich von einem oft zwar anstrengenden, dabei aber aufgeweckten und aufmerksamen Kind zu einem abgestumpften Schatten meiner selbst. Als ich das Medikament absetzte, kam ich wiederum in Situationen, in denen ich mein Aggressionspotenzial immens unterdrücken musste. Das kannte ich von früher nicht – ich hatte ja davor leider fast alles mit mir machen lassen und eine Reizschwelle wie ein Bernhardiner.

Wenn es etwas gibt, das für Jungs im Pubertätsalter in den Fokus rückt, dann die Mädels. Das war bei mir nicht anders. Allerdings mit einem Unterschied: Anders als die meisten Jungs wurde ich von keinem Mädchen auch nur mit dem Arsch angeguckt. Während andere ihre ersten Dates, Küsse oder »Beziehungen« hatten, bestand mein Kontakt mit dem anderen Geschlecht meist darin, ausgenutzt und verarscht zu werden. Wenn ich es wie durch ein Wunder doch schaffte, eine Art »Freundin« zu bekommen, fühlte ich mich zwar kurzzeitig wie im siebten Himmel, trotzdem fühlte sich irgendetwas falsch an. Der Großteil der »Beziehung« bestand nämlich etwa daraus, ihr die Tasche hinterherzutragen und hingehalten zu werden, und oft genug ließ sie sich dann doch mit einem Arschlochtypen ein.

Nichts von dem, was ich mir ersehnte oder über Menschen oder das Leben »gelernt« hatte, schien in der realen Welt zu funktionieren. Meine Hilfsbereitschaft, meine Gutgläubigkeit und mein Urvertrauen in die Menschen wurde nicht erwidert, sondern ausgenutzt. Und mein Wissensdurst wurde in der Schule nicht gefördert, sondern abgewürgt.

Irgendwann – noch in der Schulzeit – war ich meine ewigen Bemühungen nach Aufmerksamkeit und Anerkennung satt. Sie hatten mich nicht weitergebracht. Ich spürte, dass mein Wunsch, nicht mehr zu leben, immer größer wurde. Eine Vorstellung vom erwachsenen »Ich« gab es in meinem Kopf nicht – alles schien perspektivlos. Vor lauter Verzweiflung googelte ich »härteste Kampfsportart der Welt« – und stieß auf »Luta Livre Vale Tudo« bzw. »Mixed Martial Arts«. Ich suchte nach dem härtesten Gym in meiner Umgebung und wurde fündig. Und so betrat ich mit 17 Jahren schüchtern dessen Trainingshalle und stieß auf eine Truppe breiter, durchtrainierter Kolosse mit Blumenkohlohren. Ich war mit Abstand der Jüngste und blickte fasziniert auf diese harten, starken Typen, deren Körper zielsichere Waffen zu sein schienen.

Ich lernte meinen Trainer Armin Eslami kennen, einen Pionier des MMA-Sports in Deutschland und ehemaligen Trainer der deutschen Grappling-Nationalmannschaft. 2012 machte er unser Team zum deutschen Grappling-Meister. Ich weiß noch, wie überrascht sein Blick war, als er mich, einen fetten, unproportionierten 17-Jährigen, im Gym sah. Aber ich war solche Blicke ja gewohnt.

Ich war anfangs ein grottenschlechter Schüler und musste mich jedes Mal zum Training quälen. Irgendetwas war jedoch anders: Ich wurde besser. Und besser. Und besser. Zum ersten Mal in meinem Leben machte ich in einer Sache richtig Fortschritte. Und das erste Mal tat ich nicht, was alle von mir wollten. Jeder war dagegen, dass ich regelmäßig mit diesen Maschinen trainierte – aber das war mir egal. Ich habe es nie bereut, im Gegenteil. Die Entscheidung, immer weiter in dieser Sportart zu trainieren, sollte sich Jahre später als eine der besten Investitionen meines Lebens herausstellen – sie war der erste Stein, der eine gewaltige Entwicklungslawine ins Rollen brachte.

Nach einiger Zeit zeigte das Training Wirkung. Als die anderen merkten, dass man mich nicht mehr wie einen Spielball herumschubsen konnte, wurde ich nicht mehr verprügelt. Dafür aber nun umso mehr ignoriert. Das Leben spielte mal wieder nicht so, wie ich es mir wünschte.

Dennoch hatte sich etwas verändert – meine stetige Entwicklung im Kampfsport zeigte mir, dass es möglich war, sich zu verbessern. Das gab mir Hoffnung. Je weiter ich im Training voranschritt, desto hungriger wurde ich nach weiteren Möglichkeiten, um schneller besser zu werden. Ich fragte mich, ob ich mir das »Waffenarsenal«, das das Kampfsporttraining mir auf physischer Ebene bot, nicht auch auf *mentaler* Ebene aneignen könnte. Also begann ich mich ausführlich mit Psychologie zu beschäftigen, stundenlang, Tag und Nacht.

Als ich merkte, dass sich die meisten meiner zwischenmenschlichen Probleme durch Psychologie und das Verständnis für soziale Dynamiken erklären ließen, gab es kein Halten mehr. Wie ein Besessener sog ich alle Informationen auf, die ich dazu finden konnte. Ich wollte alles über den Menschen und seinen Verstand erfahren, um nie wieder keine Ahnung zu haben, warum mir etwas widerfuhr. Ich wollte Lösungen finden, um mich aus meiner Misere zu befreien.

So fand ich durch nächtelanges Eigenstudium heraus, wie wir Menschen wirklich ticken und welchen ungeschriebenen Gesetzen wir mit unserem Verhalten folgen. Vor allem aber verfestigte sich mit der Zeit eine harte, aber zugleich geradezu befreiende Erkenntnis. *Ich. War. Schuld.*

Ich bin noch heute der Meinung, dass ich in meiner Schulzeit einigen der widerwärtigsten Menschen begegnet bin. Aber letztlich ändert diese Tatsache nichts daran, dass *ich* ausgegrenzt und gedemütigt wurde, andere Mitschüler nicht. Ich war das Problem. Ich hatte es mit mir machen lassen und mit meinem Verhalten selbst zu meinen Problemem beigesteuert. Ob alles allein meine Schuld war oder auch eine Teilschuld derer, die mir eine heile Welt vorgespielt haben, wo es keine gab, ist letztlich nicht entscheidend. Das Ergebnis zählte.

Diese Einsicht war für mich wie ein Augenöffner. Sie gab mir Hoffnung, weil ich erkannte, dass ich meine Wirkung auf Menschen selbst beeinflussen konnte, indem ich meine Opferrolle ablegte. Zu dieser Einsicht kam ich jedoch nur, weil ich mich an einem Punkt dazu entschied, nichts mehr ohne Weiteres zu glauben und eher selbst nachzuschauen, was eigentlich »los ist«. Ich hatte einen Weg gefunden, langsam die Kontrolle über mein Leben zurückzugewinnen – eine Möglichkeit, mich durch pures Wissen und neue Gewohnheiten aus der Scheiße zu kämpfen.

Ich schwor mir eine Sache: Damit mir nie wieder das passierte, was mir in der Schulzeit widerfahren war, würde ich mich zu einer körperlichen und mentalen »Waffe« ausbilden. Ich würde niemals aufhören zu lernen, so lange, bis ich menschliches Verhalten lesen und vorhersagen könnte und keinen Mann mehr fürchten müsste. Ich schwor mir, nichts mehr dem Zufall zu überlassen und mein Herz nie wieder sinnlos zerfetzen zu lassen.

Bei meiner Recherche hielt ich mich nicht an irgendwelche Lehrpläne oder Spezialgebiete – ich nahm alle seriösen Informationen auf, die ich finden konnte, durch Bücher, das Internet, Online-Kurse, Mentoren, Lernvideos und viel tägliche Praxis. Ich beschäftigte mich vor allem mit den Themen, die uns Menschen am meisten belasten können: zum Beispiel Depressionen, Trauer, Einsamkeit, Beziehungsprobleme, Mobbing. Ich wollte über alles genauestens Bescheid wissen, was mich auf meinem Weg aufhalten oder aber fördern könnte. Meine Erlebnisse hatten mir gezeigt, wie hart man vom Leben getroffen werden kann, wenn man unvorbereitet ist. Ich wollte bestmöglich vorbereitet sein, um nicht mehr blind und wie ein Spielball des Lebens herumzuirren. Ich verbrachte über Monate Stunden damit, alles Mögliche über Themen wie Kommunikation, Körpersprache, Lügenerkennung, Beziehungspsychologie, Persönlichkeitspsychologie, NLP (Neurolinguistisches Programmieren), Evolutionspsychologie, Ausdruckspsychologie oder Profiling zu lernen. Heute kann ich sagen, dass es keinen Bereich gibt, in dessen Studium ich so viel Lebenszeit investiert habe, wie in die Bereiche *Psychologie* und *Kommunikation.*

Zur der Zeit, als mein Wissensdurst erwachte, befand ich mich gerade im Abitur. Meine neue Begeisterung am Lernen übertrug ich eins zu eins auf die Schule und alle Lebensbereiche. Wenn ich jetzt etwas wissen wollte, recherchierte ich selbst. Wenn ich den Abiturstoff lernen wollte, hielt ich mich nicht mehr an die Lehrer, sondern suchte bei YouTube. Wenn ich nicht mehr verarscht werden wollte, fragte ich nicht meine Verwandten, sondern suchte in Psychologiebüchern nach Antworten. Ich wurde immer mehr zu einem Wissensdetektiv.

Als ich erst einmal die Erfahrung gemacht hatte, wie leicht und angenehm es sich eigenverantwortlich mit Mitteln abseits des Lehrplans lernen ließ, verlor ich jedes Verständnis für die »Streber«, die immer noch intensiv zehn Jahre alte Schulbücher studierten. Indem ich meinen eigenen Regeln folgte, schaffte ich entgegen allen Erwartungen auch das Abitur. Doch sosehr ich auch versucht hatte, die Kurve zu kriegen, konnte ich nicht mehr viel rausholen: Es reichte schließlich nur für einen Notendurchschnitt von 3,5.

Motiviert durch meine neu gewonnene Liebe zur Psychologie, wollte ich nichts lieber, als dieses Fach studieren. Ich bewarb mich an jeder deutschen Fakultät, an der man Psychologie studieren konnte – und erhielt von jeder eine Absage. Wie Werbung trudelten die Ablehnungsbescheide fast täglich in unserem Briefkasten ein. Mein Abi-Schnitt war schlichtweg zu schlecht. Ich war am Boden zerstört und griff letztlich zu der letzten Möglichkeit, die sich mir bot: die einzige Zusage im Nachrückverfahren für ein BWL-Studium in der Nachbarstadt.

Ich dachte, ich würde dort endlich etwas über Geld und Geschäftliches lernen. Aber diese Hoffnung zerschlug sich schnell. Ich merkte bald, dass die Uni-Professoren keine Mentoren waren, wie man sie sich wünscht. Wenn mir jemand etwas über Unternehmen erklärt, sollte man meinen, dass er auch Ahnung hat, wovon er spricht. Aber welcher der Professoren war denn schon in unternehmerischer und soziodynamischer Hinsicht ein Vorbild, an dem man sich hätte orientieren können? Ihre Vorlesungen bestanden fast nur aus trockener Theorie ohne Praxisbezug. Es wurde kiloweise auswendig gelernt, nur um nach den Klausuren alles wieder zu vergessen. Mit Business hatte das, was dort vermittelt wurde, nichts zu tun.

Heute kann ich besten Gewissens behaupten, dass ich in den ersten Monaten meiner Gründungsphase mehr gelernt habe (und lernen musste) als in all meinen BWL-Semestern. Trotz meines Studiums flog ich im Geschäftsleben volle Kanne auf die Fresse und musste alles verwerfen, was ich über das Business zu wissen glaubte – um mich dann von der Pike auf neu zu sortieren.

Ich war von der Uni tief enttäuscht. Lauter Menschen, die Scores und Noten nachjagten, obwohl sie oft keinen blassen

Schimmer hatten, was sie überhaupt mit ihrem Leben anfangen wollten. Menschen, die wie eine Pflaume kommunizierten, bekamen eine Eins in Personalmanagement, während ich mich fragte: Wen willst *du* einmal managen?

Mit der Zeit verschwand die rosarote Akademiker-Brille, und die pure Trostlosigkeit kam hervor. Die Fakultäten selbst, die Lehrmethoden, die Launen der Studierenden – das alles schien mir oft trist und farblos.

Ich trieb mich den ganzen Tag in den Mensen, Cafés und Bibliotheken herum, um die Zeit totzuschlagen. Während des Studiums trainierte ich weiter im Kampfsport und recherchierte zu den Themen, die mich immer noch am meisten faszinierten: zwischenmenschliche Beziehungen und Mann-Frau-Dynamiken. Ich verschlang weiterhin alle Informationen, die ich dazu ergattern konnte. Mein Wissensdurst ging so weit, dass ich irgendwann Psychologie-Absolventen bei diesen Themen locker in die Tasche steckte.

Mit alldem erzielte ich Erfolge, von denen ich früher nicht zu träumen gewagt hätte. Mein Leben wurde von Monat zu Monat erfüllter und spannender. Durch die Aneignung von Wissen hatte ich es geschafft, vom abgeschriebenen Außenseiter zu einem beliebten jungen Mann zu werden, der von immer mehr Menschen geschätzt wurde und ein Leben nach seinen Vorstellungen genießen konnte. Nicht nur das, auch die kontinuierliche Erweiterung meiner Skills in körperlicher (Kampfsport) und mentaler »Verteidigung« sorgte dafür, dass sich mein Auftreten und meine Wirkung auf Menschen stetig zum Positiven veränderten. Ich wurde geschätzt und respekiert und hatte bald den Ruf, dass ich niemand war, den man an der Nase herumführte.

Immer mehr wurde ich auch der Typ, den man bei Problemen oder Schwierigkeiten um Rat fragte – ob bei Beziehungsproblemen, Ängsten, Zweifeln, Lampenfieber, Liebeskummer oder Depressionen. Immer mehr Leute wollten von mir lernen. Irgendwann konnte ich in kaum einer Vorlesung mehr sitzen, ohne dass alle paar Minuten von links oder rechts ein Handy mit einem geöffneten Chatverlauf kam, damit ich irgendeiner Angebeteten antwortete oder ihre Nachricht für einen Freund analysierte und einschätzte.

Je öfter ich um Rat gefragt wurde, desto mehr Freude fand ich darin, mein Wissen weiterzugeben und anderen damit zu helfen. Ich wusste mittlerweile, wie befreiend es sich anfühlen konnte, sich funktionierendes Know-how anzueignen. Ich begann, Psychologie- und Dating-Seminare für Freunde und Bekannte zu geben. Meine Erfolge wuchsen. Nach kurzer Zeit hielt ich mehrmals wöchentlich Seminare und half zum Teil gestandenen Akademikern (darunter sogar Psychologen), psychische Krisen zu bewältigen und ihr Liebesleben zu verbessern. Parallel tat ich gerade so viel fürs Studium, um die wichtigsten Klausuren zu bestehen.

Irgendwann wurde es interessant. Ich sollte im Rahmen eines Uni-Projekts eine Präsentation halten. Ich war zu diesem Zeitpunkt ja schon routinierter Seminarleiter und freute mich, endlich in der Uni glänzen zu können. Für meine Präsentation bekam ich aber eine schlechte Note, weil ich dabei angeblich die eine oder andere Vorgabe außer Acht gelassen hatte. Ich hatte zu diesem Zeitpunkt schon Dutzende Seminare vor vielen Menschen gehalten und dabei überwiegend das Feedback bekommen, dass sie selten so durch Worte gefesselt worden seien wie bei mir. Und da stand ich nun und musste zusehen, wie andere eine bessere Note für ihre abgelesene Präsentation bekamen als ich, obgleich sie nicht mal einen Kaffee in der Mensa bestellen konnten, ohne vor Verlegenheit Schweißausbrüche zu erleiden.

Von da an hieß es für mich: Arrivederci. Ich hatte es satt. Ich hatte alles gesehen. Von der Schule über das Abitur bis zur Uni – überall wurde mir kaum etwas vermittelt, was ich im Leben gebrauchen konnte. Das Einzige, was ich gelernt hatte, war, wie ich mich am besten an externe Vorgaben anpasse und mir mit so wenig Eigenverantwortung wie möglich in Rekordzeit irrelevante Informationen eintrichtere, um sie einmal abzurufen und dann für immer zu vergessen. Das Bildungssystem hatte mir Jahre meines Lebens geraubt.

Ich frage mich heute, wie Menschen glauben können, dass Studiengänge wie BWL für das Geschäftsleben so entscheidend sind? Wie will man beispielsweise Marketing in einem festgelegten dreijährigen Lehrplan unterrichten, wenn sich bereits innerhalb *eines* Jahres die gesamte Marketing-Branche verändert? Was in vielen Studiengängen (nicht in allen) vermittelt werden soll, ist jede Menge überholtes Wissen, das in der Realität keine Anwendung mehr findet. Dennoch hat ein Studium in den Köpfen vieler Menschen einen so hohen Stellenwert, dass sie bereit sind, dafür Jahre ihres Daseins zu opfern, nur um dann zu merken, dass im wirklichen Leben nichts und niemand auf sie wartet.

Ich habe mich komplett von diesem Denken entkoppelt. Wissen muss funktionieren! Es war wieder an der Zeit, dass ich mich komplett »gegen« den Strom richtete.

Das bekam ich von allen Seiten zu spüren. Es kam zu immer heftigeren Streitereien mit meinen Eltern. Für viele andere Mitglieder meiner Familie war ich ja schon aus der Schulzeit als Störenfried bekannt, nun aber galt ich auch noch als berufliche Enttäuschung und erster Studienabbrecher der

Familie. Ich hatte meine Eltern wieder einmal in Schwierigkeiten gebracht, ohne es gewollt zu haben. Das merkte ich auch am Verhalten meiner weiteren Verwandten – auch wenn keiner von ihnen an meinen menschlichen Werten oder meiner Intelligenz zweifelte, schmerzte mich ihre unterschwellige Abneigung. Aber all das war mir nun egal.

Von dieser Zeit an folgte ich nur noch meiner Leidenschaft. Dabei gab es eine Frage, die mich immer schon beschäftigte: Warum gibt es keine Institution, Firma oder Ähnliches, an die ich mich wenden kann, um mich als Mensch ganzheitlich zu optimieren? Eine Anlaufstelle, die genau diese lebensverändernden Tools, Weisheiten, Trainingsbausteine etc. anbietet oder unterrichtet, mit denen ich mein eigenes Leben erfolgreich auf ein neues Level bringen konnte?

Wenn etwas an deinem Auto nicht stimmt oder du es in irgendeiner Hinsicht verbessern möchtest, gibt es dafür Werkstätten und Tuning-Betriebe. Aber was ist mit uns Menschen? Es gibt genug Baustellen, an denen wir arbeiten könnten. Warum also gibt es keinen Ort, an dem Menschen mental, körperlich und beruflich darin unterstützt werden, sich zu verbessern? Sei es in den Themenbereichen Kommunikation, Business, Abnehmen, Rhetorik, Muskelaufbau, Selbstverteidigung, zwischenmenschliche Beziehungen, Meditation, Sport, Sprachen, Gesundheit oder bei jeglicher Art von Wissen oder Werkzeugen, die unser Leben verbessern?

Ich stellte mir immer vor, wie toll es wäre, einen Ort zu haben, wo du rundum an dir als Mensch arbeiten kannst und wirklich nur das lernst, was wirklich funktioniert und was du tatsächlich im Leben brauchst. Eine menschliche »Optimierungsstätte« quasi. Ohne Lehrer, sondern mit echten Mentoren, denen du aus voller Überzeugung zuhörst.

Echte Experten, die dir nur gültiges, aktuelles Wissen vermitteln. An einigen dieser Stellschrauben zu arbeiten hatte buchstäblich mein Leben gerettet. Was die meisten Menschen unter *Bildung* verstanden, war absolut nicht das, was ich unter diesem Begriff verstand. Auch *Sport* scheint jedem geläufig, aber viele betreiben ihn falsch und verletzen sich eher dabei, anstatt den Körper zu stärken, oder gehören zur Sorte »Alibi-Athleten«, die sich nur zur Beruhigung ihres Gewissens im Fitnessstudio anmelden und dann durch Abwesenheit glänzen. Von *Gesundheit* brauchen wir gar nicht erst anzufangen. Leider achten die wenigsten ernsthaft auf ihre Gesundheit.

Wieso kam bislang kaum einer darauf, all diese Branchen miteinander zu verbinden? Die Kraft, die sich aus der Kombination von Wissen und förderlichen Routinen in diesen Bereichen ergibt, kann Menschen befreien und sie gesund, erfolgreich und reich machen.

So kam ich auf die Idee, selbst diese innovative Firma zu gründen. Es musste eine Anlaufstelle geschaffen werden, bei der Menschen sich ganzheitlich optimieren können, und zwar mit Dingen, die in der Praxis funktionieren. Es gab schlichtweg zu viele, die davon profitieren konnten.

Ich gründete PHOENIX HUMAN PRIME, kurz PHP, ein Unternehmen, das Menschen ganzheitlich dabei unterstützt, sich zu optimieren – Persönlichkeitsentwicklung pur mit einer Community aus Menschen, die sich gegenseitig helfen und in verschiedenen Bereichen die Hand reichen. Ein Platz, an dem Defizite, wie ich sie hatte, ausgebessert werden. Mit meinen früheren Seminaren noch während meines Studiums hatte ich bereits den Startschuss für den künftigen Bildungsbereich von PHP gegeben. Ich entschied mich nun, einen weiteren Schritt in die Selbstständigkeit zu wagen.

Ich wurde von allen Seiten belächelt und für diese naive Idee ausgelacht. Und in der Gründungsphase stellte sich mir so ziemlich jedes Problem in den Weg, das man sich ausmalen konnte. Ich hatte in den ersten drei Jahren kaum Geld auf dem Konto. Ich hatte weder Bonität noch irgendwelche Referenzen und obendrein ein schlechtes Abitur. So stand ich da, finanziell auf wackligen Beinen – und hatte mir fest in den Kopf gesetzt, eine eigene Bildungseinrichtung zu gründen. Diese konnte ich aber nicht einmal adäquat beschreiben, weil es ja noch nie etwas Vergleichbares gegeben hatte. Diese Erklärungsnot verschreckte die Leute oft, was sich zu Beginn natürlich nicht allzu positiv auf die Kunden auswirkte.

Aber ich wäre nicht ich gewesen, wenn mich das vom Weitermachen abgehalten hätte. Ich hatte mich sowieso vom Minusbereich hochgekämpft und wusste, dass ich mittlerweile alles schaffen konnte. Eine neue Wissensreise begann – diesmal aber zu einem anderen Thema. Jahrelang lernte ich wieder wie ein Bekloppter und inhalierte alles zu Themen wie Unternehmertum, Gründung, Business, Leadership/Führung, Marketing, Social Media, Jura, Finanzarchitektur, Geld, Erfolgsroutinen usw. Ich wollte nicht nur mich selbst und mein Business gegen alles absichern, was mich erwarten würde, sondern auch ausschließlich das Wissen vermitteln, welches im realen Leben erprobt war. Ich schwor mir, nur fundiertes Wissen von echten Experten weiterzugeben und sensibel darauf zu achten, wer in meiner Einrichtung unterrichten oder helfen durfte. Keines meiner Mitglieder sollte jemals in die gleichen Fallen tappen wie ich.

Schritt für Schritt entstanden so neue Unternehmensbereiche und Tätigkeiten. All das Wissen, das ich mir durch meine Recherchen und Erfahrungen während des Unternehmensaufbaus aneignete, wurde zu neuen Themengebieten in der Akademie von PHP gewandelt. Die Mitglieder erhielten all meine gesammelten Informationen aus allen Bereichen. Die körperliche Optimierung durfte dabei natürlich nicht fehlen. Als ich die Mittel dazu hatte, ergänzte ich die PHP Academy direkt um eine Sportstätte, in der es nur das Training geben sollte, das echte Resultate hervorbringt – im PHP Gym lag der Fokus von Anfang an auf funktionellem Kraftausdauertraining und praxisorientiertem Kampfsport.

Nach und nach baute ich meine Firma immer weiter auf und ergänzte sie um wichtige Bestandteile. Mittlerweile ist sie zu einem eigenen Bildungs-, Gesundheits- und Sportzentrum herangewachsen. PHP hat Hunderte Mitglieder, die sich gemeinsam an mehreren Standorten im Herzen von Düsseldorf weiterbilden, optimieren und gegenseitig unterstützen. Von Ernährung bis Geldanlage, von Gründern bis Social-Media-Experten, vom Künstler bis zum Athleten – PHP ist eine Quelle für Wissen, das dich im Leben weiterbringt, und ein kunterbunter Haufen verschiedener Experten. Einige Mitglieder wurden mittlerweile selbst zu Dozenten in ihren eigenen Wunschgebieten oder sind als Trainer im PHP Gym tätig. Die Besten unter ihnen werden im Namen von PHP mittlerweile an viele Unternehmen deutschlandweit vermittelt.

Um diesen ganzheitlichen Ansatz auch in Firmen zu ermöglichen, habe ich vor einigen Jahren PHP Corporate gegründet, den B2B-Bereich von PHP. Unsere Firmensparte widmet sich der Unternehmensberatung und insbesondere der betrieblichen Gesundheitsförderung. Sie betreut heute große Firmen auf täglicher Basis. Um sicherzugehen, dass unsere Firmenkunden wirklich nur gültiges Wissen und umsetzbare Tipps an die Hand bekommen, werden alle Leistungen nur von zusätzlich intern ausgebildeten Experten erbracht. Mein Team und ich unterstützen Unternehmen in Bereichen wie Bewegung, Ernährung, Entspannung, Prävention, Resilienz, Achtsamkeit, Stressbewältigung und vielem mehr.

Insgesamt entstand auf diese Weise ein einzigartiges Konstrukt, in dem sich alle Bereiche gegenseitig fördern und stärken. Zahlreiche Mitglieder nutzen die Community, den Vibe und das Wissen bei PHP, um ihr Wissen zu bündeln und voneinander zu profitieren. Ihnen wiederum schauen die neuen, jüngeren Mitglieder über die Schulter und lernen so schon in ihrer Schulzeit, worauf es im Leben wirklich ankommt und welches Wissen, welche Routinen sie später zum Erfolg führen.

Das Schönste ist aber, dass wir eine Anlaufstelle geschaffen haben, an die sich jeder wenden kann, der Probleme hat. Dabei ist es egal, wie alt diese Menschen sind und ob es Abgeschriebene, Suizidgefährdete, Übergewichtige, Gehänselte oder Verlassene sind – regelmäßig finden Menschen, wie ich früher einer war, in PHP einen Anlaufpunkt und bekommen von uns jegliche Unterstützung, die sie brauchen, um ihre Krise zu bewältigen. Sie müssen sich nicht mehr alleine aus dem Sumpf ziehen. Wir sind für sie da. Wenn ich täglich in den verschiedenen Räumlichkeiten von PHP sehe, wie junge Menschen erfolgreich aufblühen, erfüllt mich das mit tiefster Zufriedenheit. Um noch mehr Menschen diese Möglichkeit zu geben, arbeiten wir mittlerweile daran, all dies zu digitalisieren und PHP damit auch online zugänglich zu machen.

Ich sehe Menschen, die intelligent, liebenswürdig, empathisch und unfassbar talentiert sind, deren Fähigkeiten oder Interessen aber nicht nachgefragt werden. Leider haben nur die wenigsten von ihnen das Glück oder die mentale Stärke, um an ihren Idealen oder Zielen festzuhalten. Die meisten geben irgendwann resigniert auf und lassen sich umformen. Sie werden unsichtbar und unglücklich.

Wozu das Ganze führt, sehen wir, wenn wir einen genaueren Blick auf die weiteren Bildungswege und das klassische Berufsleben werfen. Sehen wir dort mutige Macher, die gründen, erschaffen, erfinden, revolutionieren und sich selbst verwirklichen? Ich sehe eher gestresste, unglückliche, ungesunde »Arbeitskräfte«. Ich sehe viele Menschen, die *reaktiv* durch ihr Leben gehen. Anstatt *proaktiv* und eigenverantwortlich ihre eigenen Ziele zu formen und zu verfolgen, lassen sie sich vom Strom mitreißen und *reagieren* fast nur noch auf das, was das Leben ihnen hinwirft oder was andere Menschen ihnen sagen. Sie werden zum Spielball des Bildungs- oder Gesundheitssystems. Wie ein Blatt im Wind nehmen sie viel zu vieles einfach hin und hinterfragen nichts. Wer kann es ihnen auch verübeln? Nichts anderes haben sie in der Schule gelernt. Eigenständiges Denken, etwas erschaffen und kreieren – so etwas wurde uns nur selten beigebracht, meist eher abgewöhnt. Je besser wir uns anpassten, desto mehr wurden wir belohnt – zumindest von außen. Je besser unsere Noten, Abschlüsse oder Bewerbungen waren, desto lauter war der Applaus. Machten wir etwas, das alle so machten, gab es fleißig Lob und Hilfe von allen Seiten.

Aber wofür? Was haben wir damit *geschaffen?* Inwieweit ist die Rechnung jemals aufgegangen? Wo liegt unser ganz persönlicher Wert, wenn wir besonders gut darin sind, externe Vorgaben zu erfüllen? Was nützt uns der Applaus der anderen, wenn wir gegen unsere eigenen Potenziale handeln? Es wäre ja nicht mal dramatisch – wenn es funktionieren würde. Leider kenne ich bisher kaum jemanden, der damit glücklich wurde.

Wenn wir jedoch tun, was *wir wirklich möchten*, applaudiert meist erst einmal niemand, zumindest zu Anfang. Aber rate mal, welcher der beiden Wege langfristig glücklicher macht ...

Irgendwann ist mir aufgefallen, dass alle erfolgreichen, erfüllten Menschen diesen Schritt gegangen sind – und getan haben, was *sie* wollten. Stell dir also eine Frage: Lebst du weiter so, wie alle sagen, dass du leben sollst? Oder wählst du einen Weg, der dich glücklich macht und mit dem du einen echten Wert erschaffst? Einen Wert, den du der Welt zurückgeben kannst?

Ich gebe dir einen Tipp: Wenn du ein glückliches, freies und erfülltes Leben führen möchtest, führt kein Weg an letzterer Variante vorbei. Was wäre die andere Option? Nicht erfolgreich zu sein? Niemand kann mir erzählen, dass er sich nicht wünschen würde, dass er und seine Liebsten das bestmögliche Leben führen, das ihr Potenzial hergibt.

Wenn du aber nicht genau dafür kämpfst und nicht eigenverantwortlich für deine eigenen Interessen, Ziele und Ideale einstehst, warten auf dich nichts anderes als die »Reste« des Lebens.

Es ist hart, aber simpel: Je mehr du »Ja und Amen sagst« und je mehr du blindlings tust, was man dir vorsetzt, desto weniger Menschen kannst du es recht machen – allen voran dir selbst. Am Ende deiner Tage wird es niemanden geben, der sich dafür bedankt, dass du dein Leben nach seinen Vorgaben ausgerichtet hast. Weder deine Eltern noch deine Lehrer, Uni-Professoren, Chefs oder sonst wer sind dann da, um sich zu bedanken und zu applaudieren. *Im Endeffekt bist nur du dir etwas schuldig. Wenn du selbst nicht auf dich achtest, tut es keiner.*

Ich spreche aus Erfahrung, weil ich »beide« Seiten des Lebens gesehen habe. Ich habe die volle Härte und Rücksichtslosigkeit des Lebens gespürt. Jahrelang. Und ich habe mittlerweile die schönsten Seiten des Lebens gesehen und entdecke täglich neue. Mein Weg reicht von Verzweiflung und Leid bis hin zu tiefster Erfüllung und großer Lebensfreude. Die Brücke zwischen beidem fand ich darin, nicht mehr blind darauf zu hören, was andere mir sagten, sondern auf das zu hören, was das Leben mir sagte.

Das, was du dir vom Leben wünschst, kannst du erreichen – glaube es mir. Aber nicht, indem du den ausgetretenen Pfaden folgst. Schau dir die Menschen mal genauer an. Wer bestimmt wirklich ihr Leben? Sie selbst oder äußere Einflüsse? Wer herrscht in deinem Kopf wirklich? Die Stimme deiner Eltern, deines Umfeldes, der Gesellschaft, deiner Vergangenheit, deiner Ängste, deiner Kultur – oder *deine eigene?* Wann hast du das letzte Mal aus einem inneren Bedürfnis heraus gehandelt? Damit meine ich die Art, wie wir uns früher als Kinder für ein Spiel entschieden haben. Wir hatten beispielsweise das tiefe Bedürfnis, in den Wald zu gehen – das haben wir dann auch gemacht. Wir haben gemacht, worauf wir Lust hatten. Alles, was mit Zwang oder Bestimmung von außen zu tun hatte, haben wir gehasst.

Wir ticken heute nicht anders. Wir möchten selbst entscheiden, was richtig für uns ist – es auch zu tun, wurde uns aber systematisch abtrainiert. Wir leben zu oft nach den Normen der Gesellschaft, unseres Umfeldes, unseres Partners, unserer Eltern – nur nicht nach unseren eigenen Idealen.

Vieles, was du wissen solltest, um deinen persönlichen Erfolgsweg zu gehen, habe ich in diesem Buch festgehalten.

Was du gerade liest, ist ein Sammelwerk der Erkenntnisse und Werkzeuge, die ich mir persönlich auf meiner Reise angeeignet oder zum Teil auch selbst schmerzhaft aus meinen Fehlern mitgenommen habe. Einige davon wirst du direkt selbst in dein Leben implementieren und umsetzen können.

Aber du musst nicht alles unmittelbar als Tool anwenden. Betrachte dieses Buch als Wissensquelle. Es liefert dir Puzzleteile, mit denen du dir Schritt für Schritt eine neue, klarere Sicht auf das Leben verschaffen kannst. Denn bekanntlich begann auch meine Reise mit einem simplen Leitfaden: der Suche nach *echtem Wissen* und dem, was wirklich funktioniert.

HALLO, ERDE!

So also wurde die regelmäßige eigenverantwortliche Aneignung von Wissen zu einem der wichtigsten Grundsätze
meines Lebens. Mein Fokus lag ab sofort darauf, mir genau
das Wissen und das Instrumentarium anzueignen, das mir
half, zu verstehen, auf wen und was ich hören sollte oder
nicht hören sollte und wie ich auf mein Umfeld reagieren
oder nicht reagieren sollte.

Je mehr Erfolg ich hatte, desto mehr Dinge fielen mir auf,
die mich stutzig machten. Wir Menschen gehen relativ be-
denkenlos durchs Leben. Wir hinterfragen selten, warum wir
eigentlich tun, was wir tun, und warum wir ausgerechnet so
leben, wie wir leben. Stattdessen folgen wir oft blind einem
abgesteckten Pfad, halten uns an vorgegebene Regeln und
richten uns nach dem, was die anderen Menschen halt auch
so machen. Wir wollen meistens einfach nur »das Richtige«
tun – fragen uns aber nie, wer überhaupt definiert, was richtig oder falsch ist ...

Eine meiner größten Stärken und zugleich größten Schwächen war es immer schon, bei allem, was mir vorgelegt wurde,
instinktiv nach Fehlern zu suchen. Nicht, weil ich ein negativer Mensch bin – das bin ich ganz und gar nicht. Ich habe eine
Abneigung gegen unnötige Negativität und gegen Unsinnig-
keit. Deshalb habe ich mich in der Schule auch meist gewei-
gert, alles genau so zu machen, wie der Lehrer es wollte. Ich
war nicht trotzig, aber ich habe einfach keinen Sinn in dem

gesehen, was ich da lernen sollte. Ich hatte immer schon den Hang dazu, unangenehme Fragen zu stellen und Dinge zu hinterfragen, mehr, als es vielen Menschen lieb war.

Jahrelang biss ich damit auf Granit. Als übergewichtiger Asthmatiker mit Brille hat man nicht viel zu melden. Aber dieser Drang, alles zu hinterfragen und nicht alles hinzunehmen, hat mich letztlich zu dem gemacht, der ich heute bin. Ich kann aus eigener Erfahrung (und der vieler erfolgreicher Menschen in meinem Bekanntenkreis) sagen, dass die meisten Menschen so gut wie keine Chancen auf Selbstverwirklichung und Erfolg haben werden, wenn sie zu allem, was ihnen im Leben »aufgetischt« wird, brav Ja und Amen sagen. Egal, wie man es wendet – diese Rechnung geht nicht auf.

Leider ist dies aber genau das, was uns von Anfang an eingetrichtert wird. Dabei rede ich vor allem von unserem Bildungssystem. Menschen sind so ziemlich die neugierigsten Wesen, die dieser Planet je gesehen hat. Wir sind wissbegierig, mutig und extrem anpassungsfähig – Eigenschaften, die uns zu dem gemacht haben, was wir heute sind. Dennoch sieht man heute wenige Menschen, die diese Eigenschaften noch in sich tragen. Viele schleppen sich als Schatten ihrer selbst durchs Leben und sehnen sich nach ihrer Rente, um sich endlich »frei« zu fühlen. Warum haben vergleichsweise *wenige* Menschen so viel mehr vom Leben als *viele* andere?

Mir geht es nicht um Systemkritik oder ethische Diskussionen. Aber wenn gerade diejenigen, die den vermeintlichen »Regeln« des Lebens am treusten folgen, letztlich am wenigsten auf der Welt bewegen und am unglücklichsten sind, sollte man in Erwägung ziehen, das ein oder andere Mal kritisch zu hinterfragen. Als Kinder waren wir alle nämlich noch anders. Wer mal einen Blick in einen Kindergarten wirft, sieht einen kunterbunten Haufen von Energiebündeln, von denen jedes ganz eigene Interessen und Eigenschaften hat. Manche sehen vielleicht auch einfach nur Chaos. Das ist kein Wunder, wenn man bedenkt, dass Kinder schlichtweg »neu« in diesem Leben sind. Sie kennen die Welt mit all ihren faszinierenden Dingen noch nicht. Sie müssen ausprobieren, experimentieren und so viel wie möglich mit ihrer Umwelt interagieren. Nur so können sie sie verstehen.

Kinder lieben es, zu lernen. Niemand sonst stellt so viele Fragen und probiert so viel aus wie sie. Perfekte Voraussetzungen, um ihnen mit Leichtigkeit Schritt für Schritt beizubringen, wie das Leben funktioniert und wie sie es am besten unter Nutzung ihres eigenen Potenzials bestreiten. Man könnte ein System schaffen, das ihre Neugier fördert und ihren Wissensdurst in die richtigen Bahnen lenkt.

Könnte. Fast jedes Kind freut sich auf die Schule. So lange, bis es eingeschult wird. Spätestens, wenn die ersten ein, zwei Jahre Hype vorüber sind, vergeht dem Großteil der Kinder die Lust. Sie freuen sich auf nichts mehr als auf die Ferien und zählen die Minuten bis Unterrichtsende. Hast du Kinder schon mal beim Spielen beobachtet? Oder beim Malen oder Lesen? Ich habe noch nie gesehen, dass sie dabei auf die Uhr gucken und sich fragen, wann das Spiel endlich vorbei ist.

Wenn von Natur aus wissbegierige Kinder froh sind, dass die Schule aus ist und das »Lernen« endlich ein Ende hat, läuft etwas in diesem System gewaltig schief. Wer Menschen in die Lage versetzen will, Probleme zu lösen und etwas in dieser Welt zu bewegen, sollte die Neugier der Kinder fördern und sie nicht im Keim ersticken. Man darf sich gar nicht ausmalen, wie viel Potenzial, Neugier, Wissensdurst, Talent und Intelligenz dieses System schon auf dem Gewissen hat. Es ist maßgeblich daran beteiligt, dass wir als Erwachsene häufig nicht für die Dinge gewappnet sind, mit denen wir konfrontiert werden.

In was für eine Welt werden wir eigentlich hineingeboren?

Wenn wir mal aus unserer eigenen, subjektiven Realität herauszoomen und das ganze Spektakel betrachten, das sich tagtäglich im Leben von knapp acht Milliarden Menschen abspielt, sollten wir eigentlich stutzig werden.

Obwohl wir (allem Anschein nach) die am höchsten entwickelte Spezies auf diesem Planeten sind, begegnet jeder von uns immer wieder Problemen, denen er nicht so gewachsen ist, wie er es gerne wäre. Wir schmieden Lebenspläne, die nicht aufgehen, und es fällt uns häufig schwer, mit den Höhen und Tiefen des Lebens umzugehen. Simpel formuliert: Jeder von uns hat ständig mit irgendetwas zu kämpfen. Jeder. Eine Google-Suche nach den Worten »life is a constant struggle« offenbart eine schiere Unmenge an Zitaten und Beiträgen, die verdeutlicht, dass unser Leben anscheinend nicht so einfach vonstattengeht, wie man es sich wünschen würde.

Wir halten stumpf an Systemen und Glaubenssätzen fest, die immer wieder aufs Neue bewiesen haben, dass sie nicht funktionieren. Allein die Tatsache, dass es in fast jedem Land eine andere Kultur, ein anderes Schul- und Bildungssystem und andere Gesetze gibt, zeigt schon, dass die Konstrukte, an die wir uns halten, gar nicht so universell richtig sein können, wie wir denken.

Früher oder später sollte jedem aufgefallen sein, dass die Welt alles andere als rosig ist und es viele Fragen gibt, die wir uns stellen könnten (und sollten). Mein Ziel war es immer schon, einen Blick »hinter den Vorhang« zu werfen. Mir mal genau anzusehen, wie das Leben und die Welt eigentlich »back end« aussehen.

Eins kannst du mir glauben: Sobald man anfängt, hinter die Kulissen des Lebens zu blicken, kann und möchte man nie wieder so naiv durchs Leben gehen wie zuvor. Zum einen, weil es schlicht fahrlässig wäre, so viel interessantes Wissen einfach liegen zu lassen. Zum anderen – und vor allem –, weil einem dieses Wissen dabei hilft, zu einem besseren und erfolgreicheren Menschen zu werden.

Bleiben wir zunächst bei dem, was hier eigentlich los ist. Wir leben auf einem Planeten, der sich mit 108 000 km/h durchs All bewegt, und wissen nicht mal, ob wir die Einzigen hier draußen sind. Diesen Planeten teilen wir uns mit fast acht Milliarden anderen Menschen. Höchst unterschiedlichen Menschen. Wir alle leben unter unterschiedlichen Bedingungen, haben unterschiedliche Glaubenssätze und lernen unterschiedliche Dinge, durch die wir mit der Zeit ein persönliches »Wissenspaket« ansammeln. Wir sind ein kunterbunter Haufen Individuen, von denen keiner weiß, wie es sich anfühlt, ein anderer zu sein als er selbst. Jeder ist sozusagen der Hauptdarsteller in seiner eigenen Serie. Dennoch haben wir alle etwas gemeinsam.

Wir alle tragen etwas in uns, das uns zu dem macht, was wir sind. Das ist an sich nichts Besonderes. Jedes Lebewesen trägt eine gewisse Information in sich, die ziemlich genau bestimmt, was aus diesem Lebewesen wird. Jedes Samenkorn enthält beispielsweise einen ganz eigenen Code, der genau definiert, welche Pflanze daraus wächst. Wie dieser Prozess funktioniert, muss dem Samenkorn keiner erklären. Das weiß es schon selbst. Du musst einem Vogel auch nicht sagen, dass er zwitschern soll – es ist Teil seines »Codes«.

Auch wir tragen so einen Code in uns. Auch wir haben Urinstinkte, haben Hunger und Durst, wollen überleben und unsere Gene weitergeben. Aber irgendetwas ist bei uns anders. Zwar bestehen wir aus den gleichen Proteinen, Fetten und Mineralstoffen wie viele andere Lebewesen auch und sind rein biologisch selbst Tiere. Dennoch tragen wir etwas in uns, das uns von fast allen anderen Lebewesen unterscheidet und vermutlich der Grund dafür ist, dass wir innerhalb vergleichsweise kurzer Zeit zur mächtigsten Spezies auf diesem Planeten geworden sind. Viele nennen es *Bewusstsein*.

Es ist das, was zum Beispiel unsere *komplexen Denkvorgänge* und unseren *freien Willen* möglich macht. Es ermöglicht uns, zu schreiben, zu lesen, zu sprechen, aber auch zu lieben, zu hassen, zu streiten, zu erfinden, zu komponieren und so weiter. Es bringt all die komplexen Vorgänge zustande, die uns zum Menschen machen. Die gesamte Genialität unserer Spezies lässt sich vermutlich auf die Fähigkeiten dieses »Bewusstseins« zurückführen, dennoch kann die Wissenschaft bis heute nicht adäquat definieren, was das Bewusstsein ist und wo im Gehirn es verortet werden kann. Das Blut in unseren Venen, die Bakterien in unserem Darm und sogar winzig kleine Vitamine, die in der Leber gespeichert werden, können wir erkennen und analysieren. Aber versuch mal, dir einen Gedanken unter dem Mikroskop anzuschauen – ziemlich unmöglich.

Wir wissen, dass unser Bewusstsein im Gehirn entsteht, und können starke Emotionen wie Glück oder Angst unter anderem in Form von Hormonveränderungen im Blut erkennen. Das war's aber auch schon weitestgehend. Mit der herkömmlichen Forschung können wir nur erahnen, was in dem

Wunderwerk auf unseren Schultern alles vor sich geht, aber umfassend verstehen können wir es nicht. Fakt ist, dass wir ein unglaubliches Netzwerk aus etwa *100 Billionen Neuronenverknüpfungen* in unserem Gehirn haben, das pausenlos für uns (oder gegen uns?) arbeitet. 100 Billionen, das ist eine Eins mit 14 Nullen, also eine verdammt große Zahl – sie entspricht in etwa der dreihundertfachen Menge aller Sterne in unserer Galaxie. Dieser hoch entwickelte Supercomputer ist durchgängig in Betrieb und zu unglaublichen Leistungen fähig. Er hat es zum Beispiel ermöglicht, dass wir die Erde verlassen haben und zum Mond geflogen sind. Und er versetzt uns in die Lage, zu teilen und Empathie zu zeigen wie kaum ein anderes Lebewesen. Nur mithilfe unseres Gehirns – und was auch immer darin steckt – haben wir eine Entwicklung vollzogen, die ihresgleichen sucht.

Den Menschen, wie wir ihn kennen, also den Homo sapiens, gibt es neueren Erkenntnissen zufolge seit etwa 300 000 Jahren. Seitdem haben sich unser Körperbau und auch unser Gehirn in Größe und Aufbau kaum verändert. Vor etwa 50 000 Jahren hat sich jedoch ein Wendepunkt in unserer Evolution angebahnt, der massive Folgen für uns und unseren Planeten haben sollte. Innerhalb kürzester Zeit haben sich unsere Vorfahren damals von relativ unscheinbaren Mitgliedern in der Nahrungskette zu anscheinend unangefochtenen Weltherrschern entwickelt.

Wissenschaftler gehen davon aus, dass unser Bewusstsein und unsere mentalen Fähigkeiten, wie wir sie heute kennen, ebenfalls etwa zu diesem Zeitpunkt entstanden sind. Was genau diesen wortwörtlichen *Bewusstseinssprung* ausgelöst hat, ist bis heute nicht eindeutig zu sagen – viele Forscher gehen jedoch davon aus, dass dies auch mit der Entstehung unserer Sprache zu tun hatte. Denn Sprache ermöglichte es uns, in völlig neuen Dimensionen Informationen auszutauschen und komplexere Denkmuster zu entwickeln. Zuvor war unsere Entwicklung wesentlich langsamer verlaufen. Zigtausende von Jahren zogen wir als Jäger und Sammler umher. Eine Art, die zuvor so viele Jahrtausende weitgehend auf ähnliche Weisen lebte, wurde also innerhalb eines Bruchteils dieser Zeit zur gewaltigen Übermacht, die zum Mond fliegt, weltweit über das Internet kommuniziert und unzählige weitere beeindruckende Leistungen vollbringt.

Mit 900 km/h in 8 000 Meter Höhe im Flugzeug durch die Luft zu fliegen, dabei einen leckeren Wein zu trinken, einen Film zu schauen und unter uns die Landschaft zu bewundern, ist nicht wirklich normal, wenn du mich fragst. Nicht zu vergessen, dass wir dabei in einem 240 Tonnen schweren Koloss sitzen, der mit Treibstoff aus toten Urzeittieren angetrieben wird. Das kommt einem »Hack der Matrix« schon ganz schön nahe. Zumindest hätte keiner unserer fernen Vorfahren geglaubt, dass wir irgendwann einmal solche Wunder vollbringen.

Doch dies ist nur die eine Seite der Medaille. Wenn du beispielsweise von Berlin nach New York fliegst (etwa neun Stunden) und über den Wolken genüsslich eine Weinschorle schlürfst, sind in derselben Zeit über 200 Kinder durch *Krieg* gestorben – irgendwo auf der Welt, in Gegenden, deren Namen wir wahrscheinlich nicht mal aussprechen können. Warum? Schwer zu sagen, aber das Ganze muss etwas mit unserem »Bewusstsein« zu tun haben. Solch sinnlose Gewaltexzesse bekommt nämlich nur die Menschheit zustande.

Unser Bewusstsein hat auch dafür gesorgt, dass wir die DNA von Lebewesen extrahieren können, um neue Mischwesen zu erschaffen. Oder dass wir Massenvernichtungswaffen bauen, mit denen wir die Menschheit per Knopfdruck ausschalten können. Manchmal scheint es, als würden Menschen Gott spielen und damit gewissermaßen Himmel oder Hölle auf Erden bringen. Was immer uns so »krass« macht, kann uns also auch ganz schön gefährlich werden.

Dass die Erfindung von Atombomben oder das Klonen von Tieren bereits in unserem Basis-Code festgeschrieben sind, wage ich zu bezweifeln. Durch unser Bewusstsein haben wir uns quasi selbst überholt. Unser Gehirn stammt aus einer Zeit, zu der wir als Jäger und Sammler durch die Natur zogen, und hat sich seitdem kaum verändert – die Evolution ist eben langsam.

Unser Fortschritt ist es jedoch nicht. Mit den rasanten Entwicklungen der letzten Jahrzehnte und Jahrhunderte (möglich durch »Bewusstsein«) hat unser Basis-Code nicht mitgehalten. In unseren Köpfen schlummert noch immer ein Steinzeit-Verstand – wir leben aber nicht danach. Wir drängeln uns durch überfüllte Häuserschluchten, starren stundenlang auf leuchtende Computerbildschirme, essen Fertiggerichte aus der Mikrowelle, kommunizieren mittels eines Supercomputers in der Hosentasche mit der ganzen Welt und können unsere Sexualpartner im Internet kennenlernen. Jeden Tag sorgen neue Entwicklungen dafür, dass wir uns ein Stück weiter von dem entfremden, wofür wir körperlich geschaffen sind und was wir mental greifen können. *Probleme lassen da nicht lange auf sich warten.*

Wir müssen uns nach Gesetzen richten, wir lernen, was uns der Lehrer vorgibt, wir essen, was es im Supermarkt zu kaufen gibt, und wir konsumieren die Werbung, die man uns präsentiert – um nur ein paar Beispiele zu nennen. All diese Dinge prägen unseren Alltag und bestimmen, wie wir unser Leben leben. Wir kennen es gar nicht anders. Konstrukte wie Universitäten, Ausbildung, Heirat, Gesetze, Steuern usw. sind in unserer zivilisierten Welt ein selbstverständlicher Teil des Lebens geworden; sie können maßgeblich beeinflussen, wie »erfolgreich« wir in den Augen anderer sind.

Dabei gibt es all dies erst seit wenigen Tausend Jahren. Dinge wie das Internet, das Schulsystem, Massentierhaltung oder Fast Food stammen sogar alle aus den letzten 30 bis 150 Jahren. Auf 300 000 Jahre Menschheit gerechnet, entsprechen 150 Jahre geradezu lächerlichen *0,05 Prozent*. Würden wir erst seit einer Stunde existieren, entspräche dieser Anteil 1,8 Sekunden. Dennoch bestimmen diese Konstrukte unser Leben. Nach ihnen richten sich unser Beruf, die Entwicklung unserer Kinder, unser Tagesablauf und vieles mehr.

Selbstverständlich geht es nicht darum, wieder in die Steinzeit zurückzukehren, um erfolgreich zu werden. Wir sollten uns jedoch bewusst sein, dass es einen »*Gap*« gibt – eine Kluft zwischen dem Leben, für das wir eigentlich gemacht sind, und der Art, wie wir heute leben. Verwirrung und Komplikationen sind somit vorprogrammiert.

Unsere Lebensweise ist in vielen Aspekten nicht mit der ursprünglichen »Betriebsversion« unseres Gehirns kompatibel. Dass beides immer wieder kollidiert, ist für uns schon selbstverständlich geworden. Zum Beispiel, wenn dir dein Basis-Code sagt, dass du schleunigst ein WC aufsuchen solltest – das aber nicht geht, da du gerade in der S-Bahn sitzt. Oder wenn etwas im Kopf eines Mannes förmlich nach Sex mit der Frau gegenüber schreit – es aber etwas zu früh dafür ist, weil er sie gerade erst kennengelernt hat.

Das Thema Mann/Frau ist ein gutes Beispiel für einen dieser nicht enden wollenden Struggles, die aus dem Gap resultieren. Beziehungen können Menschen ohne Frage sehr glücklich machen, in anderen Momenten hingegen zerbrechen sie einem den Kopf oder münden gar in jahrelange Horrorszenarien. Sie stellen für viele Menschen eine unkontrollierbare Variable im Leben dar, die immer wieder Rätsel aufgibt. »Aber das ist doch völlig normal«, könntest du jetzt sagen. Jein. Sicherlich ticken wir alle unterschiedlich und sind derart komplex, dass gewisse Spannungen und Problematiken mit dem anderen Geschlecht vorprogrammiert sind. Wenn wir das Ganze aber mal rational aus der Sicht eines Biologen betrachten würden, der das Fortpflanzungsverhalten der Spezies »Mensch« untersucht, dann hätten wir vermutlich noch nie eine Spezies zu Gesicht bekommen, die ein derart verkorkstes Paarungsverhalten an den Tag legt, wie wir es manchmal tun.

Der Gap spiegelt sich auch in unserer Ernährung. Besonders in Sachen Essverhalten fährt uns unser Basis-Code immer wieder in die Parade. Der Grund, warum so viele Menschen heutzutage übergewichtig sind, liegt nicht immer an fehlender Disziplin oder Faulheit. Sie sind Opfer ihres genetischen Codes. Dieser sagt ihnen, dass sie nie wissen können, wann der nächste Winter oder die nächste Hungerszeit kommen. Deshalb müssen wir immer vorbereitet sein. Das Effizienteste, was wir dafür tun können, ist nun mal, unseren Körper so oft wie möglich mit Kalorien zu versorgen. Und diese sind in Zeiten von Junkfood und Co. jederzeit und überall verfügbar.

Unser Gehirn ist in manchen Bereichen einfach etwas »zurückgeblieben«. Aber was erwarten wir auch? Stell dir vor, du entsperrst dein Smartphone, klickst auf »Software-Update«, und auf dem Bildschirm steht: »Letzte Aktualisierung vor mehreren Tausend Jahren.« Nun möchtest du natürlich das neueste Update herunterladen, doch die Option dafür gibt es gar nicht. Was glaubst du, wie deine neuen Apps auf so einem alten Betriebssystem funktionieren würden? Verlässlich und rüttelfrei? Sicher nicht. Was nützen uns also die neuesten Apps, wenn unser Smartphone jede Sekunde »abstürzen« könnte, weil die letzte Aktualisierung des Betriebssystems Zehntausende von Jahren zurückliegt?

Das, was unsere eigene Freiheit und Erfüllung behindert, ist aber weder unser Basis-Code noch der Gap, der durch unsere neue Lebensweise entsteht. Das Problem ist nicht die Welt und sind nicht die Menschen selbst. Das Problem ist das, was wir über sie beigebracht bekommen. Beziehungen, Bildung, Geld, Gesundheit, Kommunikation, Erfolg – all das sind Bereiche, in denen die Menschheit scheinbar bestens Bescheid weiß.

Aber wer sagt das? Die Resultate der Menschen sprechen oft eine andere Sprache. Das, was unser Leben wirklich lebenswert macht – beispielsweise Freiheit, Selbstverwirklichung, Erfolg oder Gesundheit –, kommt bei den meisten Menschen viel zu kurz. Die Welt ist nicht »Walt Disney«, auch wenn uns dies gerne von klein auf erzählt wird.

Häufig kommen wir mit dem Monster, das wir in uns erschaffen haben, nicht mehr zurecht. Und damit meine ich nicht nur Kriege, Armut, Hungersnöte, Atomwaffen, Zwangsheirat oder Kindersoldaten. Nein, ich rede von den Problemen, denen jeder in seinem Leben begegnet. Probleme wie: das eigene Ego und der eigene Verstand, Enttäuschungen, finanzielle Probleme, unerfüllte Träume, Mobbing, Verluste geliebter Menschen, unerwartete Krankheiten, verschwendete

Energie, Depressionen und so weiter und so fort. Das Leben ist sehr gut darin, uns zu zeigen, dass es fast nichts gibt, auf das wir uns wirklich verlassen können.

Von Beginn unseres Lebens an wird uns eingetrichtert, dass wir uns anpassen müssen. An die Gesellschaft, an das Bildungssystem, an zig Konstrukte und Vorgaben. Wie sollen wir uns jedoch anpassen, wenn so viele Vorgaben gar nicht adäquat für diese Welt sind und uns ständig zu Problemen führen?

Was genau legt fest, dass sich ein Konstrukt bewährt hat? Der Zeitraum, seitdem es existiert, kann es jedenfalls nicht sein, wie wir an den lächerlichen 0,05 Prozent gesehen haben. Es ist angebracht, zu hinterfragen, ob das, was wir tun, was wir glauben und auf was wir hören, tatsächlich so bewährt ist, wie wir denken.

Die Geschichte der Menschheit verlief bisher fast immer nach dem *Trial-and-Error-Prinzip*. Es gab und gibt Unmengen an Hypothesen, Theorien und Vermutungen, mit denen wir uns die Welt erklären und erklärt haben. Manche der Hypothesen haben sich als wahr herausgestellt und gelten bis heute, andere wurden im Laufe der Zeit widerlegt. Hunderte Jahre lang dachte man zum Beispiel, die Sonne kreise um die Erde – bis Galileo bewiesen hat, dass es umgekehrt ist. Wir dachten, Menschen würden niemals fliegen können – bis wir das Gegenteil bewiesen haben. Wir haben schon unzählige politische Systeme durchlaufen, von denen man immer dachte, das seien die »richtigen«.

Trotz alledem sollen wir immer weiter blind auf das vertrauen, was uns vorgesetzt wird. Dabei werden wir in ein Leben geworfen, das uns de facto von Anfang an zeigt, dass Dinge nicht wirklich so funktionieren, wie Menschen sich das vorstellen. Was wir wollen, ist zwar schön und gut, aber dem Leben ist das scheißegal. Wir müssen uns dem anpassen, wie die Welt da draußen wirklich funktioniert – nicht dem, was Menschen sagen, wie sie funktionieren *soll*. Wir müssen kritisch hinterfragen, ob das Bild, das wir von der Welt haben, wirklich mit der Realität übereinstimmt.

Mir persönlich fiel irgendwann auf, dass das, was funktioniert, fast nie das ist, was gelehrt wird.

Hätte ich mir dadurch nicht die Einstellung angeeignet, nichts blind zu glauben und alles und jeden zu hinterfragen, hätte ich auf meinem Weg wesentlich mehr fatale Fehler gemacht und wäre längst nicht da angekommen, wo ich heute bin. Wenn wir im Leben etwas mehr als den Durchschnitt erreichen möchten, müssen wir herausfinden, was in diesem Wirrwarr an Informationen, Glaubenssätzen, künstlichen Vorgaben und Konstrukten wirklich funktioniert – und was nur heiße Luft ist.

Wir verfügen mit unserem Bewusstsein über eine Fähigkeit, mit der wir außerordentliche Dinge vollbringen können – in jeglicher Hinsicht. Wir haben unglaubliches Potenzial – sowohl die Menschheit als Ganzes als auch jeder einzelne Mensch. Unser Bewusstsein gleicht einer großen Wanne, die wir mit allerhand wundervollen Dingen befüllen können. In ihr können sich aber auch »Bakterien« bilden, wenn wir sie nicht sauber und frei von falschen Informationen halten. Wie erfolgreich wir durchs Leben gehen und wie viel wir von diesem wundervollen Potenzial schöpfen, hängt maßgeblich davon ab, wie gut wir unterscheiden können, was in unserer Wanne von Nutzen ist und was wir besser draußen halten, um den Rest nicht zu verschmutzen.

ICH SEHE WAS,
WAS DU NICHT SIEHST

An sich ist das Leben ganz einfach gestrickt: Es gibt Dinge, die funktionieren, und Herangehensweisen, die nicht funktionieren. Wenn du beispielsweise Geld verdienen möchtest, gibt es Wege, mit denen das ganz gut klappt, und Wege, die nicht so gute Ergebnisse bringen. Um dein Ziel zu erreichen, musst du beide Wege voneinander unterscheiden können. Letztlich gilt dies für alles im Leben. Der Weg zu mehr Erfolg besteht in erster Linie darin, zu wissen, was uns unseren Zielen näherbringt und was Zeitverschwendung ist. Je mehr gültige Informationen wir über das Leben und seine »Funktionsweisen« haben, desto leichter fällt es uns, zu tun, was »richtig« ist, und desto geschmeidiger gehen wir durchs Leben.

Als ich verstanden hatte, dass vieles von dem, was ich bisher über die Menschen und Erfolg gelernt hatte, falsch war, legte ich meinen Fokus voll und ganz darauf, mir genau das Wissen und die Tools anzueignen, mit denen ich verstehen konnte, auf wen und was ich hören oder nicht hören sollte und wie ich auf mein Umfeld reagieren oder nicht reagieren sollte. Angefangen damit, dass ich einfach aufgehört habe zu glauben, was Lehrer, Dozenten, »Freunde« und einige Verwandte mir über ein erfolgreiches Leben erzählten. Es hatte schließlich nicht funktioniert. »Schlimmer« konnte es also nicht werden.

Die Resultate, die ich mit dieser neuen Fokussierung erzielte, waren überwältigend. Je mehr ich über den Menschen, seine Psyche und die Welt, in der wir leben, lernte, desto mehr ergaben Probleme, Misserfolge, Irrtümer von mir und anderen Sinn. Ich erkannte immer mehr Muster, welche Methoden erfolgreiche bzw. nicht erfolgreiche Menschen anwenden. Ich konnte zunächst gar nicht fassen, wie sehr sich diese Methoden unterschieden. Sobald man einmal die abgesteckten Lernpfade von Schule und Uni verlässt und sich bewusst macht, dass Wissen nicht nur in Unibibliotheken zu finden ist, eröffnet sich einem ein riesiger Pool an Möglichkeiten.

Paradoxerweise sind es genau die Bereiche, die den stärksten Einfluss auf unser Befinden und unseren Fortschritt haben, die an so gut wie keiner Uni oder Schule adäquat gelehrt werden. Themen wie der Umgang mit Geld, Gesundheit, Kommunikation, Selbstverwirklichung, Soziodynamik, Mann-Frau-Beziehungen, der Umgang mit negativen Gedanken, die Muster und Schalter hinter unserem Denken und Handeln, die Gesetze des Erfolgs – nichts von all dem wird uns auf dem klassischen Bildungsweg beigebracht. Kein Wunder, dass genau in diesen Bereichen unsere *größten Schwächen* liegen.

Wer bei einigen der genannten Themen jetzt das Fach Psychologie ins Spiel bringen will, den muss ich enttäuschen – das dachte ich zunächst auch. Mittlerweile kenne ich Dutzende Psychologie-Absolventen, die in meinen Seminaren sitzen (um paradoxerweise etwas über Psychologie zu lernen) und mir alle das Gleiche erzählt haben: Wer Psychologie studiert, um besser im Umgang mit Menschen zu werden oder Menschen »lesen« zu können, wird meist enttäuscht. Einen derartigen Praxisbezug muss man sich in der Regel nach dem Studium aufwendig selbst zurechtbasteln.

Die *eigenverantwortliche* Aneignung von Wissen wurde für mich mit der Zeit zu einer Lebensphilosophie. Letztlich war es die Aneignung von Wissen, die es mir ermöglicht hat, aus meiner Vergangenheit auszubrechen und Dinge zu erreichen, die mir niemand zugetraut hatte. Sätze wie »Wissen ist Macht« haben wir alle schon x-mal gehört, sie sind regelrecht ausgelutscht. Dennoch sind sie tiefgründiger, als man zunächst denken würde. Für die meisten bedeutet Wissen immer noch etwas, das wir uns entweder aus Interesse und Neugier oder aus Zwang aneignen. Zu Beginn unserer Laufbahn sammeln wir (meist unfreiwillig) das Wissen, das uns vorgegeben wird, um Tests, Klausuren oder Prüfungen zu bestehen. Wenn wir damit fertig sind, braucht uns erst mal keiner mit Wissen anzukommen. Wir sind »wissenssatt«. Sag mal einem Studenten nach seinem Abschluss, er solle »lernen«, um erfolgreich zu werden. Allein das Wort »lernen« würde bei vielen einen Brechreiz auslösen. Unser Bildungssystem hat Wissen anstrengend und unsexy gemacht. Sobald es ins »echte« Leben geht, sind wir von all dem »Wissen«, das uns jahrelang in den Schädel gepumpt wurde, müde. Nicht umsonst sagen wir, ein Azubi hat nach beendeter Ausbildung »ausgelernt«. Traurig.

Das Wissen, das über die Schule und Uni hinausgeht, eignen wir uns nach unserem Abschluss nur noch in den Bereichen an, die uns interessieren. In unseren Hobbys zum Beispiel. Oder auch in Bereichen wie Geschichte, Musik oder Kunst. Es gibt jedoch noch etwas dazwischen. Wer einmal verstanden hat, wie mächtig Informationen sind, betrachtet Wissen aus einer anderen Perspektive. Für mich ist Wissen ein universelles Tool, das ich nutze, um mein Weltbild kontinuierlich zu aktualisieren und meine Sichtweise zu schärfen. Oft verwende ich gar nicht den Begriff »Wissen«, sondern rede von *Informationen* oder auch *Kriterien*. Anhand dieser Begriffe lässt sich manchmal genauer beschreiben, was »Wissen« für eine Bedeutung für uns hat und wie du es gezielt nutzen kannst, um in allen Lebensbereichen besser zu werden.

Damit du verstehst, warum das so ist, kommen wir kurz zum Thema *Wahrnehmung*. Unser Wissen und unsere Wahrnehmung haben viel mehr miteinander zu tun, als man denken könnte. Unser Gehirn funktioniert gewissermaßen wie ein hochkomplexer Computer, in dem im Nanosekundentakt Informationen und Eindrücke verarbeitet werden. Das geschieht größtenteils, ohne dass wir es merken.

Ein simples Beispiel dafür ist die Wahrnehmung deiner eigenen Nase. Du kannst sie nur wirklich »sehen«, wenn du beispielsweise ein Auge schließt und mit dem anderen auf die Nase schielst. Dabei befindet sie sich dein ganzes Leben lang mitten in deinem Blickfeld. Weil sie da aber stört, hat dein Gehirn entschieden, sie einfach auszublenden – ohne dass du es ihm befohlen hättest. Damit dort, wo unsere eigene Nase uns eigentlich die Sicht versperrt, keine Lücke entsteht, füllt das Gehirn die Stelle einfach nach eigenem Ermessen, frei nach dem Motto: Was nicht passt, wird passend gemacht. Dies geschieht, *bevor* wir selbst in unsere Wahrnehmung eingreifen können.

Unser Gehirn ist unglaublich schnell im Verarbeiten von Informationen und Reizen. Und es ist Profi im Erkennen von wiederkehrenden Mustern und Regelmäßigkeiten. Während du beispielsweise gerade diese Zeilen liest, reiht dein Gehirn ncht enficah die Bsuhtcaben aenidnaner, snodren enkrent wedierheknerde Mstuer in den Bsuhtcabensamumnlgen und lsiet so die Wrtöer als Geznas. Deswegen konntest du den letzten Satz ohne Probleme lesen, obwohl jeweils nur die Anfangs- und Endbuchstaben der Wörter an der richtigen Position standen. Und das ebenfalls, ohne dass du dich bewusst darauf konzentrieren musstest.

Unser Gehirn nimmt uns eine Menge Arbeit ab – manchmal mehr, als einem lieb sein kann. Um zu verstehen, wie wir die Welt wahrnehmen, müssen wir das Bild ändern, das wir von unserem Verstand haben. Wir sehen ihn gerne als Betrachter oder Beobachter, der die Welt um uns herum wahrnimmt und bewertet. Das ist jedoch nur die halbe Wahrheit. Unser Verstand ist nicht nur Betrachter der Außenwelt, sondern auch selbst »Regisseur« und »Drehbuchautor«, der das Bild deiner Außenwelt aktiv mitgestaltet.

---

*Dein Verstand bestimmt, **WAS** du wahrnimmst und **WIE** du es wahrnimmst – **BEVOR** »du selbst« es wahrnimmst.*

Lies dir diesen Satz noch einmal genau durch, er ist wichtig. Denn dieser Umstand ist auch der Grund dafür, warum viele optische Täuschungen und Illusionen funktionieren. Selbst wenn wir wissen, dass wir es mit einer Täuschung zu tun haben, fallen wir auf sie herein, weil unser Rechenzentrum Informationen schneller verarbeitet, als wir sie »bewusst« wahrnehmen. Es bedeutet auch, dass das das Gehirn Informationen, die es für irrelevant hält, einfach ignoriert. So wie das zweite »das« im Satz zuvor. Die Frage, die wir uns stellen müssen, ist also: Was sehe ich, während ich durch mein Leben gehe, und welche Schätze bleiben meiner Wahrnehmung womöglich verborgen? Welche Fallen und Fehler befinden sich womöglich auf meinem Weg, die ich nicht erkenne?

Unser Gehirn ist uns immer einen Schritt voraus. Was wir wahrnehmen, ist nicht die »echte« Realität. Es ist lediglich das Bild, das unser Gehirn von der Wirklichkeit erstellt hat.

Wir nehmen die Realität nicht nur wahr,
wir formen sie auch selbst.

Entscheidend ist, wie unser Gehirn dabei vorgeht. Es nutzt einfach unsere Erfahrungen und die Informationen, die es schon hat, und errechnet sich anhand dieser Parameter sein ganz eigenes Bild von der Welt. Dabei orientiert es sich an vorhandenen oder gegebenen Informationen.

Unsere Sicht auf die Welt besteht also aus den Vorhersagen unseres Gehirns. Wenn wir beispielsweise eine Kaffeetasse mit einer dunklen Flüssigkeit auf dem Tisch stehen sehen, berechnet unser Gehirn schon den bitteren Kaffeegeschmack, den wir zu erwarten haben. Umso verwunderter reagieren wir, wenn sich der schwarze Tasseninhalt beispielsweise als süße Cola herausstellt. Wir sagen dann womöglich sogar: »Damit habe ich nicht _gerechnet_.«

Unsere Wahrnehmung ist niemals unvoreingenommen. Wir sehen nicht einfach nur die Information »Tasse mit dunklem Inhalt« – nein, unser Gehirn durchsucht in Sekundenbruchteilen unseren Informationsspeicher nach dem Thema

»flache Tasse mit dunkler Flüssigkeit« und fügt die gefundenen Informationen zu einem Gesamtbild zusammen. Ehe wir bewusst beurteilen können, was da auf dem Tisch steht, schreit unser Kopf schon laut »Kaffee«!

Das ist nur ein simples Alltagsbeispiel für ein komplexes Thema. So geht unser Gehirn nämlich mit fast allen Wahrnehmungen um. Wir reden nicht ohne Grund oft von *Vor-Urteilen* – Urteilen, die wir uns schon im Vorhinein gebildet haben. Vorurteile hat übrigens ausnahmslos jeder Mensch. Wie viele Vorurteile jemand hat und in welchen Bereichen er vorurteilsbehaftet ist, hängt von seinen Erfahrungen und aufgeschnappten Informationen ab.

Wir gehen stets mit einer »Brille« durch die Welt. Diese Brille trägt einen Filter aus all unseren bisherigen Erfahrungen und all dem, was wir bisher über die Welt *wissen*. Durch diesen Filter betrachten wir die Welt. Alles, was wir an Informationen, Lehren, Erfahrungen, Erkenntnissen, Fähigkeiten, Lektionen etc. im Laufe unseres Lebens aufschnappen oder erlernen, dient unserem Gehirn gewissermaßen als »Kenngröße« oder Maßstab, mit dem es Vorhersagen trifft und unsere Sichtweise auf die Welt berechnet.

Unser Gehirn ist gewissermaßen Profi in praktischer Wahrscheinlichkeitsrechnung. Es nimmt alle bisherigen Werte und errechnet daraus das Bild, das am »wahrscheinlichsten« zutrifft. Die unterschiedlichen Weltanschauungen, Glaubenssätze, Überzeugungen und auch Selbstbilder, mit denen die Menschen durch die Gegend laufen, sind also im Grunde nichts anderes als das jeweilige Ergebnis ihres gesammelten Wissens. Man könnte sagen, wir sind das Produkt unserer eigenen »Wissensdatenbank« oder »Informationssammlung«.

Nun zu einer der wichtigsten Erkenntnisse rund um dieses Thema. Einer der schlimmsten Erfolgsgrundsätze überhaupt ist die Aussage »Bleib du selbst«. Er tötet nicht nur jeglichen Fortschritt, sondern ist auch schlichtweg falsch. Wer bist *du* denn genau, dass du einfach du selbst bleiben kannst? Du bist das Produkt zahlreicher Einflüsse, Erfahrungen und Gedanken, die dein Gehirn verwertet. Alles, was du denkst, tust, siehst und wahrnimmst, formt deine Persönlichkeit. Eine Version von dir, die immer gleich bleibt, kann es daher faktisch nicht geben. Deine Emotionen oder dein Ego können aus dir in Sekunden einen ganz anderen Menschen machen. Du bist dann beispielsweise deine wütende Version, deine neidische Version, deine eifersüchtige Version, deine ängstliche Version, deine hungrige Version, deine sexuell erregte Version und sehr viele mehr. Außerdem gibt es noch weitere »Figuren« in deinem Kopf, die ihre Meinung kundtun. Auch dein Körper hat oft seine ganz eigenen Vorstellungen. Du entscheidest nicht, ob du bei Stress Hautausschlag bekommst oder nicht – das entscheidet dein Körper. Du bist nicht nur du – nein: *Du bist ihr.*

All diese Versionen deines Ichs werden durch äußere oder gedankliche Einflüsse hervorgerufen. Darum ist es auch so wichtig, deine Gedanken beruhigen und ordnen zu können (dazu im Kapitel *Achtsamkeit* mehr). Dich selbst als Konstante gibt es gar nicht. Du veränderst dich stetig, und das sogar umso schneller, je mehr Wissen und Erfahrungen du sammelst.

Jemandem zu sagen, dass er sich nicht verändert hat, gleicht einer Beleidigung. Du sagst ihm damit sozusagen, dass sein Leben stillsteht. Keine gute Nachricht, wenn du mich fragst.

Was bedeutet all das für unseren Alltag und insbesondere unseren Erfolg? All die Informationen, die wir aufschnappen, bestimmen die Art, wie wir das Leben *wahrnehmen* und wie wir es *bewerten*. Sie dienen unserem Denkcomputer als Rechenmaterial.

Je mehr richtiges und gültiges Wissen du in deinem Portfolio hast, desto größer ist dein Faktor für richtige Entscheidungen. Entscheidungen, die dich erfolgreicher, sicherer, glücklicher, freier und offen für Neues machen. Falsche Informationen hingegen werden zum Ballast auf deinem Weg. Sie führen dich in die Irre und lassen dich falsche Entscheidungen treffen, deren negative Effekte du oft gar nicht direkt bemerkst und irgendwann nur noch schwer glattbügeln kannst.

> **»Nicht das, was du nicht weißt,**
> **bringt dich in Schwierigkeiten, sondern**
> **das, was du sicher zu wissen glaubst,**
> **obwohl es gar nicht wahr ist.«**
> MARK TWAIN[2]

Bedenke, dass die Welt voller irreführender Überzeugungen, Glaubenssätze und Informationen ist, weil Menschen lieber falsche, ungültige Informationen weitergeben, anstatt ihre Fehler zuzugeben und ihr falsches Wissen gegen gültiges Wissen auszutauschen.

Fehler sind übrigens ein Thema, das du mithilfe deines neuen Wissens ab sofort völlig neu beurteilen solltest. Fehler können unser gesamtes Weltbild durchrütteln und uns an uns selbst zweifeln lassen. Im Geschäftsleben kann uns das sehr oft passieren. Nach Jahren des Haderns und Überlegens wagen manche Gründer endlich den Schritt in die Selbstständigkeit, nur um dann wegen eines kleinen Fehlers oder einer Fehleinschätzung zu scheitern.

Nehmen wir beispielsweise einen Koch, der nach jahrelanger Festanstellung endlich sein eigenes kleines Restaurant eröffnet. Ambiente, Menu, Preise, Lage – alles scheint zu passen. Doch aus irgendeinem Grund bleibt die Kundschaft aus, und der Koch muss den Laden, in den er sein gesamtes Herzblut gesteckt hat, nach sechs Monaten wieder schließen. Unwillkürlich wird er an seinen Fähigkeiten, an seinen Entscheidungen, an seinem Wert zweifeln. Aber ist er deshalb ein schlechter Koch oder ein schlechter Geschäftsmann? Oder hat er womöglich einfach nur ein kleines, aber entscheidendes Detail übersehen? Vielleicht gibt es drei Straßen weiter ein Restaurant mit ähnlicher Speisekarte, das schon wesentlich etablierter ist und im Gegensatz zu ihm einen kostenlosen Lieferservice anbietet? Womöglich hat die Werbeanzeige, die der Gründer auf Facebook geschaltet hat, die falsche Zielgruppe erreicht, und das Lokal ist schlichtweg noch zu unbekannt? Unabhängig davon, was der Grund für sein Scheitern war, wäre es fatal, wenn er nun an sich selbst zweifeln würde. Es war nicht »er«, der falsche Entscheidungen getroffen hat. Letztlich hat es seinem Wissenskatalog einfach an Informationen (zum Beispiel zur Umgebung des Lokals oder zur zielgruppenorientierten Werbung) gefehlt.

Wenn wir einen Fehler machen, zweifeln wir schnell an unseren Fähigkeiten oder unserer Wertigkeit in diesem Bereich. Wir ziehen uns verschreckt zurück und festigen unsere Komfortzone. Wer aber nach jedem Fehler in ein emotionales Loch fällt, lebt auf sehr gefährlichem Fuß – Fehler und falsche Entscheidungen sind im Leben nämlich fast unvermeidlich. Das ändert sich auch nicht, wenn du erfolgreich wirst, im Gegenteil, wenn du erfolgreich wirst, verhundertfacht sich die Wahrscheinlichkeit, Fehler zu produzieren.

Letztlich entstehen Fehler aber nur durch einen Mangel an richtigen Informationen. Dadurch können wir die Situation nicht gut genug einschätzen und können nicht richtig entscheiden. Das Tückische an fehlenden Informationen ist jedoch, dass wir oft nicht wissen, dass sie uns fehlen. Fehler voreilig auf unsere Unfähigkeit oder die Unfähigkeit anderer zurückzuführen ist somit ein sehr gefährliches Urteil.

»Der größte Fehler, den man im Leben machen kann, ist, immer Angst zu haben, einen Fehler zu machen.«
DIETRICH BONHOEFFER[3]

Erinnere dich nun an den letzten Fehler, der emotional an dir gerüttelt hat – der dich an dir hat zweifeln lassen. Dieser Fehler ist nicht entstanden, weil du dumm oder schlecht bist! *Du hast nur nicht gesehen, was nötig war, um den Fehler nicht zu begehen.* Das Gleiche gilt für das letzte Mal, als jemand anderes in einer Sache scheinbar »besser« war als du. Er war nicht zwingend besser – *er hat in der gleichen Situation schlichtweg mehr erkennen können als du.*

Vor diesem Hintergrund bekommt Wissen eine ganz andere Bedeutung. Es ist nicht nur das, was man in der Uni vermittelt bekommt oder in Büchern liest. Nein, Wissen kann auch dazu dienen, den Filter auf unserer Weltsicht-Brille zu »korrigieren« und zu »bereinigen«. Vor allem lässt sich daraus ableiten, dass wir unsere Sicht auf die Welt und das, was wir in der Welt sehen und erleben, bis zu einem gewissen Grad selbst steuern können – durch die Informationen, mit denen wir unser Gehirn füttern. Deswegen sollten wir Menschen auch achtsam sein, welchen Informationen, Menschen und Eindrücken wir uns aussetzen.

»Je mehr wir in uns aufnehmen, umso größer wird unser geistiges Fassungsvermögen.«

LUCIUS ANNAEUS SENECA[4]

Wer jetzt verwirrt ist, weil er an Bullshit-Erfolgstipps wie »Hör auf dein Bauchgefühl« oder »Folge deinem Herzen« denkt, hat noch nicht verstanden, worum es wirklich geht …

Sag einem chronisch Übergewichtigen, der abnehmen möchte, mal, er solle auf sein »Bauchgefühl« hören. Sag ihm, er solle einfach genau auf seinen Körper hören, der werde ihm schon Signale geben, was er braucht und was nicht. Glaubst du, er wird dadurch den Schlüssel zu ewigem Schlanksein finden? Das Gegenteil wäre der Fall. Er würde seinem (verzerrten) Hungergefühl hemmungslos nachgeben und wäre innerhalb kurzer Zeit noch schwerer als vorher.

Heißt das, dass es per se schlecht ist, auf seinen Körper zu hören? Nein! Ein schlanker Sportler mit einem gesunden

Körperbewusstsein kann von dem Ratschlag »Hör auf deinen Körper« sicherlich sehr profitieren. Bei ihm trifft der Ratschlag aber auch auf eine andere Wissensdatenbank. Je nach Weltbild und Erfahrung werden neue Informationen (in dem Fall der Tipp »Höre auf deinen Körper«) ganz anders verwertet und abgespeichert.

Merke: Jeder Rat ist nur so gut, wie er vom Weltbild des Empfängers aufgenommen wird.

Unser übergewichtiger Freund bräuchte zuallererst eine Step-by-step-Anleitung, wie er seine verzerrten und falschen Informationen durch richtige austauschen kann. Erst dann kann er neuen Input richtig zuordnen.

Am Anfang jeden Fortschritts steht die Zufuhr neuen Wissens. Um neue Probleme zu lösen, brauchen wir neue Impulse, neue Ansätze und neue Ideen. Ohne sie drehen wir uns früher oder später im Kreis. Diese Impulse können wir aber nicht aus unserem Herzen zaubern. Sie entstehen durch die Zufuhr von Wissen. Wie viele Menschen kennst du, die sich stetig weiterbilden und neues Wissen sammeln?

Da ich penibel darauf achte, mit wem ich mich umgebe, kenne ich davon glücklicherweise einige. Das ist aber nicht selbstverständlich. Ich kenne nämlich noch viel mehr Menschen, die sich täglich *nicht* weiterbilden. Ich bin sogar der Meinung, dass die meisten Menschen im Alter von 25 aufhören zu lernen. Sobald die Ausbildung fertig oder das Studium abgeschlossen ist, ist Schicht im Schacht.

Was den meisten dabei nicht bewusst ist: Mit jedem Tag, an dem du nichts Neues lernst und kein Wissen akquirierst, entgehen dir Informationen, die dein Leben verändern könnten. Außerdem spricht rein gar nichts dafür, dass das, was du

25 Jahre lang gelernt hast, auch wirklich gültiges Wissen war. Schlimmer noch: Die Welt um uns herum verändert sich täglich und damit auch die Gültigkeit des Wissens. Woher willst du wissen, dass dein Wissensstand über ein Thema nicht gerade jetzt von einem Forscherteam in Sibirien widerlegt wurde?

Natürlich kannst und sollst du nicht alles wissen. Aber mit jedem Tag, an dem du nicht lernst, verliert dein »Autopilot« ein bisschen an »Sehkraft«.

Nichts anderes widerfährt schon seit Jahren vielen Einzelhandelsbranchen. Viele Geschäfte verschwinden nacheinander von der Erdoberfläche, weil sie die Kriterien, nach denen sie agieren, nicht aktualisiert haben. Sie werden zum Beispiel von der Digitalisierung regelrecht aufgefressen.

Hätten sie das vorhersehen können? Natürlich. Aber dafür hätten sie auf dem Laufenden bleiben und sich weiterbilden müssen. Haben sie aber nicht. Sie haben ihren Autopiloten immer weiter erblinden lassen, bis sie schließlich nicht mal mehr die Wand sahen, auf die sie zugerast sind. Wer sich nicht weiterbildet und sich auf überholte Informationen verlässt, entscheidet sich dafür, blind durchs Leben zu gehen.

Kommen wir auf unser »Bauchgefühl« zurück. Auf sein Bauchgefühl sollte nur derjenige hören, der genug adäquate Kriterien, sprich die nötige Erfahrung gesammelt hat! Der gesundheitsbewusste Leistungssportler darf und muss auf sein Bauchgefühl hören, wenn es um seine Trainingsintensität geht. Jeff Bezos (Amazon-Gründer und CEO) darf auch auf sein Bauchgefühl hören, wenn er Amazon weiter vergrößern möchte. Beide haben jahrelang Informationen auf ihrem Gebiet gesammelt und in ihre Datenbank aufgenommen. Sie können es sich leisten, auf ihr Bauchgefühl zu hören, weil es mit hoher Wahrscheinlichkeit stimmig ist (durch die Verfügbarkeit der richtigen Kriterien). Sie haben ihre Wahrnehmung durch jahrelange Erfahrung und das stetige Austauschen von Informationen sozusagen auf Erfolg *programmiert*. Paradoxerweise sind es genau diese Menschen, die trotz ihrer proppenvollen Wissensdatenbank vor jeder Entscheidung sicherheitshalber noch mal »rauszoomen« und sich andere Meinungen einholen.

Wie kann also jemand, dem es an Wissen und jeglicher Erfahrung fehlt, bei wichtigen Entscheidungen nur auf sein Bauchgefühl hören? Er kann die Situation gar nicht richtig einschätzen. Leider fällt ihm dies meist gar nicht erst auf, weil er nicht sieht, was er nicht sieht.

Ich sehe was, was du nicht siehst – dieser Satz ist eine wunderbare Metapher für dieses Thema. Mir wird oft nachgesagt, dass ich bei Menschen oder Interaktionen unterschwellige Stimmungen, Intentionen oder auch Lügen erkenne, die anderen nicht auffallen. Manche Menschen bemerken, dass ich sie förmlich lesen kann, oder fühlen sich von mir wie von keinem anderen verstanden.

Was Menschen zu diesen Annahmen führt, ist nicht unbedingt eine besondere Begabung meinerseits. Ich habe mir in der Vergangenheit viele Jahre lang und mit viel Leidenschaft Wissen über die menschliche Psyche angeeignet. Durch diesen Wissensdurst und meine Erfahrungen in der Beratung meiner Klienten, Schüler und Kunden habe ich in all der Zeit schlichtweg mehr Informationen über das Verhalten von Menschen gesammelt, als es viele andere in ihrem ganzen Leben tun.

Jedes Mal, wenn ich also mit Menschen rede, legt mir mein Gehirn all diese Erfahrungen und Informationen vor – ob ich will oder nicht. Ich achte vielleicht gar nicht darauf, ob der Mensch depressiv wirkt, weil ich ihn ja gar nicht näher kenne. Aber ich nehme es trotzdem wahr. Ich suche wahrscheinlich gar nicht nach einer Lüge bei meinem Gegenüber. Mein Gehirn präsentiert sie mir aber trotzdem. Ich sehe in diesen Momenten einfach mehr. Etwas, das andere nicht sehen.

Durch Unmengen von aufgenommenen Kriterien auf diesem Gebiet nehme ich in zwischenmenschlichen Interaktionen beispielsweise mehr wahr als andere. Ich sehe Nuancen, die anderen nicht auffallen würden. Ich bin ehrlich: Natürlich verschafft mir das einen entscheidenden Vorteil, den ich nicht missen möchte.

Diese Situation kennst du mit Sicherheit auch. Wenn du auf einem Gebiet »versierter« bist als jemand anders, dann unter anderem deshalb, weil deinem Gehirn in diesem Bereich vermutlich mehr Informationen zum Berechnen der Situation zur Verfügung stehen.

Nehmen wir beispielsweise den Kampfsport. Hier gewinnt oft nicht der, der härter trainiert hat, sondern derjenige, der im Kampf mehr Möglichkeiten und Fehler erfasst und als Reaktion darauf etwas aus seiner Wissenssammlung abrufen kann. Das größte Wissen und die besten Fähigkeiten nützen nichts, wenn wir sie (etwa wegen Aufregung) nicht abrufen können. Wenn das aber gelingt, »sieht« derjenige »mehr«, der mehr Wissen zur Verfügung hat. Er sieht zum Beispiel mehr Angriffsmöglichkeiten, mehr Lücken, mehr Fehler beim Gegner usw.

Im Kampfsport wird das beispielsweise sehr deutlich, wenn ein Profikämpfer auf einen Anfänger trifft. Der Anfänger kann ein starker Bodybuilder sein und 20 Kilo mehr wiegen als der Profi – er wird trotzdem verlieren, weil der Kampfsportler in ein und derselben Situation schlichtweg mehr sieht als der unerfahrene Bodybuilder. Er sieht beispielsweise schon fünf Sekunden, bevor er den Arm hebelt, dass sein Gegner ihm den Arm »geben« wird. Oder er weiß genau, wie er einen Schlag platzieren muss, damit sein Gegner dadurch offen für seinen Tritt ist. Schließlich hat er durch das jahrelange Training viel mehr Informationen über das Bewegungsverhalten und die Anatomie von Menschen, und natürlich verfügt er auch über ein viel größeres Arsenal an Techniken. Wo andere Chaos und »Gewalt« sehen, sieht er Möglichkeiten – wie ein Schachspieler, der seine nächsten Züge überlegt. Er muss sich also gar nicht anstrengen, um nach Möglichkeiten zum Angriff zu suchen. Sein jahrelang trainiertes Gehirn präsentiert sie ihm auf dem Silbertablett, und er muss nur noch zupacken und zuschlagen.

Ich wiederhole: *Beide Kämpfer befinden sich zur selben Zeit im selben Raum auf derselben Matte – und sehen dennoch zwei unterschiedliche Wirklichkeiten. Und einer von beiden sieht mehr.*

Die Metapher »Ich sehe was, was du nicht siehst« kannst du auf alle Lebensbereiche übertragen. Je mehr *gültiges* Wissen du dir aneignest, je mehr fundierte Informationen du sammelst, desto schärfer und klarer wird die Brille, durch die du die Welt betrachtest. Du bist automatisch selbstbewusster. Je mehr *ungültiges* und *falsches* Wissen du im Leben sammelst, desto verwirrter und verlorener bist du. Die Verwirrung kommt nicht von ungefähr – dein »Computer« versucht, mit diesen ungültigen Informationen zu »rechnen«, und spuckt irrationale Ergebnisse aus, für die du dann keine richtige Verwendung findest. Wer seine Vorstellungen von Liebesbeziehungen beispielsweise jahrelang mit Walt Disney und Teenie-Serien gefüttert hat, braucht sich nicht darüber zu wundern, im Liebesleben später der totalen Verwirrung ausgesetzt zu sein. Umso wichtiger ist es, dass du deinen Fokus auf die Quellen channelst, aus denen du verlässliche, richtige Informationen beziehen kannst.

»Lass dir von keinem Fachmann imponieren, der dir erzählt: ›Lieber Freund, das mache ich schon seit zwanzig Jahren so!‹ Man kann eine Sache auch zwanzig Jahre lang falsch machen.«

KURT TUCHOLSKY[5]

Manche Informationssammlungen sind natürlich wertvoller als andere. Das Wissen beispielsweise darüber, wie gute Kommunikation gelingt, ermöglicht dir, dein Gegenüber positiver zu stimmen und Gespräche in eine angenehmere Richtung zu lenken. Durch ein großes Wissensportfolio im Bereich des menschlichen Verhaltens bist du weniger anfällig für Manipulationen (zum Beispiel durch psychologische Gesetze) – weil du deine Wahrnehmung darauf geschult hast, derartige Reize zu erkennen. So kannst du sie unter Umständen »abfangen«, während andere ihnen schutzlos »ausgeliefert« sind, weil ihr Wahrnehmungsfilter nicht auf sie eingestellt ist.

Vor allem aber triffst du bessere Entscheidungen. Entscheidungen sind im Endeffekt nichts anderes als die Abwägung einer Handlung anhand der Informationen, die du zur Verfügung hast. Je mehr du über die Situation weißt, desto besser kann dein Denkapparat Möglichkeiten abwägen und die Folgen deiner Entscheidung vorhersagen. Risiken zum Beispiel sind keine Risiken mehr, wenn du alle nötigen Informationen zur Verfügung hast. Bessere Entscheidungen in der Gegenwart öffnen dir wiederum mehr Türen in der Zukunft. Zusätzlich sparst du dir eine ganze Reihe an negativen, unvorhersehbaren Butterfly-Effekten, die durch falsche Entscheidungen entstehen können.

**_Erfolg ist die Summe
richtiger Entscheidungen._**

Weitere Beispiele zur Macht von Informationen:

- Wir nehmen Informationen nicht nur selbst auf, wir produzieren sie auch selbst. Dein Verhalten gibt Informationen über dich preis. Wenn du dich beispielsweise wiederholt unzuverlässig oder angeberisch verhältst, dann werden Menschen irgendwann mit dieser Eigenschaft bei dir _rechnen_.
- Wenn du das nächste Mal Streit hast: Bevor du dich hineinsteigerst, halte kurz inne, und mach dir bewusst, dass dein Gegenüber nicht die Informationen hat, die du hast, und umgekehrt. Ihr seht die Welt durch unterschiedliche persönliche Brillen. Bevor du also »blind vor Wut« wirst, halte kurz inne, und sag etwas wie: »Du hast noch nicht alle meine Informationen bekommen, urteile bitte nicht, bevor du nicht alles weißt, und lass mich erst ausreden.«

- Hüte dich vor voreiligen Urteilen. Lieber sagst du dir innerlich einmal mehr: »Mir fehlen die Parameter, um diese Situation/diesen Menschen zu beurteilen«, als dass du deine Urteile auf falschen Informationen aufbaust.
- Was wir denken, formt uns. Deswegen haben viele erfolgreiche Menschen Routinen und trainieren regelmäßig Methoden wie Affirmation oder Visualisierung.
- Emotionen können es dir erschweren, dein Wissen abzurufen. Je weniger du die Emotionen unter Kontrolle hast, desto öfter wirst du Situationen begegnen, in denen du dein Wissen oder deine Fähigkeiten nicht einsetzen kannst.
- Männer schämen sich oft dafür, Dating-Coaches zurate zu ziehen. Sie vergessen dabei, dass man nicht erwarten kann, in etwas gut zu sein, ohne jemals wirklich gültige Informationen darüber gesammelt zu haben. Du liest quasi für alles eine »Betriebsanleitung«, aber nicht für das andere Geschlecht. Dann versagst du auf deinem Date und fühlst dich schlecht. Aber was hast du für ein Ergebnis erwartet?
- Wer zu wenig weiß, wird im Leben über den Tisch gezogen. Wir werden oft einfach vom Leben bestraft, weil uns Informationen fehlen.
- Wir bilden unsere Meinung über andere Menschen abhängig von dem, was wir sehen. Zeige dich also von deiner besten Seite, und erwarte nicht, dass Menschen wissen, wie du bist. Sie urteilen nur anhand dessen, was sie von dir kennen.
- Halte dich aus Streitigkeiten raus, in denen dir die Kriterien fehlen, um sie adäquat zu beurteilen.

- Dein Gehirn kann dir in gewisser Weise vorschreiben, was du sehen sollst – abhängig davon, wie du dich emotional gerade fühlst. Die Kunst ist es, in solchen Momenten achtsam innezuhalten und dich zu zentrieren, um die Dinge mit »sauberer« Sicht zu beurteilen. Angstgestörte oder pessimistische Menschen sehen immer nur das Negative, weil ihnen ihr Gehirn diese Informationen ein Leben lang vorgelegt hat. Ihre Erfahrungswerte sind voller Traumata und Negativität. Genauso begegnen sie auch dieser kunterbunten Welt und sehen daher meist nur die dunklen, grauen Farben.
- Unser Selbstbewusstsein variiert von Situation zu Situation. Es hängt maßgeblich davon ab, wie gut wir die Situation kennen und wie routiniert wir in ihr agieren können.

FRAU KAPPES

Wir leben in einer Blase unserer eigenen Wahrnehmung. Sobald man einmal verstanden hat, dass jeder nur das Bild der Realität sieht, welches sich sein Gehirn zusammenreimt, betrachtet man die Menschen und ihre Probleme mit ganz anderen Augen. Wir verschwenden beispielsweise viel zu viel Energie darauf, zu versuchen, anderen Menschen unsere eigene Sichtweise aufzudrücken. Manche scheinen zu denken, Menschen glichen leeren Gefäßen, die man nach Lust und Laune mit neuen Informationen befüllen könne. Weit gefehlt. Die meisten Menschen sind schon mit ihrem eigenen »Wissen« völlig überfüllt und haben ihre Datenbank regelrecht mit ihrem falschen Ego »verklebt«. Neue Ansätze, Ideen, Glaubenssätze, Wertesysteme und generell alles, was nicht ihrem Weltbild entspricht, prallt an ihnen ab wie ein Flummi. Wenn du beispielsweise als Abiturient deinen Eltern sagst, dass du, statt direkt zu studieren, lieber etwas Zeit haben möchtest, um dich selbst zu »finden« und nicht einen falschen Weg einzuschlagen, werden sie diesen Vorschlag leider selten aus deiner Perspektive betrachten. Sie haben meistens aus ihren Erfahrungen ganz andere Kriterien über das Thema abgespeichert als du. Eine »Findungsphase«, wie du sie dir wünschst, kennen sie aus ihrer Zeit vielleicht nicht.

Tagtäglich toben auf der Welt Abermillionen Streitigkeiten und Konflikte, nur weil wir immer auf unseren eigenen Meinungen und Glaubenssätzen beharren. Wir denken, dass wir richtigliegen. Dabei vergessen wir aber, dass jeder – wirklich jeder – die Welt nur so sieht, wie er sie anhand seiner gesammelten Informationen »berechnen« kann.

> *»Jeder meint, dass seine Wirklichkeit*
> *die richtige Wirklichkeit ist.«*
>
> HILDE DOMIN[6]

Erinnerst du dich an das letzte Mal, bei dem so ein »Idiot« dir gegenüber richtigen Schwachsinn geredet hat? So verkorkstes Zeug, dass du dich gefragt hast, wie er sich überhaupt selbst glauben kann? Bedenke aber: Dieser Mensch war in diesem Moment zutiefst davon überzeugt, dass er recht hat und die Wahrheit sagt. Auf der Grundlage seines bisherigen »Wissens« hat sein Gehirn errechnet und emotional bestätigt, dass er richtigliegen müsse. Er sieht ja nur das, was er sieht. Sein Ego verstärkt diesen Effekt zusätzlich. Wenn er sich erst einmal auf einen Standpunkt festgelegt hat, möchte sein Ego unter keinen Umständen, dass er zugibt, sich geirrt zu haben. Menschen können von den beklopptesten Sachen überzeugt sein, nur weil ihr Hirn es ihnen so suggeriert. Würdest du sie in solchen Momenten an einen Lügendetektor anschließen, würde dieser nicht den Hauch von »Unwahrheit« in ihren Aussagen finden. Sie denken wirklich, dass sie recht haben.

Um Menschen besser zu verstehen, solltest du dir einer Sache bewusst werden:

Jeder hat recht.

So traurig das auch klingen mag. Menschen sind subjektiv. Aus ihrer Sicht haben sie recht. Mit ihrer politischen Einstellung, ihrer Religion, ihrer Meinung über Kindererziehung, mit ihrer Vorstellung von Erfolg, mit all ihren Überzeugungen und Glaubenssätzen. Deshalb sind viele Diskussionen (besonders über heikle Themen oder Themen mit viel Interpretationsspielraum) auch vollkommen ergebnislos. Jemanden davon überzeugen zu wollen, dass er unrecht hat, ist meist absolute Zeitverschwendung. Nein, wenn du die Meinung oder Überzeugung eines Menschen ändern willst, musst du ihm so viele passende Informationen geben, dass er seine Sichtweise von selbst ändert.

Das ist oft schwierig und nervenaufreibend. Vielen Menschen scheint es nämlich wichtiger zu sein, *recht zu behalten,* als *tatsächlich richtigzuliegen.* Sie beharren auf Teufel komm raus auf ihren alten (falschen) Überzeugungen. Dass sie dadurch in diesen Bereichen ein Leben lang auf dem gleichen Wissensstand bleiben und sich auf diese Weise selbst zahlreiche Türen verschließen, scheint ihnen vollkommen egal zu sein.

Vielleicht erinnert dich das gerade an den ein oder anderen Sturkopf in deinem Bekanntenkreis? Sehr gut. Vergiss aber nicht, dass wirklich jeder Mensch Bereiche hat, in denen er zwar meint, recht zu haben, in denen er sich tatsächlich aber vollkommen auf dem Holzweg befindet – *auch du.* Wie viele solcher falschen und überholten Glaubenssätze du hast, hängt davon ab, wie gültig deine bisherigen Informationen sind und wie offen du für neues Wissen zu diesem Thema bist.

Merke dir: Das Leben ist der einzig adäquate »Richter« darüber, was richtig und was falsch ist und wer dementsprechend richtig- oder falschliegt. Nur das Leben zeigt dir anhand realer Ergebnisse, ob du richtigliegst. Du kannst beispielsweise noch so fest davon überzeugt sein, dass dein schwarzer Gürtel im Aikido, Hapkido, Mikado oder sonst etwas dich zu einem guten Kämpfer macht. Wenn dir ein 16-Jähriger mit zwei Jahren Grappling-, Thaibox- oder MMA-Erfahrung dann, gelinde gesagt, die Visage poliert, hat dir das Leben gezeigt, wie sehr du mit deiner Überzeugung daneben *wirklich* »im Recht« liegst. Du kannst glauben, dass dein Studium dich zu einem Businessman macht. Wenn du nach einem Bachelor, einem Master und fünf Jahren Lebenszeit trotzdem noch zwei Jahre kellnern musst, bis du letztlich eine (oft unterbezahlte und triste) Anstellung bekommst, hat dir das Leben gezeigt, wo die Wahrheit liegt.

Interessanterweise schaffen es einige Menschen, sich auch dann nicht einzugestehen, dass sie falschliegen, wenn ihnen das Leben ihre Fehler regelrecht vor die Nase hält. Hier kommt unsere Freundin, die »Kogni«, ins Spiel. Diesen Spitznamen verwende ich gerne für das psychologische Phänomen der *kognitiven Dissonanzreduktion*. Präsentiert uns das Leben Informationen oder Ergebnisse, die nicht mit unserem Weltbild übereinstimmen, entsteht in unserem Kopf eine Dissonanz – ein ungutes Gefühl, das wir ganz schnell wieder beseitigen wollen. Kurzerhand interpretieren wir die neue Information dann einfach um, damit unser Weltbild wieder im Lot ist und wir uns wohler fühlen. Beispiel: Ein Mann spricht eine schöne Frau im Club an und bekommt einen Korb. Anstatt sich einzugestehen, dass seine Herangehensweise vielleicht nicht optimal war, sagt er sich: »Die war eh nicht mein Typ.«

Wir reden uns die Welt schön.

Nimm dir also zwei Regeln zu Herzen:

Erstens: Verschwende deine Energie nicht damit, Menschen, die an ihren Glaubenssätzen festhalten, von der »Wahrheit« überzeugen zu wollen. Sei aber zweitens auch

selbst nicht so blöd, auf eine falsche Wahrnehmung hereinzu-
fallen. Fokussiere dich nicht darauf, um alles in der Welt recht
zu behalten, sondern strebe danach, wirklich fundiert und er-
gebnisorientiert richtigzuliegen. Was nützt es dir, »recht« zu
haben, wenn ein anderer, der in deinen Augen falschliegt, bessere Ergebnisse erzielt?

Achte auf die Resultate, die dir das Leben präsentiert, und
halte dir immer eine Option offen, um deinen Wissensstand
anzupassen und zu aktualisieren.

Wir halten uns gerne für wesentlich wichtiger, als wir sind.
Nicht nur, dass wir oft glauben, wir seien im Recht, obgleich
wir es gar nicht sind, wir fühlen uns auch von allem und jedem
ungerecht behandelt. Viele Menschen scheinen es sich zum
Hobby gemacht zu haben, sich über das Leben zu beschweren. Ihr falsches Gerechtigkeitsempfinden spielt ihnen dabei
in die Karten. Sobald es in ihrem Leben mal nicht so läuft, wie
sie sich es wünschen oder vorgestellt haben, wird sofort Be-
schwerde eingelegt. *Aber bei wem genau beschweren wir uns
eigentlich? Es hört uns niemand zu.*

Was glauben wir, was mit der Energie passiert, die wir durch
unsere Beschwerden »verströmen«? Dass sie irgendwo im
Universum Anklang findet? Die Einzigen, die uns vielleicht
Glauben schenken, sind unsere Freunde oder Familie – aber
stellen sie wirklich die »Richter« des Lebens dar? Wir sind
so selbstbewusst, dass wir meinen, wir könnten uns durchgängig beschweren – nur weil wir einen subjektiven Sinn für
Gerechtigkeit und Ungerechtigkeit haben.

Dabei wurde uns niemals versprochen, dass das Leben gerecht ist. Dennoch verhalten wir uns so, als sei uns das Leben et-

was schuldig. Als gäbe es für Ungerechtigkeit ein Lehrerzimmer des Lebens, in dem man andere verpetzt und sich wegen seiner Probleme beschwert. Als gäbe es dort unsere ganz persönliche »Vertrauenslehrerin des Lebens«, die immer ein offenes Ohr für unsere Beschwerden hat. Nennen wir sie mal »Frau Kappes«.

- »Frau Kappes, mein Stoffwechsel ist ›eingeschlafen‹, ich kann einfach nicht abnehmen!«
- »Aber ich habe viel mehr geleistet als er!«
- »Frau Kappes, was soll denn bei so hohen Steuersätzen noch zum Leben übrig bleiben?«
- »Warum wurde er befördert und ich nicht? Ich arbeite doch viel härter und bin immer ehrlich!«
- »Frau Kappes, mein Partner hat mich schon wieder betrogen, obwohl wir eine gemeinsame Tochter haben!«
- »Frau Kappes, er hat doch gar nicht so viel dafür getan wie ich.«
- »Frau Kappes, mein Produkt ist aber wirklich viel besser als das der Konkurrenz!«
- »Frau Kappes, das Leben ist unfair!«

Ja, das ist es. Das Leben ist definitiv unfair und entspricht nicht dem, was wir uns von ihm erwartet haben. Lebensträume können zerplatzen, Sehnsüchte bleiben unerfüllt, Ziele sind unerreichbar, und wenn man sich den Fuß anstößt, dann grundsätzlich ausgerechnet am kleinen Zeh. Das Leben hat die eine oder andere Überraschung für uns parat.

Aber das ist kein Grund, zu verzweifeln. Zum Glück gibt es ja Frau Kappes, unsere Vertrauenslehrerin im Lehrerzimmer des Lebens, bei der wir uns immer beschweren können, wenn es mal nicht so läuft, wie wir uns das vorstellen oder es gerne hätten. Wenn wir zu ihr gehen, hat sie immer eine Lösung parat, deshalb vertrauen wir ihr blind und wenden uns immer an sie, wenn wir Probleme haben. Bei all den Dingen, über die sich die Menschen tagein, tagaus beschweren, hat Frau Kappes alle Hände voll zu tun. Sie stockt wie aus Zauberhand Kontostände auf, verkuppelt nicht zueinanderpassende Menschen miteinander oder lässt überschüssiges Fett schmelzen, ohne Zutun des Betreffenden – um nur einige von ihren Tausenden Aufgabenfeldern zu nennen. Eine ziemlich coole Lehrerin. *Jammerschade, dass Frau Kappes nicht existiert.*

Wem es an Paradebeispielen für Beschwerden an Frau Kappes mangelt, der muss nur in die Kommentarspalten von Social-Media-Beiträgen schauen (gerade bei Posts über schlechte Neuigkeiten, politische News usw.). Aber auch beim wöchentlichen Stammtisch oder beim Mädelsabend ist Frau Kappes nie weit entfernt. Man muss nur genau hinhören.

Wir finden immer wieder Gründe, uns in eine Opferrolle zu flüchten. Wir sehen nur die Kugeln, mit denen das Leben auf uns schießt (Angriffe, Steuern, Untreue, Numerus clausus, Ablehnung, finanzielle Sorgen, Kündigung usw.), und fragen uns, wieso das Leben bloß so ungerecht ist und wann es endlich aufhört, auf uns zu schießen.

Ich persönlich habe mich lange gefragt, wann die Menschen aufhören würden, mich zu erniedrigen, auszunutzen und zu verprügeln. Ich habe gehofft, gefleht und mich bei allen Möglichen beschwert. Es hörte nicht auf … Im Gegenteil, es wurde immer schlimmer.

Bis mir irgendwann Folgendes klar wurde: Solange wir die Schuld beim Schützen sehen, werden wir auf keiner Ebene Fortschritte machen. Wichtiger ist es, die Zielscheibe abzulegen, die wir mit uns herumtragen, um gar nicht erst anvisiert werden zu können. Wer sich als Opfer und Spielball des Lebens betrachtet, der wird auch beschossen.

So komisch das auch klingt: *Sieh die Schuld bei dir!* Die anderen sind nicht schuld, weil sie schießen – du bist schuld, weil du ihnen ein Ziel bietest. *Nimm die Zielscheibe runter!*

- »Ich werde verprügelt!«
  Nein. Ich habe mich verprügeln lassen ...
- »Sie nutzen mich aus, obwohl ich gut zu ihnen bin.«
  Nein. Ich habe mich ausnutzen lassen – und ich Idiot war obendrein auch noch nett zu ihnen.
- »Sie hat mich betrogen, obwohl ich sie so sehr geliebt habe.«
  Nein. Ich habe zugelassen, dass sie einen anderen Mann besser findet als mich.
- »Er hat mich einfach verraten.«
  Nein. Ich habe zugelassen, dass man mich verrät.

Wir sind einer von acht Milliarden Menschen auf einem winzig kleinen Planeten in einer von Hunderten Milliarden Galaxien – und wagen es tatsächlich, zu erwarten, dass unsere Probleme irgendjemanden im Universum interessieren? Wenn du still in dich hineinfluchst und dir sagst »Mir reicht's jetzt!« – bei wem beschwerst du dich dann?

Ich wiederhole: Es hört dir niemand zu. Arbeite daran, dass du überhaupt gehört wirst. Wann werden Menschen aufhören, die Verantwortung für ihre Probleme irgendeiner ominösen Macht da draußen zuzuschreiben? Das Leben hat kein Lehrerzimmer, bei dem du dich beschweren kannst. Es ist einfach das Leben.

Frau Kappes wird dir nicht helfen, das musst du schon selber tun. Der erste und wichtigste Schritt zum Erfolg ist *Eigenverantwortung*. Hör auf, dich als Opfer zu betrachten, auch wenn du in der Situation recht hast. Wir alle sitzen im selben Boot und müssen dafür sorgen, dass wir irgendwie über die Runden kommen. Niemand hat mehr Recht auf irgendetwas als der andere. Nur weil du denkst, dass dir etwas zusteht, heißt das noch lange nicht, dass das Leben das auch so sieht. Vor allem heißt das nicht, dass du es bekommst. Jemand kann dümmer, unkreativer, unbegabter und unsportlicher sein als du – und trotzdem mehr Erfolg haben, weil er einfach die richtigen Knöpfe drückt. Das Leben ist uns nichts schuldig – wer Ansprüche stellt, wird nicht nur zwangsläufig Enttäuschungen erleben, sondern auch keine Ergebnisse produzieren.

Das gilt auch für das Thema »harte Arbeit«. Menschen denken oft, harte Arbeit werde immer belohnt. Aber wer sagt das? Du kannst auch hart schuften und dabei nur Mist produzieren – hättest du dafür eine Belohnung verdient? Es scheint unsere Natur zu sein, dass wir denken, mehr Aufwand bedeute automatisch mehr Ertrag. Aber so tickt das Leben nicht. Niemand hält Lorbeeren für dich bereit, nur weil du hart arbeitest oder Hartes durchmachst. Wenn du etwas nicht hast, was du haben willst, heul nicht rum – hol es dir.

Das gilt vor allem für jeden, der das hier gerade liest. Wer in Mitteleuropa lebt, hat mehr Möglichkeiten als der Rest der Weltbevölkerung. Ein Kind, das in Äthiopien verhungert, bevor es jemals ein Spielzeug gesehen hat, hat vielleicht das Recht, sich zu beschweren. Das Einzige, was es jemals getan hat, ist, geboren zu werden – es kann nichts für seine Lage und kann auch nichts an ihr ändern. Und selbst ihm hört (leider!) niemand zu – oder du etwa? Du aber hast viele Möglichkeiten, die anderen verwehrt bleiben. Du musst dein Leben nur in die Hand nehmen. Nimm die Zielscheibe ab!

Wenn du nicht eigenverantwortlich handelst, kannst du nicht wachsen. Wer seine Fehler immer auf andere schiebt, wird sie niemals selbst korrigieren. Und wer anderen die Schuld für seine Probleme gibt, wird sie niemals selbst lösen.

Mit Schuldzuweisungen blockieren wir uns nur selbst. Wir hemmen unser Wachstum. Und mit unseren Beschwerden verschwenden wir Energie. Denk an das letzte Mal, als du dich so richtig unfair vom Leben behandelt gefühlt und dich so richtig aufgeregt hast. Wo ist diese Energie jetzt? Hat sie etwas bewirkt? Nein. Sie ist verpufft. Sie umkreist dich oder dein Umfeld höchstens noch als negative Aura.

Verschwende deine Energie nicht für nichts und wieder nichts. Spare sie dir für dein eigenverantwortliches Handeln auf – denn die Zielscheiben und Schwächen abzulegen erfordert viel Energie. Nur das bringt dich im Leben weiter. Das Leben ist unfair zu dir? Wer hat gesagt, dass es fair sein wird? Nimm die Zielscheibe runter, auf die die Ar***löcher schießen!

Alles andere führt zu nichts und katapultiert dich nur noch weiter aus der Bahn. Denn eins ist sicher: Die Schützen, die schießen, werden im Leben nicht weniger.

Menschen sind übrigens unglaublich gut darin, sich gegenseitig in ihren Beschwerden zu bestärken. Wenn ich mir einige Pappenheimer da draußen so anschaue, denke ich mir manchmal, die würden am liebsten zu einer Online-Petition gegen die Probleme des Lebens aufrufen, wenn sie könnten. Millionen würden unterschreiben. Aber es hört ihnen niemand zu. Sei vorsichtig, mit wem du dich umgibst. Menschen, die sich in einer Opferrolle sehen möchten, neigen dazu, andere damit anzustecken. Unser Ego liebt es nämlich, sich selbst aus der Haftung zu nehmen, und ist daher extrem anfällig für dieses »Virus«.

Wir gehen gerne den leichtesten Weg – und der führt über die Schuldzuweisung auf andere und nicht über uns. Man könnte sich ja eingestehen, dass man für den Verlauf seines Lebens selbst verantwortlich ist. Aber das ist den meisten dann doch zu viel Verantwortung auf einmal.

Ich kann ein Lied davon singen, wie weit du kommst, wenn du die Haftung für Fehler, Probleme oder Hindernisse auf andere überträgst: genau bis zu deinem ersten Fehler, Problem oder Hindernis. Weiter nicht. Gerade im Geschäftsleben werden sich dir Widrigkeiten in den Weg stellen, die definitiv nicht fair sind. Leider interessiert das niemanden. *Erfolgreiche Menschen finden eine Lösung. Der Rest wendet sich an Frau Kappes.*

BIS JETZT

Wir neigen dazu, die Kraft unserer Gedanken maßlos zu unterschätzen. Worte können uns Probleme bereiten, wenn wir sie
nicht richtig einsetzen, aber unsere gedanklichen Worte haben
keine Konsequenzen – denken wir zumindest. Schließlich hört
sie niemand außer uns selbst. Und genau da liegt das Problem.

Blicken wir zurück auf die ersten Kapitel. Darin haben
wir gesehen, welchen Einfluss unser Gehirn darauf hat, wie
wir die Welt um uns herum wahrnehmen und beurteilen. Es
nimmt Informationen aus seiner Umgebung auf und verarbeitet sie, ohne dass wir darauf wirklich einwirken könnten.
Wir beurteilen die Welt also abhängig davon, was uns vorgelegt wird. Dies geschieht jedoch auf zweierlei Arten: zum einen durch Eindrücke und Informationen von außen – zum anderen von innen, durch unsere eigenen Gedanken.

Wir kennen das: eine innere Stimme, die pausenlos vor
sich hin brabbelt. Je nachdem, wie erfahren wir im Umgang
mit ihr sind (zum Beispiel durch Meditation), können wir sie
ab und zu etwas zur Ruhe bringen. Dennoch ist sie immer da
und kommentiert alles, was wir wahrnehmen und erleben.
Manche Menschen führen regelrechte Unterhaltungen mit
ihr (Selbstgespräche), für manche ist sie eher eine Art stiller
Kommentator, der sie grübeln, abwägen und sich sorgen lässt.
Unabhängig davon, wie laut oder leise diese Stimme ist, hört
nicht nur unser bewusstes Ich ihr zu. Auch unser Unterbewusstsein hat immer ein offenes Ohr für sie und merkt sich

fast alles, was sie sagt. Keiner unserer Gedanken und keines unserer Selbstgespräche verfliegt einfach so. Alles wird abgespeichert und »recycelt«, wenn nötig.

Weil uns dies nicht bewusst ist, gehen wir sorglos mit unseren Gedanken um und achten nicht darauf, was in unserem Kopf vor sich geht. Picken wir uns hierzu ein paar Beispiele heraus:

»Mathe war noch nie meine Stärke.«

»Ich werde sowieso bei keiner schönen Frau landen.«

»Meine Homepage selbst erstellen? Nein, das bekomme ich sowieso nicht hin.«

»Wahnsinn, wie XYZ das macht, ich könnte niemals selbstständig sein.«

»Vor Menschen zu reden ist halt nicht mein Ding.«

»Schreiben war schon immer meine Schwäche. Ich kann es einfach nicht.«

»Ich bin eher der schüchterne Typ.«

»Was soll er an mir bitte interessant finden?«

»Ich war immer schon unsportlich.«

»Ich bin handwerklich total unbegabt.«

Diese Liste ließe sich endlos fortführen. Wir haben unsere ganz eigenen Vorstellungen davon, wer wir sind und was wir können. Diese manifestieren sich in unseren Gedanken und Selbstgesprächen. Manchmal sagen wir solche Sätze auch einfach so daher oder nehmen sie als Ausrede vor uns selbst oder anderen – beispielsweise dafür, dass uns etwas nicht so gut gelungen ist. Ein anderes Mal bringen solche Sätze Glaubenssätze zum Ausdruck, die wir seit unserer Kindheit in uns tragen (weil wir beispielsweise in Mathe immer schlechte Noten hatten). Doch letztlich ist es Schnee von gestern, woher unsere Glaubenssätze rühren. Wichtiger ist, wie wir heute mit ihnen umgehen.

Wenn wir derartige Dinge zu uns sagen, wissen wir meist nicht im Entferntesten, was wir damit in Gang setzen. Worte können Menschen beeinflussen – dieses Prinzip des »Framing« wirst du später noch genauer kennenlernen. So, wie wir die Frames (Deutungsrahmen) anderer Menschen mit unseren Worten formen können, framen wir auch uns selbst. Und zwar mit allem, was wir zu uns selbst sagen und was wir von uns denken. Jedes Mal, wenn du dir sagst, »ich kann das nicht«, sagst du deinem Gehirn, »du kannst das nicht«. Immer, wenn du dir denkst, »ich bin schüchtern«, sagst du deinem Gehirn, »du bist schüchtern«.

Klingt simpel, oder? Ist aber sehr gefährlich. Dein Gehirn wird sich das merken. Und sich daraus stricken, was es möchte. Es wird das jeweilige Themenfeld (zum Beispiel »vor Menschen reden« oder »Mathematik«) kurzerhand in den mentalen »Papierkorb« packen. Oder sich selbst den Stempel »schüchtern« auf die Stirn drucken. In dem Moment, in dem du dir sagst, »ich kann das nicht«, oder »ich bin …«, ist das Thema für dein Gehirn erledigt. Es hat einfach damit abgeschlossen.

**»Unser Leben ist,
was unsere Gedanken daraus machen.«**
MARC AUREL[7]

Natürlich kann es sein, dass du mit deinen Gedanken »recht« hast. Vielleicht bist du tatsächlich nicht der geborene Athlet. Mathe ist womöglich wirklich nicht deine Stärke. Oder dir fehlt es wirklich an Selbstsicherheit und Offenheit.

Doch gerade dann gilt es, achtsam zu sein, wie du mit dir selbst redest. Viel zu viele Menschen ersticken mit solch blockierenden Gedanken große Teile ihres Potenzials.

Sie unterschätzen, wie schnell unser Gehirn seine Wahrnehmung und Sichtweise anhand unserer Gedanken anpasst.

Wenn du deinem Gehirn mitteilst, »du bist schüchtern«, wird es von da an die meisten Situationen meiden, in denen Aufgeschlossenheit oder Selbstsicherheit gefordert sind. An allen Konstellationen und Umgebungen, in denen du an diesen Eigenschaften arbeiten könntest, wird es dich gekonnt vorbeiführen – oftmals, ohne dass es dir bewusst ist.

Mit jedem Mal, bei dem du dir sagst, dass du schüchtern bist, verhundertfacht sich die Wahrscheinlichkeit, dass du es für immer bleibst. Und je öfter du dir einredest, dass du etwas nicht kannst, desto eher wirst du es niemals können, denn die Glaubenssätze verfestigen sich immer stärker.

»Ob du glaubst, du kannst es,
oder ob du glaubst, du kannst es nicht:
In beiden Fällen wirst du recht behalten.«
HENRY FORD[8]

Oder mit anderen Worten:

Was du dir selbst zutraust oder nicht
zutraust, bildet die Grenze dafür, was du kannst
oder nicht kannst.

Wenn du schon mal gehört oder gelesen hast, dass unsere Gedanken Wirklichkeit werden können, weißt du jetzt, was damit gemeint ist. Das hat nichts mit Hokuspokus oder Esoterik zu tun, sondern ganz einfach damit, wie leicht sich unsere Überzeugungen formen lassen.

Selbstverständlich kannst du jetzt argumentieren: »Nicht jeder muss gut schreiben können«, oder »Soll ich jetzt Sportler werden, um glücklich zu sein?«. Nein. Vielleicht wirst du niemals in die Situation kommen, gut schreiben zu müssen. Oder vielleicht hat Sport dich wirklich noch nie interessiert. Wenn du eine negative Angewohnheit hast oder eine Sache nicht beherrschst, ist das kein Grund zu verzweifeln. Ebenso wenig ist es ein Grund, diese Tür für immer zu schließen. Wenn du es dir immer wieder einredest, gibst du deinem Denkapparat das Kommando, dass du diese eine Sache niemals können oder diese eine Eigenschaft niemals ablegen wirst.

Ergo: Du limitierst dein eigenes Potenzial.

Dieser Effekt wird noch verstärkt, wenn du solche Überzeugungen auch vor deinen Mitmenschen äußerst. Diese nehmen deine falschen Überzeugungen auf und halten sie dir (aktiv oder passiv) vor. Dann bist du beispielsweise »der/die Schüchterne«, »der/die Unsportliche« oder »der/diejenige, der/die nicht vor Menschen reden kann«. Die Informationen, die uns in unserem eigenen Kopf schon genug Probleme bereiten, fliegen uns dann auch noch von unseren Mitmenschen um die Ohren. Der Effekt, den diese Parolen auf unser Selbstbild haben, wird dadurch zusätzlich verstärkt. Indem wir anderen Menschen sagen und demonstrieren, dass wir etwas nicht können oder bestimmte (negative) Eigenschaften haben, machen wir es uns noch schwerer, uns von diesen Überzeugungen zu lösen oder dagegen anzukämpfen. Wir geben ihnen gewissermaßen eine »Waffe« in die Hand, die sie (oft ohne böse Absicht) gegen uns richten können.

Das bedeutet nicht, dass du keine Schwäche zeigen darfst. Gestehe deine Fehler vor anderen ein, und sprich darüber. Offen über seine Schwächen zu reden, ist ein Zeichen von Stärke. Aber tu das in dem Bewusstsein, diese Schwächen in Zukunft beheben zu wollen, und nicht, um sie zusätzlich zu untermauern.

Wir vergessen oft, wie lernfähig wir eigentlich sind, wenn wir einen Grund haben, etwas zu lernen. Im Leben gibt es immer wieder Situationen, in denen große Chancen liegen. Wir müssen nur für alles offen sein und bereit sein, zu lernen. Dazu sind wir aber nicht in der Lage, wenn unsere Wahrnehmung von allerlei falschen Überzeugungen zugemüllt ist. Wenn wir nur Dinge sehen, die wir nicht können, nehmen wir viele Möglichkeiten oft gar nicht wahr, die sich uns bieten. Oder wir haben uns innerlich bereits gegen sie entschieden, bevor wir uns überhaupt ein genaueres Bild über sie machen konnten. Wenn sich beispielsweise die einmalige Chance ergibt, aus einer Idee ein neues Unternehmen zu erschaffen, und unser Gehirn uns einfach einen Strich durch die Rechnung macht, bevor wir überhaupt Ja sagen können, dann liegt das womöglich daran, dass wir ihm zuvor etwas zu oft gesagt haben, Selbstständigkeit sei nicht unser Ding. Wir haben uns an diesem Punkt somit früher selbst eine Grenze gesetzt, auf die wir Jahre später unvermittelt auflaufen. Mit solchen Grenzen kollidieren wir fast täglich – wir merken es nur nicht, weil alles dahinter für uns in einem toten Winkel liegt. Unser Gehirn zeigt es uns nicht mehr, weil wir ihm irgendwann aufgetragen haben, mit dem Thema abzuschließen.

Wer sich für schüchtern hält, dem entgehen auf diese Weise Geschäftsmöglichkeiten oder Freundschaften. Wer an seinen mathematischen Fähigkeiten zweifelt, zahlt womöglich eines Tages viel Geld für die Erledigung einer Aufgabe, die er selbst hätte erfüllen können. Und wer weiß, ob es nicht irgendwo auf der Welt einen Menschen gibt, der Antworten auf große Fragen der Menschheit gefunden hat – sich aber nicht traut, diese zu teilen, weil er von sich denkt, dass er Redeangst hat? Wir wissen oft gar nicht, wozu wir alles fähig wären, wenn wir unser Potenzial nicht ständig mit unseren eigenen Worten und Gedanken eingrenzen würden.

Wie können wir uns also vor derart gefährlicher Selbstmanipulation schützen? Indem wir aufhören zu denken? Oder indem wir uns immer wieder einreden, wir seien Superhelden, die alles können, wenn sie nur fest genug daran glauben? Nichts von dem. Wir müssen uns weder in absoluter Gedankenkontrolle üben, noch sollten wir Erwartungen an uns stellen, die wir nicht erfüllen können.

Die Lösung ist viel simpler. Denk an das Kapitel »Ich sehe was, was du nicht siehst«. Die Schwelle zwischen Kompetenz und Inkompetenz liegt oft nur in der Sichtbarkeit von Informationen. Je mehr du lernst und je mehr richtiges Wissen du dir aneignest, desto mehr wirst du »können«. Auch deine Eigenschaften und Gewohnheiten lassen sich mit dem nötigen Wissen über dich selbst und die menschliche Psyche optimieren.

Das heißt: Wenn du etwas nicht kannst, liegt es nur daran, dass du noch nicht genug darüber weißt, um es zu können. Du kannst es *bis jetzt* nicht. Und wenn du eine negative Eigenschaft hast, dann liegt es oft daran, dass du *noch* nicht genug weißt, um sie ablegen oder mit ihr umgehen zu können. Du hast diese Eigenschaft *bis jetzt*.

Bis. Jetzt. Wenn du diese beiden Wörtchen richtig einsetzt, bedeuten sie einen riesigen Unterschied in der Kommunikation mit dir selbst und mit anderen. Wir vergleichen:

Vorher: »Vor Menschen zu reden ist halt nicht mein Ding.«

Nachher: »Vor Menschen zu reden, war bis jetzt nicht mein Ding.«

Vorher: »Ich habe nur wenig Selbstbewusstsein.«

Nachher: »Ich hatte bis jetzt nur wenig Selbstbewusstsein.«

Obwohl sich die Vorher-/Nachher-Aussagen nur marginal unterscheiden, könnten sie unterschiedlicher kaum sein. Bei einer lässt du dir alle Möglichkeiten der Welt offen, bei der anderen hast du schon aufgegeben und verschließt dich dem Thema. Diesen kleinen, aber feinen Unterschied registriert auch dein Gehirn. Formulierungen wie »bisher«, »bis jetzt« oder »noch« (ich kann es *noch* nicht) formen dein Denken völlig anders. Sie schaffen keine toten Winkel, sondern sorgen in deinem Unterbewusstsein dafür, dass du das Thema im Hinterkopf behältst. Du schließt nicht damit ab und lässt dir Möglichkeiten offen, darin besser zu werden.

Darüber hinaus verhinderst du damit, dass sich in anderen Menschen ein falsches Bild von dir verfestigt. Du bist dann der, *»der noch nicht weiß, wie das mit der Buchhaltung geht«*, nicht der, »der das einfach nicht auf die Kette kriegt«. Hättest du aber ohne die Bis-jetzt-Regel kommuniziert, würde dein Gegenüber dir mit der falschen Einstellung begegnen, dass du es nicht kannst und niemals können wirst. Die Art, mit der er dir begegnet, matcht dann mit deinem eigenen Selbstbild. Und schon hat sich dein Glaubenssatz (»Buchhaltung kann ich nicht«) noch stärker eingeprägt.

Vage Vermutungen, die wir beispielsweise in Momenten von Angst und Zweifel über uns hegen und (ohne »Bis jetzt«-

Ergänzung) mit den falschen Menschen teilen, können so in null Komma nichts zu handfesten Überzeugungen werden, mit denen wir unser eigenes Potenzial massiv eingrenzen.

Merke: Sei nicht final – vor allem dann nicht, wenn es um deine Kompetenzen, Fähigkeiten oder Eigenschaften geht. Verwende Begriffe wie »bis jetzt«, »noch« oder »momentan«, wenn du über das redest, was dich ausmacht. So lässt du dir Raum für Veränderung und vermeidest es, dir selbst unsichtbare Grenzen zu setzen, die deinen Fortschritt erschweren. Sag niemals nie.

Das gilt übrigens auch »umgekehrt«. Manche Menschen denken beispielsweise, sie hätten endlich ihr »Ding« gefunden, und schmieden schon Pläne für die nächsten zehn Jahre. Aber auch damit solltest du vorsichtig sein. Ich selbst war nicht selten felsenfest davon überzeugt, die »eine Sache« gefunden zu haben, nur um sie ein paar Monate später wieder zu verwerfen oder zu ergänzen, weil ich über sie hinausgewachsen war. Aussagen wie »ich bin ein Manager-Typ«, »ich werde immer im Sportbereich arbeiten« oder »meine einzig wahre Leidenschaft gilt dem Zeichnen« sind zwar nicht negativ behaftet, sie können dich dennoch für Neues blockieren. Sei also achtsam, was du dir selbst über deine Zukunft und deinen Weg sagst, um dir Raum für Richtungswechsel und Umorientierungen zu lassen.

Auch Situationen und Zustände darfst du niemals als final betrachten. Im Leben wirst du immer wieder Negativität und Niederschlägen begegnen. Aber selbst wenn dir Dinge widerfahren, die unumkehrbar sind, sind deren akute Folgen für dich nur vorübergehend. Als Mensch bist du in der Lage, die größten Unglücke zu verkraften und fast jede Widrigkeit zu überwinden. Wenn du dir und anderen aber immer wieder sagst, dass du »bestimmt niemals wieder wirklich glücklich sein kannst«, nimmst du dir selbst die Möglichkeit, über Schicksalsschläge hinwegzukommen und an ihnen zu wachsen.

Merke dir: Erfolgreiche Menschen sehen jede negative Situation als zeitlich begrenzt und veränderbar an. Sie glauben immer an neue Möglichkeiten und sehen die Vergangenheit als Lehrstunde und nicht als Verurteilung.

Ich hatte früher eine regelrechte Sammlung an falschen Glaubenssätzen und Fehleinschätzungen über mich selbst. Tatsächlich bestanden die ersten Jahre meiner Selbstfindung darin, all diese falschen Selbstbilder nach und nach zu enttarnen und meine toten Winkel über mich und die Welt nach und nach auszuleuchten. Wie ich dir schon im Intro erzählt habe, habe ich aus mir einen Menschen gemacht, den ich selbst früher gar nicht kannte. Ich kann dir deshalb aus tiefer Überzeugung sagen, dass nichts von dem, was du über dich denkst, der absoluten Wahrheit entspricht oder final ist. Du kannst fast alles werden und alles lernen. Dazu musst du dir und deinem Unterbewusstsein aber so viel Raum wie möglich für Veränderung geben – und darfst dich nicht mit negativen Gedanken oder Worten hemmen. Achte also darauf, wie du mit dir redest – denn es gibt immer jemanden in deinem Kopf, der deinen Worten glaubt und alles dafür tut, sie wahr werden zu lassen. Leider.

Darüber hinaus solltest du dich fragen, welche deiner »Ordner« sich noch im Papierkorb befinden. Sprich, welche Überzeugungen und Annahmen du von dir selbst hast, die du überdenken solltest? All diese falschen Glaubenssätze solltest du ab sofort genau hinterfragen und mit einem kleinen Zusatz versehen: *bis jetzt.*

Weitere Beispiele:

»Es gibt keine Lösung dafür.«
»Es gibt *bis jetzt* keine Lösung dafür.«

»Ich kann nicht schmerzfrei aufrecht gehen.«
»Ich habe *bisher noch keinen Weg gefunden,* um schmerzfrei aufrecht gehen zu können.«

»Die Kunden kaufen mein Produkt nicht.«
»Ich habe *bisher noch keine Lösung dafür gefunden,* dass mehr Kunden mein Produkt kaufen.«

»Ich habe das immer so gemacht. So bin ich halt.«
»*Bisher* habe ich das immer so gemacht. So bin ich *bis jetzt.*«

»Ich mag Sport nicht.«
»Es hat mich *bisher noch nicht* begeistert, regelmäßig Sport zu treiben.«

»Ich kann Frauen nicht ansprechen.«
»Ich weiß *bisher noch nicht,* wie man Frauen richtig ansprechen sollte.«

»Vegetarier sind Idioten.«
»*Bisher* verstehe ich nicht, wie Vegetarier es schaffen, auf Fleisch zu verzichten.«

»Ich bin dafür viel zu sensibel.«
»*Bisher* hat mir meine Sensibilität dabei immer einen Strich durch die Rechnung gemacht.«

»Achtsamkeit ist nichts für mich.«
»Ich habe *bisher noch nicht* herausgefunden, wie ich Achtsamkeit für mich nutzen kann.«

Es gibt immer Möglichkeiten, neues Wissen zu ergänzen und Lücken in deinem Skillset zu füllen. Wenn du aber final über eine deiner Eigenschaften oder Fähigkeiten urteilst, verschließt du dir diese Tür. Machst du das oft, erzeugst du ein Netz aus toten Winkeln, die dich regelrecht blind für neue Möglichkeiten und Challenges machen und dich im Gegensatz zu anderen oft den Kürzeren ziehen lassen.

Also: Bleibe flexibel und offen für Veränderung. Die Welt, in der du lebst, ist unbeständig und in stetigem Wandel. Nimm dir nicht die Fähigkeit, hierbei mitzuhalten.

Bleib nicht du selbst.

FLUCH UND SEGEN DER SPRACHE

Vielen Menschen ist nicht bewusst, wie mächtig unsere Sprache ist. Kein anderes Lebewesen kann so präzise und differenziert kommunizieren wie wir. Viele Wissenschaftler halten die Entstehung der Sprache sogar für den entscheidenden Stein, der letztlich unsere rasante Entwicklung zur dominantesten Spezies ins Rollen brachte. Sie vermuten, unser komplexes Denken wurde nur möglich, weil wir unsere Gedanken mithilfe von Worten benennen und sortieren können.

Erst durch Sprache hat unsere innere »Stimme« die Kraft bekommen, unaufhörlich zu uns zu sprechen. Wir sprechen nicht umsonst davon, sich etwas »einzu*reden*«. Unsere Sprache hat somit wesentlich mehr Funktionen als die bloße Kommunikation von Mensch zu Mensch. All das, was wir uns selbst fortlaufend einreden (wie schon im Kapitel *Bis jetzt* thematisiert), also auch all unsere Ängste, Sorgen und Zweifel, ist letztlich auch ein Produkt unserer Sprache. Worte dienen nicht nur dazu, zu beschreiben, was wir denken. Worte sind in der Lage, unsere Gedanken zu formen.

Was nur wenigen bewusst ist: Viele Konstrukte, auf denen wir Menschen unser Leben aufbauen, konnten überhaupt erst durch Sprache entstehen. Nehmen wir das Konzept »Staat«. Frankreich, Italien, Deutschland, Schweden, die USA – all das sind Staaten mit eigenen Grenzen, Regierungen, Schulsystemen und einer eigenen Sprache. Sobald man die Erde aber von oben betrachtet, sieht man plötzlich keine Ländergrenzen oder Sprachbarrieren mehr. Wenn wir über die Alpen fliegen, sehen wir nicht, wo Deutschland aufhört und Österreich anfängt. Ab einer bestimmten Höhe erkennen wir bestenfalls, ob unter uns Berge, Wüste, Wald oder das Meer liegen – Genaueres können wir nicht erkennen. Das Konzept »Staat« existiert in der physischen Welt nicht. Wir können einen Staat nicht anfassen. Es ist ein Produkt unserer Fantasie, welches ausschließlich durch unsere *Sprache* greifbar wird. Ein willkürliches Gebiet, dessen Grenzen vertraglich (durch Sprache) festgelegt wurden und dem ein *Name* gegeben wurde.

Nur durch die Kraft der Sprache sind also Staaten entstanden, die sich bekämpfen und verbünden können. In der natürlichen Welt gibt es sie nicht. Sagen wir, du überquerst zu Fuß die deutsch-niederländische Grenze – spürst du dann eine Veränderung? Fühlt sich die Erde anders an, schmeckt die Luft plötzlich holländisch, oder verändert sich die Vegetation ins Niederländische? Würdest du kein Schild sehen, das dir mittels Sprache mitteilt, dass du gerade ein anderes Land betreten hast, würdest du es gar nicht bemerken. Trotzdem können sich deine Lebensumstände ändern, wenn du solche *imaginären* Grenzen überschreitest. Je nach Staat gelten andere Gesetze und Kulturen – und auch diese werden nur durch Sprache möglich. Gesetze kannst du nicht anfassen, und eine Kultur besteht auch nicht aus Proteinen, Molekülen oder Atomen. Beides sind weitere Produkte unserer Fähigkeit, durch Sprache Geschichten zu erzählen und Konzepte zu erschaffen, die es eigentlich nicht gibt – an die sich aber jeder hält.

Das gilt für viele Dinge, die heutzutage unser Leben bestimmen. Firmen, Religionen, Staaten, Aktien oder Gesetze gäbe es nicht, wenn wir keine Sprache hätten, um sie zu beschreiben oder zu definieren. Aus dem Flugzeug erkennen wir nicht, ob unter uns mit Euro oder Schweizer Franken bezahlt wird. Oder welcher Gewerbesteuerhebesatz da unten gilt.

Die Fähigkeit, mittels Worten zu kommunizieren, ist so mächtig, dass wir damit Konzepte erschaffen, die Einfluss auf die reale Welt nehmen, obwohl sie selbst physisch nicht greifbar sind.

Dazu noch ein Beispiel: Wenn du in Indonesien mit einer größeren Menge Marihuana erwischt wirst, kannst du dafür zum Tode verurteilt werden. Hierzulande kommst du höchstens ein paar Jahre ins Gefängnis. Das, was mit deinem physischen Körper passiert, kann durch Worte entschieden werden, die in den Gesetzestexten der Länder stehen. Gesetze, also durch Sprache entstandene Konzepte, nehmen Einfluss auf deinen physischen Zustand, indem sie entscheiden, ob du lebst oder stirbst. Ganz schön verrückt, wenn du mich fragst. Würdest du drei *Wörter* in den Gesetzestexten Indonesiens ändern, würde kein Mensch mehr sterben, weil er Drogen schmuggelt. (Apropos, wer definiert eigentlich, was Drogen überhaupt sind? Es sind Substanzen wie viele andere auch – das, was sie zu Drogen macht, ist ausschließlich das Wort, mit dem wir sie labeln.)

Die Macht der Sprache liegt aber nicht in der Bezeichnung – sie liegt in den *Emotionen und Entscheidungen*, die dadurch in Menschen hervorgerufen werden. Die Bezeichnung »Droge« zum Beispiel reicht aus, damit wir Menschen regelrecht verurteilen, die diese Substanzen konsumieren. Alkohol beispielsweise berauscht nicht nur wesentlich stärker als Cannabis, sondern hat auch eine gesundheitsschädliche Wirkung. Trotzdem verbinden wir damit ganz andere Emotionen. Niemand, der abends mit seinen Freunden ein Bierchen trinken geht, würde sich als Drogenkonsument bezeichnen. Da passt etwas nicht zusammen.

Es geht nicht um Drogen und schon gar nicht darum, sie zu verharmlosen. Sie sind nur ein Beispiel für die beeindruckende *Macht der Sprache.* »Droge« ist lediglich ein Etikett und hat nichts mit der eigentlichen Beschaffenheit der Stoffe zu tun. Es ist eine Aneinanderreihung von fünf Buchstaben, die in Sekundenbruchteilen entscheidet, wie wir über eine Sache urteilen. Wir könnten auch Salz, Schokolade oder Äpfel als Droge deklarieren und so die Meinung der Menschen steuern. Wörter bestimmen, wie wir etwas *wahrnehmen und bewerten.*

Entscheidend ist dabei, dass wir dieses mächtige Instrument bewusst einsetzen können, um nach Belieben Reaktionen hervorzurufen. Nehmen wir zum Vergleich unsere Körpersprache, also unsere nonverbale Kommunikation. Sie findet überwiegend unbewusst statt. Fühlst du dich beispielsweise eingeschüchtert, veränderst du unbewusst deine Körperhaltung, ob du willst oder nicht. Weil wir sie nicht kontrollieren können, ist unsere unbewusste Körpersprache ehrlicher. Und sie ist direkt. Sie sendet klare Botschaften, die der Empfänger aufnimmt.

Ganz anders sieht es mit gesprochenen Worten aus. Zwar laufen auch beim Sprechen gewisse Prozesse unterbewusst ab, aber wir haben mehr Kontrolle. Wir können zum Beispiel lügen, was das Zeug hält, oder fiktive Geschichten erfinden. Mit gesprochenen Worten können wir Dinge erschaffen, die es gar nicht gibt, und Thesen aufstellen, die nicht stimmen. Die Macht der Sprache sorgt dafür, dass man ihr (meist) trotzdem glaubt.

Nehmen wir die simple Aussage: *»Aus dir wird eh nichts.«*
Physikalisch betrachtet, ist dieser Satz lediglich eine Aneinanderreihung von Buchstaben. Simple Töne, die durch deine
Stimmbänder erzeugt werden. Aber sie enthalten mehr. Sie
übermitteln Informationen und Energie, die dein Gegenüber
nicht nicht aufnehmen kann. Was sie bei ihm bewirken und
wie stark diese Wirkung ist, hängt von seinem Mindset und
seinem Wissensportfolio ab. Fest steht, *dass* sie etwas bewirken und nicht vollkommen spurlos am Empfänger vorüber-
gehen. Sie aktivieren Emotionen und sind in der Lage, seine
Wahrnehmung (von sich selbst) zu verschieben.

**»Worte sind die mächtigste Droge,
die die Menschheit besitzt.«**
JOSEPH RUDYARD KIPLING[9]

So ist es mit allem, was wir sagen. Unsere Worte haben Wirkung – egal, wie leicht sie uns über die Lippen gehen. Leider
reden wir viel zu oft leichtfertig und unüberlegt. Unterschätze
niemals, wie mächtig deine Worte sind und was du mit ihnen
anrichten kannst – sowohl im Positiven als auch im Negativen.
Sprache erleichtert unsere Kommunikation immens, gleichzeitig schafft sie eine riesige Lücke zwischen denen, die sie
benutzen. Eine Lücke, die wir mit allerlei Zeugs befüllen können. Mit Emotionen wie Misstrauen, Wertschätzung,
Respekt, Angst oder Wut, mit Unwahrheiten, Stimmlagen,
Manipulationstricks und vielem mehr. Sie birgt Potenzial für
Missverständnisse und Konflikte und ermöglicht gleichzeitig
totale Harmonie und fruchtbaren Austausch.

Wenn wir mit der Sprache so ein mächtiges Kommunikationsinstrument haben, sollten wir es auch angemessen und achtsam nutzen. Dafür müssen wir vor allem die Macht von Worten verstehen. Worte sind nicht gleich Worte – je nachdem, wie du sie wählst und bewertest, können sie deine Kommunikation behindern oder buchstäblich beflügeln.

FRAME

Meer.
Terror.
Erfolg.

Drei einfache Wörter. Könnte man denken. Wenn wir sie uns durch den Kopf gehen lassen, fällt jedoch schnell auf, dass wir mehr mit ihnen verbinden als nur das Wort selbst. Hören oder lesen wir »Meer«, nehmen wir nicht nur die Buchstaben M E E R wahr. Wir denken auch nicht nur an das Meer selbst. Stattdessen kommt uns direkt eine Fülle an Dingen in den Sinn, die wir mit diesem Wort verbinden: Strand, Urlaub, Reisen, Wärme. »Terror« hingegen erweckt in uns Gefühle wie Angst, Wut und Gefahr und lässt uns womöglich an die Anschläge vom 11. September 2001 oder an das Attentat in Christchurch denken.

Und »Erfolg«? Dieses Wort verbinden sicherlich viele mit Geld, mit Anerkennung, mit Freiheit oder mit allem gleichzeitig. Egal, was wir mit ihnen verbinden: Jedes dieser Wörter aktiviert in uns eine ganze Reihe an Emotionen. Unser Gehirn liest in diesen angereihten Buchstaben nämlich wesentlich mehr als nur die Buchstaben selbst. Wie so vieles andere auch verarbeitet unser Denkapparat viele Wörter anhand unserer Erfahrungen und Erinnerungen. Hören oder lesen wir beispielsweise »Meer«, erkennt unser Gehirn nicht nur die Reihenfolge der Buchstaben M E E R, sondern ruft auch kurzerhand alle Informationen auf, die es zu diesem Begriff abgespeichert hat. Das können Erlebnisse, Bilder, Geräusche oder auch Emotionen sein. Dieser Kontext bildet gewissermaßen einen Rahmen, in dem unser Gehirn das Wort *deutet*.

Die Kommunikations- und Kognitionswissenschaft redet in diesem Zusammenhang deshalb von einem »Deutungsrahmen« oder »*Frame*« (engl., Rahmen). Immer, wenn dein Gehirn ein Wort verarbeiten muss, greift es auf diesen Frame zurück, denn anders kann es die Bedeutung dahinter nicht verstehen.

Diese Frames aus Informationen, mit denen wir Worte und Inhalte verbinden, bestimmen, wie wir sie interpretieren. Sie verleihen den meisten Wörtern erst ihre eigentliche Bedeutung – jenseits von deren Inhalt oder der Reihenfolge der Buchstaben. Hören oder lesen wir also Wörter wie beispielsweise »Meer«, »Terror« oder »Erfolg«, nehmen wir nicht nur die Wörter selbst wahr – unser Gehirn legt uns gleichzeitig alles vor, was wir mit ihnen assoziieren. Die Wörter aktivieren Frames.

Die meisten Wörter bergen mehr Informationen, als wir denken. Sie aktivieren in uns zum Beispiel Erfahrungen, Erinnerungen und Emotionen. Das, was wir mit ihnen verbinden, wird auch Deutungsrahmen oder Frame genannt. Hinter vielen Wörtern stecken also Frames, in denen unser Gehirn das Gesagte interpretiert. Sprache ist somit fast nie neutral, sondern immer wertend.

Das ist natürlich nicht nur bei einzelnen Wörtern der Fall. Auch ganzen Satzkonstruktionen sprechen wir eine bestimmte Bedeutung zu – abhängig davon, welche Frames sie in unseren Köpfen aktivieren. Das Wissen über Frames kann mehr Einfluss auf unser Leben haben, als man zunächst vermuten würde.

Es kann nicht nur unsere Kommunikation enorm erleichtern und optimieren, sondern macht uns auch weniger anfällig für allerlei Manipulationen und Missverständnisse. Außerdem können wir es gezielt selber nutzen, um Meinungen anderer Menschen zu beeinflussen.

Aber gehen wir der Reihe nach. Zunächst solltest du dir stets bewusst sein, dass es Frames überhaupt gibt. Nur durch Frames kann Sprache überhaupt so »gut« funktionieren. Keine Buchstaben- oder Wörtersammlung der Welt könnte so groß und spezifisch sein, dass sie in der Lage wäre, alles, was wir Menschen einander mitteilen möchten, adäquat zu beschreiben und zu benennen. Einer der Gründe dafür, dass wir uns überhaupt verstehen können, ist also die Tatsache, dass sich unser Gehirn unterbewusst Frames zurechtlegt – hiermit vermag es, die Lücke zwischen Worten und ihrer Bedeutung zu schließen. Frames stehen »zwischen und hinter den Zeilen«.

Frames helfen uns ungemein beim Verstehen und Deuten von Inhalten. Dennoch haben sie auch einige Tücken. Mithilfe von Frames können Menschen beispielsweise erheblich beeinflussen, wie wir die Realität wahrnehmen. Worte aktivieren Emotionen – ob wir wollen oder nicht. Indem sie also Gefühle in uns hervorrufen, können sie auch bestimmen, wie wir das Gesagte aufnehmen und *beurteilen*.

Indem wir beispielsweise eine ganz bestimmte Wortwahl treffen, um einen Sachverhalt zu erklären, können wir steuern, wie der Empfänger diesen Sachverhalt *bewertet*.

Ich hätte den letzten Satz beispielsweise auch so formulieren können: »Du kannst deinem Gesprächspartner durch deine Wortwahl auf manipulative Weise Gedanken einpflanzen und damit seine Meinungen lenken.« Es ist der gleiche Inhalt, klingt aber um einiges härter und beinahe abschreckend – nur aufgrund einer anderen Wortwahl.

*Wie eine Botschaft kommuniziert wird,
beeinflusst maßgeblich, wie der Empfänger sie
aufnimmt und einordnet.*

Wissenschaftler bezeichnen diesen Effekt als »Framing«. Beim *Framing* wird durch gezielte Wortwahl und Formulierung der Deutungsrahmen eines Menschen geformt. Das führt dazu, dass wir über ein und dasselbe Thema anders urteilen – abhängig davon, wie es uns präsentiert wird. Ein Chef kann seinen Mitarbeitern beispielsweise von einem »*Problem*« erzählen, welches die Firma betrifft. Sobald sie dieses Wort hören, werden diese vermutlich sofort an Ärger, Stress und Unannehmlichkeiten denken und dem Ganzen negativ gestimmt gegenübertreten. Stattdessen könnte er aber auch von einer »*Aufgabe*« sprechen, die sich dem Unternehmen stellt. Die Änderung dieses einzigen Wortes würde die Angestellten von Anfang an positiver stimmen – weil eine »Aufgabe« mit einem positiveren *Frame* behaftet ist als ein »Problem«.

*Achte auf die Wörter, mit denen du deine
Frames verpackst. Sie können
bestimmen, welchen Frame sie beim
Gegenüber aktivieren. Je umfangreicher
dein Wortschatz ist, desto präziser
kannst du Emotionen oder Gedanken bei
deinem Gesprächspartner beeinflussen.*

Frames haben nicht immer etwas mit Worten zu tun. Auch ein Blick oder eine Geste (zum Beispiel der gestreckte Mittelfinger) kann einen Frame übertragen. Framing ist übrigens auch eine weitverbreitete Methode in der Politik, um die Meinungen von Wählern zu beeinflussen. Begriffe wie »Asyltourismus« oder »Flüchtlingswellen«, die Deutschland »überschwemmen«, werden beispielsweise verwendet, um den Bürgern ein Bild zu vermitteln, das gut in ein entsprechendes Parteiprogramm passt.

Dabei werden gerne anschauliche Begriffe aus dem Alltag (Tourismus, Welle) genutzt, um den Menschen ein greifbares Bild von sehr komplexen Problemen zu verschaffen. Unser Gehirn prägt sich solche Bilder ein. Sobald wir also das nächste Mal »Asylant« oder »Flüchtling« hören, verknüpfen wir damit sehr wahrscheinlich »Asyltouristen« oder »Flüchtlingswelle«. Unser Deutungsrahmen wurde *geformt*.

Was an derartigen Frames richtig oder falsch ist, liegt im Auge des Betrachters. Fakt ist, dass sich jeder der Wirkung solcher Worte bewusst sein muss, um nicht Opfer solcher Manipulationen zu werden.

Auch viele Medien sind wahre Meister im Framing. Durch die gezielte Verwendung bestimmter Buzzwords rufen sie bei den Lesern bzw. Zuschauern Emotionen hervor und formen ihre Frames nach Belieben. So können sie beispielsweise Vorurteile säen oder die Zukunft eines Prominenten oder Politikers komplett besiegeln. Wenn Zeitungen oder Fernsehen beispielsweise auch nur ein Mal über Steuerhinterziehungsvorwürfe eines prominenten Menschen berichten, ist sein Ruf so gut wie ruiniert – völlig unabhängig davon, ob sich die Vorwürfe bewahrheiten oder als falsch herausstellen.

Der Frame, den wir mit diesem Vorwurf assoziieren, setzt sich in unseren Köpfen fest, und wir werden diese Person in

Folge vermutlich immer damit assoziieren – ob wir wollen oder nicht.

Wie können wir uns vor derart schnellen (Vor-)Urteilen schützen? Das ist ziemlich schwierig, denn unser Gehirn ist extrem schnell im Erschaffen neuer Frames, und unsere spontanen Assoziationen sind oft schneller als unser rationaler Verstand. Die wichtigste Voraussetzung für eine differenzierte Ansicht ist auch in diesem Fall das Wissen über Frames selbst. Wer weiß, wie Framing funktioniert, sieht Schlagzeilen, Nachrichten, Bundestagsreden oder auch die Aussage eines Bekannten, der über jemand anderen lästert, mit einem differenzierteren Auge. Und deswegen muss ich auch hier betonen: Unser Ziel ist stets *Eigenverantwortung*, sowohl in unseren Handlungen als auch in unseren Gedanken und Urteilen. Wer erfolgreicher werden will, bildet sich seine Meinung selbst. Und mit dem Wissen über Framing fällt dies ein ganzes Stück leichter.

Frames können Worten und Interaktionen also große Macht verleihen. Sie spielen eine entscheidende Rolle in der Verständigung mit unseren Mitmenschen. Jedes Mal, wenn wir mit jemandem kommunizieren, tauschen wir nicht nur Worte, sondern auch Frames und Gedanken aus. Jede Interaktion besteht gewissermaßen auch aus Frames, die wir einander zuspielen. Wenn wir jemandem etwas erklären oder erzählen, geht es uns schließlich nicht darum, ihm einfach nur Wörter an den Kopf zu werfen, nein, wir möchten eine Botschaft übermitteln, die unser Gegenüber versteht, und auch wir wollen seine Botschaft verstehen – ob wir seine Meinung nun teilen oder nicht.

Möchten wir jemandem etwas erklären oder ihn von etwas überzeugen, dann benutzen wir dazu allerdings genau die

Wörter, die wir selbst mit diesem Thema verknüpfen. Dies birgt Potenzial für allerlei Probleme: Unterschiedliche Wörter können bei Menschen nämlich mit unterschiedlichen Frames verknüpft sein.

Das Wort »Freiheit« beispielsweise kann für den einen eine ganz andere Bedeutung haben als für jemand anderen. Während ich »Freiheit« beispielsweise damit verbinde, frei entscheiden zu können, wo, mit wem und wie ich mein Leben verbringe, kann für einen Gefängnisinsassen schon der tägliche Freigang auf dem Hof den Inbegriff von Freiheit darstellen. Zwei Menschen können über dasselbe Wort sprechen, meinen aber völlig unterschiedliche Frames. Das ist die perfekte Voraussetzung für Missverständnisse.

Selbstverständlich gibt es Begriffe, deren Interpretationsrahmen von vornherein etwas dehnbarer ist als der von anderen Begriffen. Wenn wir das Ganze aber bewusst von einem extremen Standpunkt aus betrachten und uns vor Augen führen, dass ausnahmslos jeder Mensch mit einer eigenen Informationssammlung durchs Leben geht, wird klar, dass selbst einfachste, klar definierte Wörter sehr unterschiedliche Bedeutungen haben können.

Nehmen wir den Begriff »Wasser«. Man könnte meinen, wenn wir von Wasser reden, denken wir alle an das Gleiche. Wir denken an Meere und Flüsse, an Regen, an Mineralwasser in Flaschen oder an Leitungswasser. Dabei dürfen wir aber niemals vergessen, wie unser Gehirn die Welt wahrnimmt und beurteilt – nämlich anhand seiner bisher gebildeten Kriterien und gesammelten Erfahrungen. Wörter bilden dabei keine Ausnahme. So gibt es beispielsweise Hunderttausende Menschen, die mit »Wasser« weitaus mehr beziehungsweise etwas vollkommen anderes assoziieren als wir. Sie denken an die Knappheit von Wasser und den damit verbundenen Kampf ums Überleben. Viele junge Frauen in Äthiopien verbringen beispielsweise täglich über zehn Stunden damit, Wasser für ihre Familien zu beschaffen. Jeden Morgen begeben sie sich auf eine gefährliche Reise zu mehrere Kilometer entfernten Flüssen oder Seen, nur um abends mit ein paar Litern Wasser zurückzukehren. Jeden Tag. Ein Leben lang. Die Beschaffung von Wasser ist ihr Lebensinhalt.

Wir können uns also vorstellen, dass das Wort »Wasser« in den Köpfen dieser Frauen vollkommen andere Erinnerungen, Erfahrungen und Emotionen hervorholt als bei uns. Es befindet sich somit in einem anderen *Frame*, in dem es gedeutet und somit auch bewertet wird. Derart unterschiedliche Deutungen könnten wir zu beinahe allen Wörtern finden, wenn wir wollten.

Welche Bedeutung Menschen einem Wort beimessen, hängt von ihrem persönlichen Blickwinkel ab. JEDER Mensch ist subjektiv.

Wenn wir uns dessen bewusst sind, können und sollten wir natürlich auch unsere Kommunikation entsprechend anpassen. Würden wir theoretisch mit einer Äthiopierin über das Thema Wasser sprechen, sollten wir unsere Kommunikation demnach anders gestalten, als wenn wir einem Freund sagen, er solle einen Kasten Wasser holen. Das Thema wäre im Fall der Äthiopierin sensibler.

Das ist beispielsweise auch beim Thema Religion der Fall. Es aktiviert in jedem Menschen andere Frames, denen wir auch unterschiedlich begegnen sollten. Gerade bei derart sensiblen Themen ist das Risiko größer, mit einem falschen Framing bestimmte Emotionen zu triggern und damit verbrannte Erde zu hinterlassen. In Gesprächen über Themen, die von einem Gesprächspartner besonders emotional aufgenommen werden, solltest du deine Worte also sehr präzise wählen, um im Kopf deines Gegenübers keinen »falschen« Frame zu aktivieren.

»Es hört doch jeder nur, was er versteht.«
JOHANN WOLFGANG VON GOETHE[10]

Wörter können viel mächtiger sein, als wir denken. Sei dir immer bewusst, dass unterschiedliche Wörter unterschiedliche Knöpfe im Kopf deines Gegenübers drücken. Die Wörter, in die du deine Botschaft verpackst, bestimmen, ob sie ankommt oder nicht.

Ein sehr bewegendes Beispiel dafür ist mir neulich beim Lesen eines Berichtes aufgefallen. Es ging dabei um ein wundervolles Projekt, das in Simbabwe ins Leben gerufen wurde. In einem Land, in dem es kaum Therapeuten gibt und Depressionen als Schwäche oder Besessenheit abgestempelt werden, kümmern sich seit Kurzem Großmütter um psychisch Kranke. Sie sitzen auf Parkbänken vor Kliniken und haben ein offenes Ohr für jeden, der Probleme hat und sich schämt, mit anderen darüber zu reden. Die Omas werden in einem Projekt ausgebildet, das sich »Friendship Bench« nennt – übersetzt »Freundschaftsbank«.

Diesen Namen trug es aber nicht immer. Die Therapieplätze hießen zunächst »Bank für psychische Gesundheit«.

Allerdings wurden sie nicht angenommen. Der *Frame* dieser ersten Bezeichnung hielt die Menschen davon ab, die Einrichtung zu nutzen. In Simbabwe möchte niemand als »psychisch krank« gelten. Das Wort »Freundschaftsbank« hingegen ruft einen ganz anderen Frame hervor und hat bewirkt, dass die Menschen das Angebot wahrnehmen.

Seit die Therapieplätze auf diese Weise umbenannt wurden, lassen sich die Menschen gerne helfen. Positivem Framing sei Dank.

Einer der Gründe dafür, dass wir uns gerne mit Menschen umgeben, die uns nahestehen, ist übrigens, dass sie unsere Frames kennen. Wir müssen unsere Worte in ihrer Anwesenheit nicht großartig anpassen. Sicherlich kennst du Situationen mit engen Freunden, in denen ihr euch sogar ganz ohne Worte verständigt, beispielsweise wenn es einen Insider-Witz gibt und ihr beide gleichzeitig anfangt zu lachen, während andere im Raum euch nur fragend ansehen. Momente wie diese sind möglich, weil ihr viele Frames eures Freundes oder eurer Freundin kennt.

Im Unterschied zu dem, was wir oft denken, sind Wörter also keineswegs universelle Werkzeuge, die von jedem gleich verstanden werden. Wörter treffen bei Menschen auf unterschiedliche Frames. Um richtig zu kommunizieren, ist es enorm wichtig, dies zu verstehen. Wenn du dir nicht grundsätzlich im Klaren darüber bist, dass Wörter sehr unterschiedliche Frames hervorrufen können, läufst du Gefahr, dich immer wieder in Missverständnisse zu verstricken.

Das kann beispielsweise dann passieren, wenn du dich zu sehr an die Wörter deines Gesprächpartners klammerst. Bedenke immer, wofür er sie benutzt: Er will dir damit *etwas* sagen. Und dieses »Etwas« ist der Frame dahinter. Wörter sind sozusagen nur die Verpackung des eigentlichen Inhalts. Dich an sie zu klammern, ist so, als würdest du ein Paket nur nach seiner Verpackung beurteilen, ohne es überhaupt geöffnet zu haben. Würden wir uns nur an Wörtern orientieren, ohne die Frames dahinter zu lesen, hätten wir es schnell mit einem riesigen Chaos zu tun.

»Für diesen Job würde ich töten.«

»Lieber sterbe ich, als deine Wäsche zu waschen.«

Möchten wir wirklich, dass solche Aussagen wörtlich genommen werden?

»Hallo, bin ich bei der Polizei?« – »Nein, ich bin bei der Polizei. Wo Sie sind, weiß ich leider nicht.«

Wir bauen darauf, dass unser Gegenüber den Frame hinter unseren Worten versteht. Allerdings können »Wort-Päckchen« tatsächlich auch leer sein. Damit meine ich Worte bzw. Kommunikationsweisen, die fast ohne Frames auskommen. Du kennst das aus Gelegenheitsgesprächen, dem berühmt-berüchtigten Small Talk. Es gibt Small Talk, der tatsächlich in wenigen Sätzen etwas über das Gegenüber aussagt. Aber es gibt auch Small Talk, der einfach nur der Situation geschuldet ist, etwa in der Schlange an der Kasse. Hier werden oft nur framelose Worthülsen aneinandergereiht. Ich rede dann auch gerne von »leeren Worten«. Mit »leer« meine ich, dass sie keinen erkennbaren Frame beinhalten oder übermitteln. Sie sind nur Buchstabenfolgen, die so »hingeworfen« werden, dass aus ihnen beinahe nichts über den Frame des Sprechenden hervorgeht. Aus den Worten können wir weder seinen Standpunkt bzw. seine Emotionen beurteilen noch sonstige Informationen ziehen. Das ist auch oft dann der Fall, wenn Menschen sich aus der Haftung nehmen möchten oder nicht zu viele Informationen preisgeben dürfen. Wer schon mal eine Pressekonferenz zu einem heiklen politischen Thema gesehen hat, weiß, wie »leer« Worte sein können ...

Umgekehrt gibt es Menschen, denen man stundenlang zuhören kann, und Gespräche, in denen man sich förmlich verliert. Dies passiert dann, wenn anstatt leerer Worte lebhafte Frames übermittelt werden. Sie wecken im Empfänger Emotionen und geben Interaktionen mehr Tiefe.

Kommen wir zurück zu den Missverständnissen. Diese treten auch auf, wenn du versuchst, deinem Gegenüber mit deinen Worten etwas zu erklären, ohne zu wissen, dass sie bei ihm auf andere Frames treffen.

Merke: Wörter an sich sind lediglich Instrumente, mit denen Menschen versuchen, eine hochgradig komplexe Welt zu beschreiben und zu etikettieren. Achte daher auf die wahre Bedeutung dahinter. Zu erkennen, welche Frames jemand mit seinen Worten vermitteln will, und im Gegenzug seine eigenen Frames in Worte zu verpacken, die unser Gegenüber versteht, ist die wahre Kunst der Kommunikation. Sei daher flexibel, und passe deine Worte deinem Gegenüber an.

Darüber hinaus dürfen wir nicht vergessen, dass es auch Leute gibt, die dich nicht verstehen wollen oder sogar nur darauf warten, dir bestimmte Aussagen in den Mund zu legen oder deine Worte zu verdrehen. Gerade gegenüber diesen Menschen solltest du dein Augenmerk unbedingt auf die Frames hinter deinen Wörtern richten.

Beispiel: Die Aussage *»Nichts ist unmöglich«*.

Glaub mir, es gab sehr viele Momente in meinem Leben, in denen ich Dinge erreicht habe, die ich mir nie erträumt hätte.

Egal, wie selbstbewusst ich oft nach außen wirke, solche Momente habe ich unzählige Male erlebt und erlebe sie immer noch. Wenn es einen Spruch gibt, von dem ich ein Lied singen kann, dann ist es: »Nichts ist unmöglich.« Ich bin schon unzählige Male an Punkten angekommen, an denen ich mir dachte: »Das kann doch nicht wahr sein.« Dazu gehörten unglaubliche (wirklich unglaubliche!) Momente, in denen derart viele Hindernisse und Probleme aufeinandertrafen, dass es mich regelrecht zur Verzweiflung brachte. Probleme, die absolut unlösbar erschienen. Aber obwohl alle Chancen gegen mich standen, habe ich bisher für jedes Problem eine Lösung gefunden – andernfalls würdest du diese Zeilen nicht lesen.

Es haben sich mir nicht nur die unmöglichsten Hürden in den Weg gestellt, es haben sich auch die unmöglichsten Lösungen gefunden. Wann immer also jemand fragt: »Stimmt es wirklich, dass alles möglich ist?«, bin ich der Erste, der mit einem Salto ins Bild springt und schreit: »JA!« Ich würde die Aussage »Nichts ist unmöglich« jeden Tag aufs Neue blind unterschreiben und bin von ihrer Richtigkeit zutiefst überzeugt.

Jetzt kommen wir aber zum eigentlichen Punkt. Sosehr ich auch von dieser Aussage überzeugt bin – es wird *immer* jemanden geben, der dagegenhält: »Wie, nichts ist unmöglich? Dann zeig mir mal bitte, wie du auf einem Pinguin zum Mars reitest und dabei Chickenwings isst!« Oder: »Wenn nichts unmöglich ist, will ich sehen, wie du es schaffst, mit offenen Augen zu niesen!«

Wenn ich etwas über Worte gelernt habe, dann Folgendes: Egal, wie sehr du von etwas überzeugt bist, wie sehr du hinter deinen Worten stehst oder wie *richtig* sie sind – sie können *immer* umgedeutet oder verdreht werden.

Verschwende keine Energie in Worte,
wenn du weißt, dass dein Gegenüber
deinem Frame gegenüber verschlossen
ist oder ihn nicht verstehen wird.
Bedenke: Wer redet, ist angreifbar.

Wir alle kennen Situationen, in denen unsere Worte aus dem Kontext gerissen werden. »Aus dem Kontext gerissen« bedeutet übrigens nichts anderes, als dass sie aus ihrem eigentlichen Frame genommen und anders gedeutet werden. Man redet in diesem Zusammenhang auch von *»reframing«*. Die Worte werden sozusagen neu eingerahmt – sie werden *reframt*. Sicherlich hattest du schon einmal Streit, und dein Gegenüber hat dir deine Worte im Mund umgedreht. Wenn jemand unsere Worte reframt, kann uns das regelrecht auf die Palme bringen.

Wir können das beispielsweise auch in der Beziehung zwischen Mann und Frau beobachten: Manche Frauen sind absolute Experten im Reframing. Frauen sind in der Lage, einem Mann derart geschickt die Worte im Mund umzudrehen, dass er sie beinahe selbst nicht mehr glaubt. Männer wiederum sind oft sehr geübt darin, ihre Handlungen und Gedanken in völlig neue Frames zu verpacken, um sich so beispielsweise aus der Patsche zu reden.

Worte können bewusst verdreht und umgedeutet werden. Sie werden aus ihrem ursprünglichen Rahmen herausgerissen und reframt. Dabei ist es unerheblich, wer »recht hat« – entscheidend ist, wessen Frame stärker ist.

Allein die Tatsache, wie leicht Worte missverstanden werden können, zeigt erneut, dass wir uns keineswegs voll und ganz auf sie als einziges Kommunikationstool verlassen können. Sie sind lediglich ein fehlerbehaftetes Mittel zum Zweck, das wir *weise und wohlüberlegt* nutzen sollten. Gehen wir fahrlässig mit ihnen um, machen wir es anderen leicht, sie beispielsweise durch gezieltes Reframing gegen uns zu verwenden.

Das ist meist weniger schlimm, wenn diese Person direkt vor uns steht. Wir wissen, welchen Frame wir eigentlich vermitteln wollen, und merken genau, ab welchem Punkt unsere Worte aus dem Zusammenhang gerissen werden. Wesentlich schwieriger wird es, wenn Medien eine Aussage aus ihrem Kontext ziehen. Geht es beispielsweise um eine umstrittene Aussage eines Promis, die in den Medien zerrissen wird, dann hören, lesen oder sehen wir nur die Aussage selbst. Uns werden in der Regel nur Auszüge präsentiert, anhand derer wir uns wiederum automatisch ein eigenes Bild machen. Was wir nicht sehen können, ist der Frame, in dem die Worte gesagt wurden.

Tausende oder Millionen von Menschen urteilen in solchen Fällen also über isolierte Worte, obwohl diese wenig aussagekräftig sind, wenn wir den *Zusammenhang* nicht kennen, in dem sie gesagt wurden. Wir kennen also gar nicht genügend Informationen, um über die Aussage zu urteilen. Ich persönlich habe mir deshalb angewöhnt, den Aussagen der Medien grundsätzlich mit einer gewissen Skepsis gegenüberzutreten – insbesondere in Bezug auf Aussagen über Menschen.

Urteile niemals über einen Menschen anhand seiner Worte, wenn du den Frame dahinter nicht kennst.

Geh nun einmal in dich, und frag dich, ob du das letzte Mal wirklich richtig lagst, als du negativ über einen Musiker/Filmstar/Firmenchef/Politiker oder einen sonstigen Prominenten geurteilt hast. Kanntest du wirklich den Frame? Kennst du alle Begleitumstände? Oder hast du ihn nur anhand eines kleinen Ausschnittes seiner Worte beurteilt? Hast du dieses Zusammenspiel aus Worten und Frames erst einmal verstanden, wirst du ganz anders durch die Welt gehen. Du wirst Gespräche und Diskussionen beispielsweise ganz anders wahrnehmen. Worte sind dann letztlich vor allem ein Mittel zum Zweck – Tools, die du einsetzen kannst, um mit ihnen einen beliebigen Frame zu platzieren.

Das Wissen über Frames kann auch ein wertvolles Tool sein, um sein Gegenüber zu lesen und seine eigenen Botschaften gezielter an den Mann oder an die Frau zu bringen. Wer mich kennt, weiß, dass ich in meinem Reden sehr gerne Frames benutze – und das sogar wortwörtlich. Ich rede dann beispielsweise davon, dass es um den »Frame hinter der Sache« geht, oder frage genau nach, ob mein Gesprächspartner oder meine Gesprächspartnerin meinen Frame auch wirklich verstanden hat. Auf diese Weise erinnere ich mich und meinen Gesprächspartner immer wieder daran, dass es nicht die blanken Worte sind, um die es geht. Wenn wir einen regen Austausch auf seine Essenz herunterbrechen, dann landen wir immer wieder bei dem Ziel, Frames bei unserem Gesprächspartner zu aktivieren. Wir möchten, dass er uns versteht.

Frames einfach mal beim Namen zu nennen und das Wort »Frame« zu benutzen kann dafür sorgen, dass man sich besser versteht und weniger Worte braucht, um seinen Frame zu erklären – vorausgesetzt, dein Gesprächspartner ist ebenso wie du mit dem Konzept vertraut. Falls nicht, kannst du den gleichen Effekt durch Zusätze wie »vom Grundprinzip meine ich« oder »es geht um folgenden Kontext« erzielen.

Nimm das Wort »Frame« in deinen Wortschatz auf, und teile seine Bedeutung mit Menschen in deinem Umfeld. Du wirst merken, dass ihr euch gegenseitig besser versteht und mit weniger Worten mehr sagen könnt. Komplexere Themen lassen sich einfacher beschreiben und schneller verstehen – eure Kommunikation wird effizienter.

Wir neigen dazu, die Macht unserer Worte maßlos zu unterschätzen. Sie steuern Emotionen, formen Meinungen und initiieren Handlungen. Sei achtsam, wie du die Worte anderer Menschen aufnimmst und wie du sie zuordnest – sonst sind Missverständnisse vorprogrammiert, die dich auf deinem Weg verwirren. Wähle deine Worte bewusst, um die bestmögliche Wirkung zu erzielen. Selbst zu wissen, was man mit seinen Worten meint, reicht nicht. Was zählt, ist, dass dein Frame beim Gegenüber ankommt. Einfach drauf loszureden gleicht einem Glücksspiel, bei dem du nie weißt, wie deine Botschaft empfangen wird.

Weise Menschen beharren nicht auf ihren Worten und Kommunikationsmustern. Sie wissen, dass Menschen Worten unterschiedliche Bedeutungen beimessen, und passen sich dem dynamisch an. Unter anderem in dieser Dynamik liegt die Kraft guter Kommunikation.

Übrigens: Frames können auch *stärker* oder *schwächer* sein. Der stärkere Frame überschreibt dabei meistens den schwächeren. Gerade in Diskussionen, Erstgesprächen, Konflikten oder Verhandlungen findet man oft ein unterschwelliges Ringen darum, wer seinen Frame hält und wer ihn verliert. Hier gilt meistens: Wer den stärkeren Frame hat, bestimmt den Frame des Gesprächs. Er kann das Gespräch führen und »dominiert« die Situation.

Wenn dein Frame also schwächer ist als der deines Gegenübers, kann es sein, dass du kein Recht bekommst – obwohl du eigentlich richtigliegst.

KOMMUNIKATION

Seien wir ehrlich – jeder kennt Menschen, die erfolgreicher sind, als sie es unserer Meinung nach sein sollten. Sie sind weder überdurchschnittlich intelligent noch besonders fleißig oder kreativ. Manche sind sogar faul und undiszipliniert. In ihrer Anwesenheit könnte man sich manchmal selbst in den Ar*** beißen, weil man sich fragt, wie so jemand es zu so viel Erfolg bringen kann.

Häufig haben diese Menschen aber etwas gemeinsam: Sie sind Profis im Begeistern und Überzeugen. Man fühlt sich in ihrer Gegenwart wohl, und sie haben so eine fesselnde und interessante Art an sich, dass sie fast immer kriegen, was sie wollen.

Ich bin ehrlich: Viel mehr als diese Fähigkeit braucht es gar nicht, um ein gutes Leben zu führen. Wenn du Menschen verstehst und weißt, wie du sie für dich gewinnst, bist du im Leben fast immer auf der sicheren Seite. Selbst wenn es dir an anderen Stärken fehlt, kannst du diese dadurch wieder wettmachen. Kommunikation ist einer der Schlüsselfaktoren, mit denen alles steht oder fällt.

Vergiss niemals, dass die Welt von Menschen gelenkt wird. Auf deinem Erfolgsweg kommst du um Menschen nicht herum. Deine verbale und nonverbale Kommunikation ist der Schlüssel zu ihnen. Sie ist der Flaschenhals, durch den du deine Persönlichkeit, deine Ideen und Gedanken nach außen trägst. Du kannst das krasseste Genie oder

der ehrgeizigste Workaholic sein, wenn du nicht kommunizieren kannst, gehen dir Möglichkeiten verloren, du wirst ausgenutzt, missverstanden und ziehst den Kürzeren gegenüber Menschen, die besser kommunizieren als du. Umgekehrt kannst du jeden einzelnen deiner Lebensbereiche optimieren, wenn du dich darin übst, besser zu kommunizieren.

Alles, was du tust, kannst du mit einer guten Kommunikation noch besser machen. Ich verdanke den Großteil meines Erfolges meinem Bestreben, meine Kommunikation immer mehr zu schärfen. Ganz zu Beginn meiner Laufbahn habe ich aus unternehmerischer Sicht sehr viele Fehler gemacht. Ich hüpfte von einem Fettnäpfchen ins nächste. Gerade bei bürokratischen und rechtlichen Themen war ich in vielerlei Hinsicht unwissend und wäre das ein oder andere Mal fast an meiner Naivität gescheitert. Solche Fehler passieren mir heute nicht mehr, aber ohne mein Wissen in Soziodynamik und Kommunikation hätten sie schon damals das vorübergehende Ende meiner Laufbahn bedeuten können. Durch dieses Wissen habe ich immer wieder die Kurve gekriegt.

Doch nicht nur das. Dank meiner Kenntnisse in zwischenmenschlicher Psychologie habe ich Möglichkeiten nutzen können, die andere niemals gesehen hätten. Mit guter Kommunikation kann man das Unmögliche möglich machen.

Leider gehört gerade dieser Bereich zu den größten Defiziten vieler Menschen. Klar kannst du auch mit durchschnittlicher Kommunikation erfolgreich sein. Da viele Menschen kommunikativ verkorkst sind, kann man fast sagen, dass sich viele Defizite wieder ausgleichen. Aber ich kenne sehr viele erfolgreiche Menschen, die um Längen erfolgreicher sein könnten, wenn sie besser kommunizieren würden.

Komischerweise ist die persönliche Kommunikationsweise ein Bereich, den die wenigsten Menschen hinsichtlich ihrer Optimierung auf dem Schirm haben. Menschen möchten zum Beispiel ihr Einkommen vermehren, ihre Reichweite vergrößern oder ihre Beziehungen verbessern. Aber wenn es um die Art geht, wie sie kommunizieren, bleiben sie in immer gleichen Mustern gefangen. Dabei ist es genau dieser Faktor, der alle anderen Bereiche auf eine neue Ebene bringt. Wer gut kommuniziert, wird besser verstanden, weniger unterschätzt (oder überschätzt) und lieber gemocht. Unabhängig davon, ob du Angestellter oder Unternehmer bist – eine bessere Kommunikation sorgt beispielsweise für mehr Kunden, ein besseres Verhältnis zu deinem Chef oder mehr Produktivität und Motivation unter deinen Mitarbeitern. All das führt früher oder später zu einer Beförderung, einer Gehaltserhöhung oder dem Wachstum deines eigenen Unternehmens – sprich, zu höherem Einkommen.

Es gibt nichts, was deine Kompetenz in sämtlichen Lebensbereichen und damit deinen Erfolg so maßgeblich steigern kann, wie die Fähigkeit, gut zu kommunizieren.

Nur wenn du richtig kommunizierst, kannst du Menschen überzeugen und sie für eine Sache begeistern, zum Beispiel für dich selbst. Je besser du kommunizierst, desto besser wirst du verstanden und wertgeschätzt. Von Beziehungen brauchen wir gar nicht erst zu reden.

Je nachdem, wie es um die kommunikativen Fähigkeiten der Partner bestellt ist, können Beziehungen entweder aufblühen oder regelrecht ersticken. Eine schlechte Kommunikation ist eine der Hauptursachen für Beziehungsprobleme. Die Liste der Bereiche, in denen Kommunikation absolut relevant ist, ist endlos.

Kommunikation ist Marketing. Menschen kaufen nicht die besten Produkte, sondern die Produkte, die ihnen das beste Gefühl geben, wenn sie sie kaufen. Sie kaufen das, was am besten vermarktet wird.

Das Gleiche gilt für uns. Am erfolgreichsten sind nicht immer diejenigen, die am meisten auf dem Kasten haben, sondern die, die sich am besten verkaufen können – sprich, ihre Werte und Überzeugungen am besten bei anderen Menschen platzieren können. (Natürlich sollte dein »Marketing« auch das bestmögliche Produkt bewerben – totale Mogelpackungen fliegen früher oder später immer auf.) Wer nicht an seiner Kommunikation arbeitet, gleicht einer Firma, die keinen Cent in ihr Marketing investiert. Sie mag ein fantastisches Produkt haben, aber wenn es keiner kennt, geht sie trotzdem pleite. Deine Kommunikation ist dein Aushängeschild.

Deshalb ist das Thema insbesondere für diejenigen wichtig, die sich ihm entziehen. Gerade wenn du eher introvertiert oder schüchtern bist, solltest du dringend an deiner Kommunikation und »Außenpräsenz« arbeiten. Nicht, weil Introversion oder Schüchternheit schlechte Eigenschaften sind – ganz im Gegenteil, viele der klügsten und einflussreichsten Menschen waren und sind introvertiert. Das Problem ist nur, dass diese Eigenschaft in der heutigen Ellbogengesellschaft nicht viel

Platz hat, wenn man erfolgreich werden möchte. Ob im Business, im Freundeskreis, in der Familie oder an der Supermarktkasse. Wer sich kommunikativ behaupten kann, hat es leichter. Kommunikative Unbeholfenheit hingegen wird oft bestraft.

Kommunikative Basics sind die Grundvoraussetzung, um in der Gesellschaft nicht übersehen zu werden. Leider wird uns das nirgends beigebracht. Weder in der Schule noch in anderen Ausbildungen lernen wir, wie wir Menschen für uns gewinnen, Manipulationen durchschauen, richtig argumentieren oder nicht ausgenutzt werden. Zwischenmenschliche Kommunikation habe ich bisher auf noch kaum einem Lehrplan gesehen.

Das Thema Kommunikation ist unglaublich komplex und wird noch immer von den meisten Menschen unterschätzt. Es ist meine Herzensangelegenheit, so vielen Menschen wie möglich die gleichen kommunikativen Werkzeuge an die Hand zu geben, die auch meinen Erfolg beflügelt haben. Das Thema ist aber dermaßen groß und komplex, dass es gleich mehrere Bücher füllen würde.

Damit wir uns nicht in den Tiefen dieses Themas verrennen, gebe ich dir hier eine Reihe von Tools an die Hand, mit denen du deine Kommunikation auf Anhieb verbessern und aus jeder Interaktion mehr herausholen kannst. Einigen dieser Tools widmen wir uns dann auch noch mal separat in einem eigenen Kapitel.

VERSTÄNDNIS

Das Gefühl, verstanden zu werden, ist eines der schönsten Geschenke, die du einem Menschen machen kannst. Versuche, dein Gegenüber wirklich zu verstehen, indem du auf den Frame hinter seinen Worten achtest und versuchst, dich in seine Perspektive hineinzuversetzen. Stelle Fragen oder wiederhole das Gesagte beispielsweise kurz in deinen eigenen Worten:

»Ich weiß genau, was du meinst.«

»Verstehe.«

»Du meinst also, dass ...?«

Vor allem in Konfliktsituationen und Streitgesprächen wirken folgende Formulierungen Wunder. Beispiele:

»Ich verstehe dich/Sie vollkommen, aber ...«

»Ich weiß, du könntest jetzt denken, dass ...«

»Absolut verständlich, in meinen Augen könnte man aber ...«

Formulierungen wie diese sind simpel, aber ungemein effektvoll. Indem du einem Menschen in Verhandlungen oder Auseinandersetzungen zeigst, dass du ihn verstehst, fährst du sein »Ego-Schild« herunter und schaffst eine *Plattform*, um deinen Frame besser bei ihm zu platzieren. Fühlt sich dein Gesprächspartner verstanden, ist er offener für deinen Standpunkt und gewillter, dir zuzustimmen. Grundvoraussetzung dafür ist natürlich die Fähigkeit, ihm aufmerksam zuzuhören.

WERTSCHÄTZUNG UND ÄHNLICHKEIT

Einem Menschen etwas Wertschätzendes zu sagen, ist einer der leichtesten Wege, ihn für sich zu »gewinnen«. Menschen, die von dir möglicherweise eingeschüchtert sind, gibst du damit die Möglichkeit, sich in deiner Anwesenheit wohler zu fühlen. Oder umgekehrt: Einem Gesprächspartner mit einem großen Ego nimmst du dadurch das Bedürfnis, sich beweisen oder profilieren zu müssen. Um welche Interaktion es sich auch handelt, durch die Wertschätzung deines Gegenübers wird sie angenehmer für alle Seiten.

Versuche, jedem Menschen mit Wertschätzung zu begegnen. Zeige ihm beispielsweise, dass du seine Arbeit bewunderst und seine Zeit zu schätzen weißt – ob im Verhandlungsgespräch, an der Supermarkt-Kasse oder im Gespräch mit einer Kundenhotline:

- »Vielen Dank, dass Sie sich die Zeit nehmen, es dauert auch nicht lange.«
- »Sorry für die Umstände, ich weiß, Sie haben viel zu tun.«
- »Wow, Respekt für diese Leistung.«
- »Das muss für Sie nicht leicht gewesen sein.«

Das Prinzip der Wertschätzung wirkt besonders stark, wenn du es mit dem *Gesetz der Ähnlichkeit* verbindest. Menschen wirken auf uns nämlich instinktiv sympathischer, je mehr wir mit ihnen gemeinsam haben. Zudem sorgt Ähnlichkeit dafür, dass wir uns verstanden fühlen. Diese Kombination aus Wertschätzung, Verständnis und Ähnlichkeit ist in der Lage, fast sämtliche Barrieren zu brechen.

Meeting-Beispiel: »Ich kann nur zu gut verstehen, dass Sie dafür Bedenkzeit brauchen, ich persönlich bin auch der Meinung, dass solche Entscheidungen genau durchdacht werden sollten.«

Falls du auf Anhieb keine Ähnlichkeit zu deinem Gegenüber erkennen kannst, solltest du eine herstellen, um trotzdem positive Emotionen in ihm zu aktivieren:

»Cool, du bist Brite? Ein guter Freund von mir kommt auch aus England. Ihr Briten habt von allen Europäern echt den besten Humor!«

Das Prinzip kennst du schon. Es ist aber auch essenziell für dein Mindset, wenn du gut kommunizieren willst. Wenn du dir der Ignoranz der Menschen nämlich nicht bewusst bist, sind Konflikte vorprogrammiert.

Die beste Art, mit dieser Ignoranz umzugehen, ist so simpel wie effektiv: *Gib Menschen erst einmal kommunikativ recht.* So schaffst du eine Basis, um anschließend überhaupt gehört zu werden ...

Gerade bei Streit oder Auseinandersetzungen kannst du deinen »Gegner« auf diese Weise regelrecht entwaffnen und Raum schaffen, um deinen eigenen Frame präzise zu platzieren. Gib ihm recht – gerade dann, wenn er es am wenigsten erwartet. Innerhalb von Sekunden *»brichst«* du damit seinen negativen Frame, weil er erstens nicht damit rechnet und zweitens einen positiven Impuls bekommt, da du in dem Moment entgegenkommender bist als er. Du aktivierst bei ihm einen Schalter, durch den er sich verpflichtet fühlt, dir diese Aufgeschlossenheit zu erwidern (mehr dazu später im Kapitel *Rezi*). Du *»öffnest«* ihn damit für deinen eigenen Frame.

Das heißt nicht, dass du Leuten wahllos recht geben sollst, obwohl sie falschliegen. Es geht lediglich um richtig platzierte Zustimmung und Bestätigung deines Gegenübers, damit du die Möglichkeit hast, das zu sagen, was du eigentlich sagen möchtest.

Beispiele:

*   »Ich verstehe, was du meinst, und damit hast du auch absolut recht. Ich finde nur, wir sollten folgende Punkte nicht außer Acht lassen ...«

- »Aus deiner Sicht betrachtet kann ich das auch vollkommen nachvollziehen. Mir geht es jedoch darum, hervorzuheben, dass ...«
- »Ich finde, du hast recht. Ergänzend würde ich noch vorschlagen, dass ...«

VORSICHT VOR SUBJEKTIVITÄT

Erwarte niemals von deinem Gegenüber, dass es versteht, was du denkst. Niemand kennt deine persönlichen Hintergründe. Wir neigen dazu, unsere Gedanken so zu formulieren, wie *wir* sie denken. Dabei vergessen wir oft, dass es nur *unsere* Gedanken sind. Jeder hat aber seine eigenen Kriterien, nach denen er unsere Worte verwertet. Viele Menschen reden, ohne ihr Gegenüber im Blick zu haben, und wundern sich, dass sie nicht richtig verstanden werden.

Frage dich also immer genau, wen du vor dir hast und wie gut er dich kennt, um zu verstehen, was du ihm sagen willst. Passe deine Wortwahl und Formulierung dementsprechend an, und versuche sicherzustellen, dass deine Botschaft bei ihm ankommt. Das gilt natürlich nur für Menschen, die dich verstehen wollen und von denen du auch verstanden werden möchtest. Verschwende deine Energie nicht auf Diskussionen mit Menschen, bei denen du merkst, dass dich dein Gegenüber gar nicht verstehen will.

Mit begrenzten Menschen muss man begrenzt reden.

PACING

Die Macht unserer *Körpersprache* wird oft unterschätzt. Dabei macht sie einen großen Anteil unserer Kommunikation aus. Allerdings können wir sie meist nicht so gut kontrollieren wie unsere verbale Kommunikation, sie läuft eher unbewusst ab. Dennoch kannst du sie auf verschiedene Arten nutzen – unter anderem beim *Pacing* und *Leading*. Ziel dieser Methoden ist es, Ähnlichkeit zu deinem Gegenüber zu erzeugen, um sie oder ihn effektiver für dich zu gewinnen.

Pacing bedeutet nichts anderes, als dass wir uns in unserer Körperhaltung (vor- oder zurückgelehnt, Arme verschränkt etc.), unserem Sprachverhalten und in unserer Gestik dem Gegenüber angleichen. Menschen machen das häufig ganz von selbst und stellen damit unbewusst einen persönlicheren, intensiveren Kontakt zueinander her. Du kannst diese Wirkung auch bewusst herbeiführen, indem du dich einfach feinfühlig an die Haltung, Stimmung und Kommunikationsweise deines Gesprächspartners anpasst.

Achtung: Es geht in keiner Weise darum, ihn nachzuäffen! Es geht lediglich darum, ein angenehmes, übereinstimmendes Umfeld zu schaffen, in dem sich beide Gesprächspartner wohlfühlen und zugewandt miteinander kommunizieren.

Unsere Neigung zum unbewussten Pacing kannst du übrigens auch nutzen, um die Übereinstimmung deines Gegenübers mit dir zu testen. Lehne dich beispielsweise in einem Gespräch entspannt zurück, und beobachte, was dein Gesprächspartner tut. Wenn er sich deiner Körperhaltung nach einiger Zeit angleicht, kannst du davon ausgehen, dass ihr euch auf einer »Wellenlänge« befindet.

Wenn dies der Fall ist, kannst du behutsam zum *Leading* übergehen. Hierbei kannst du durch kleine Änderungen deiner verbalen und nonverbalen Signale aktiv beeinflussen, in welche Richtung sich das Gespräch entwickelt. In diesem Zustand des sogenannten »Rapports« (Gespräch mit intensiver Bezogenheit aufeinander), bestärkt durch das Pacing und Leading, ist es leichter, deinem Gegenüber Vorschläge zu machen oder es von etwas zu überzeugen. Die Voraussetzung dafür ist jedoch eben eine präzise Wahrnehmung und die feinfühlige Anpassung deiner Sprache und Körpersprache.

All diese Werkzeuge sind natürlich nicht immer einsetzbar und erfordern stetige Übung in der Praxis. Nur weil Menschen sich gerne verstanden fühlen, heißt das nicht, dass du für jeden Mist Verständnis haben musst. Du sollst auch nicht jedem Vollidioten recht geben oder Wertschätzung äußern, wo dies rein gar nicht angebracht ist. Wenn sich jemand etwa rassistisch oder frauenverächtlich äußert, ist vermutlich ein Punkt erreicht, an dem du keine Chance mehr siehst, mit dem Gegenüber auf eine Wellenlänge zu kommen. Schule deine Kommunikation. Durch Bücher, Videos und vor allem durch kontinuierliches Üben in der Praxis. Verbringe so viel Zeit, wie du kannst, unter Menschen. Übe dich in Rhetorik und Körpersprache. Deine Wirkung auf andere ist die wichtigste Währung, die es gibt.

Wichtige Voraussetzung hierfür ist fundiertes Wissen. Je mehr du darüber weißt, wie Menschen ticken und welchen mentalen Mustern sie folgen, desto besser kannst du deine Kommunikation anpassen und deine Wirkung auf Menschen beeinflussen. Bedenke immer: Menschen treffen Entscheidungen anhand von *Informationen* und *Emotionen*. Nichts anderes überträgst du, wenn du richtig kommunizierst. Je mehr du deine kommunikativen Fähigkeiten schulst, desto besser wird dein Umgang mit anderen Menschen. Du wirst besser verstanden und weniger verarscht, weil du klare Botschaften sendest und genau lesen kannst, was dein Gegenüber vorhat. Menschen fühlen sich in deiner Gegenwart dann wohler und besser verstanden. Du wirst lieber gemocht. All das steigert dein Humankapital immens und lässt dich leichter durchs Leben gehen.

GLÜCK UND ERFOLG

Ich rede in diesem Buch immer wieder von Glück, Erfolg und Erfüllung. Alles dies sind Wörter, denen jeder Mensch seine ganz individuelle Bedeutung gibt. Das ist gut so und soll auch so bleiben. Dennoch möchte ich dir einen Eindruck davon geben, was diese Begriffe für mich bedeuten.

Das ist zum einen wichtig, damit du in den folgenden Kapiteln verstehst, was ich meine, wenn ich diese Begriffe verwende. Zum anderen hat die Bedeutung, die du diesen Begriffen gibst, großen Einfluss darauf, wie du durchs Leben gehst. Das, was du persönlich unter Glück verstehst, wird zu dem, wonach du im Leben suchst. Hast du unrealistische Vorstellungen davon, sind Enttäuschungen vorprogrammiert. Du kannst also das genaue Gegenteil von Glück erreichen, wenn du falsche Erwartungen daran stellst.

Zufriedenheit und Durchschnitt gelten offenbar als das neue Glück. Der Wille nach mehr ist scheinbar irgendwie out und das Streben nach »Erfolg« beinahe schon in Verruf geraten. Stattdessen liegt »normal sein« im Trend. Seine Grundbedürfnisse im Leben abzudecken soll das sein, was Menschen glücklich macht, heißt es. Unsere Natur sieht das allerdings etwas anders.

Seit jeher streben wir Menschen nach mehr. Wir haben uns nie mit dem, was ist, zufriedengegeben. Schon immer hatten wir etwas in uns, das *mehr* wollte. Mehr sehen, mehr wissen, mehr können, mehr machen, mehr sein. Wäre dem nicht so, würden wir vermutlich noch genauso leben wie vor 10 000 Jahren, so wie Tausende andere Säugetiere auch.

Das tun wir aber nicht. Wir haben uns über die ganze Welt ausgebreitet und rasend schnell verändert. Neues fasziniert uns. Unsere Vorfahren wollten wissen, was hinter dem nächsten Berg liegt, wie weit die Wüste reicht oder wie es auf der anderen Seite des Meeres aussieht. Wir haben stets nach neuen Methoden, Problemlösungen und Antworten gesucht. Dieser unbändige Drang, Neues zu erleben, zu entdecken und zu erreichen, hat dafür gesorgt, dass wir im Laufe der Zeit die ganze Welt bevölkert und uns an die Spitze der Nahrungskette katapultiert haben. Ein Blick auf die menschliche Entwicklung reicht, um zu erkennen, dass uns das Entdecken, Erfinden und Erschaffen im Blut liegt. In jedem von uns schlummert der Drang, zu lernen und sich kontinuierlich zu verbessern. In jedem.

Denk bitte einmal an dein letztes Erfolgs- und Glückserlebnis zurück, an das du dich erinnern kannst. Mit großer Wahrscheinlichkeit hattest du dieses Erlebnis, nachdem du eine neue *Herausforderung* gemeistert hast. Meisterst du eine Challenge oder bezwingst du eine Angst, belohnt dich dein Körper dafür mit einem einzigartigen Gefühl. Es gleicht einem High, welches uns die Umwelt ausblenden lässt und uns das Gefühl gibt, quasi unbesiegbar zu sein – Energie und Motivation pur.

Was wäre, wenn wir dieses Gefühl häufiger haben könnten? Immer, wenn wir Herausforderungen meistern und dadurch Fortschritte machen – seien sie auch noch so klein –, erleben wir Glück und Motivation pur. Wir fühlen uns bestätigt in unserer Leistung. Menschen lieben dieses Bestätigungsgefühl. Deswegen ist es auch so wichtig, dass wir uns dieses Gefühl selbst erarbeiten und nicht geschenkt bekommen.

Es gibt viele Menschen, die *sehr viel Geld* haben und dennoch *unglücklich* sind. Andererseits gibt es auch sehr viele *reiche und glückliche* Menschen. Und natürlich gibt es viele Menschen, die sehr *glücklich* sind, *obwohl* sie nur *wenig Geld* haben.

Mit dieser Formel kommt man also zu keinem eindeutigen Ergebnis. Der springende Punkt ist ein anderer: Für diejenigen, die durch Geld »glücklicher« werden, steht Geld oft in direkter Verbindung zu Fortschritt und Selbstverwirklichung. Es sind Menschen, die ihr Einkommen mit ihrer Leidenschaft verdienen. Sie arbeiten hart dafür und haben vermutlich Phasen durchgemacht, in denen sie jeden Cent zählen mussten. Jeder zusätzliche Euro oder Dollar bedeutet für sie, dass ihre Passion anderen Menschen etwas wert ist.

Es ist nicht das Geld, das sie glücklich macht, sondern ihr Fortschritt. Das Geld fungiert lediglich als Symbol dafür, weil es ihren Fortschritt und ihren Erfolg messbar macht. Sie liegen also subjektiv richtig, wenn sie sagen, es mache sie glücklich. Dafür muss es sich nicht um viel Geld handeln – jeder Selbstständige weiß, wie glücklich 500 Euro machen können, wenn es die ersten Einnahmen aus eigener Kraft und Leidenschaft sind.

Ein großer Teil unseres Glücksempfindens hängt davon ab, ob wir wachsen. Machen wir Fortschritte – egal, wie groß, und egal, in welcher Form –, wird unser Gehirn uns mit Glücksgefühlen belohnen. Ein glücklicheres Leben ist also kein Zufall, sondern nachvollziehbar und reproduzierbar.

> *»Wer ständig glücklich sein möchte,*
> *muss sich oft verändern.«*
> KONFUZIUS[11]

Selbstverständlich gibt es auch hierzu viele Gegenargumente. Es heißt, die Glücksgefühle, die wir bei einem Erfolgserlebnis erleben, seien nur von kurzer Dauer und würden mit der Weile abflachen, wenn man sich an diesen Effekt gewöhnt. Tatsächlich kann sich bei Erfolgserlebnissen eine gewisse Gewöhnung einstellen. Das Meistern einer Herausforderung kann beim ersten Mal dafür sorgen, dass wir uns wie ein Superheld fühlen, und beim fünften, sechsten oder siebten Mal zur Routine werden.

Das ist aber keinesfalls schlecht. Im Gegenteil, alles andere wäre sogar höchst problematisch. Ohne diese Form der Anpassung wäre ein und dieselbe Challenge für uns nämlich jedes Mal gleich anspruchsvoll, und wir könnten gar nicht besser werden.

Dass sich unser Gehirn irgendwann an die aktuellen Gegebenheiten gewöhnt, ist also gleichzeitig auch der Grund, warum wir uns regelmäßig weiterentwickeln sollten. Diese Form der Gewöhnung ist essenziell, damit wir uns überhaupt höhere Ziele setzen. Dadurch, dass das, was uns zunächst auf eine harte Probe stellt, für uns mit jedem Mal leichter wird, sind wir in der Lage, Ausschau nach neuen Herausforderungen zu halten und auf diese Weise immer weiter zu wachsen. Stehen zu bleiben, nur weil du ein bestimmtes Ziel erreicht hast, wäre ein fataler Fehler.

»Sobald man in einer Sache Meister geworden ist, soll man in einer neuen Schüler werden.«
GERHART HAUPTMANN[12]

Dass du besser wirst, impliziert also, dass dir dieselben Dinge leichtfallen, die dir zuvor noch schwergefallen sind. Und genau dieses Verbessern gibt dir Lebensenergie – denn du kommst voran!

Auf diese Weise begegnen wir immer neuen Herausforderungen und stecken uns immer höhere Ziele. Fortschritt kann so zur Droge werden – mit der Nebenwirkung, dass wir erfolgreicher und glücklicher durchs Leben gehen. Wenn wir süchtig nach persönlichem Wachstum und neuen Aufgaben sind, kann unser Weg fast nur nach oben führen. *Selbstverwirklichung* ist das Stichwort. Glück ist zwar sehr subjektiv und individuell, dennoch hat es fast immer mit persönlichem Fortschritt zu tun – wo immer wir auch hinschauen. Kontinuierliche persönliche Weiterentwicklung ist ein Garant für Glücksgefühle. Stillstand und Langeweile hingegen machen uns anfälliger für Ängste, Zweifel & Co.

Wie du siehst, hängt deine emotionale Gemütslage eng mit deinem Fortschritt zusammen. Dein Gedankenchaos und deine innere Stimme werden lauter, wenn du dich nicht im Vorwärtsgang befindest. Alle Probleme, negativen Gedanken und Emotionen wirken stärker, wenn du bloß chillst.

Anders verhält es sich, wenn du *gefordert* bist. Das richtige Maß an Herausforderung macht uns nicht nur glücklicher, besser und erfolgreicher, sondern hält auch unseren Kopf freier. Wenn du im Vorwärtsgang bist, bist du emotional stabiler und hast mehr Selbstbewusstsein beim Umgang mit neuen Problemen. Es gibt nichts Schöneres, als nach (nicht vor!) einer fordernden Tätigkeit kurz zu entspannen und seine Ergebnisse und Fehler zu rekapitulieren. Du sammelst dabei neue Energie und hast Lust, am nächsten Tag noch mehr Gas zu geben. Die Erholung gibt dir immer wieder einen Boost, dich neuen Herausforderungen zu stellen und weiter zu wachsen.

In dieser Balance aus Fortschritt und entspannendem Ausgleich liegt die wahre Lebensfreude. Auf diese Weise bist du auch in der Lage, Probleme ganz anders zu begegnen. Du hast gar keine Zeit, um dich in negativen Gedankenschleifen zu verlieren, und denkst lösungsorientierter, weil du dein Momentum nicht unterbrechen willst.

Triste Tätigkeiten, die dich nicht fördern und stattdessen nur deine Energie ziehen, ohne einen tieferen Sinn zu haben, solltest du also langfristig aus deinem Leben entfernen, wenn du glücklicher sein willst.

Durch neue Herausforderungen werden wir immer wieder mit unseren Stärken und Schwächen konfrontiert. Wir lernen uns selbst besser kennen und werden selbst*bewusster*. Herausforderungen zwingen uns zur Adaption. Vor allem, wenn wir scheitern. Werden wir nie mit Challenges konfrontiert, erfahren wir auch nie, wer wir eigentlich sind. Wir zweifeln oder hoffen und gehen unsicherer durchs Leben.

Umgekehrt kann persönlicher Stillstand auch ein falsches Selbstbewusstsein begünstigen. Wer falsche Glaubenssätze über sich selbst etabliert hat, muss diese durch neues Wissen und Fortschritt ausmerzen. Menschen, die sich beispielsweise in einem Bereich für besser halten, als sie tatsächlich sind, können das selbst nur herausfinden, wenn sie sich in diesen Bereichen neuen Herausforderungen stellen. Tun sie das nicht, wird sich ihr falsches Selbstbild immer weiter verfestigen. Sie selbst merken das vielleicht nicht, ihre Mitmenschen aber schon. Früher oder später werden diese Menschen von der »Welt« ein Feedback erhalten, etwa einen tiefen Fall im Berufsleben – und darunter leiden.

Stillstand sorgt dafür, dass wir uns nicht wohl in unserer Haut fühlen. Uns fehlt etwas. Das gilt übrigens für jeden Menschen und jede Lebensphase. Wer denkt, dass er nur ein einziges bestimmtes Ziel erreichen muss, um endlich glücklich zu sein, stellt sich selbst eine Falle. Egal, was du erreichst, dein Gehirn ist Meister darin, sich daran zu gewöhnen und die Dinge nach einiger Zeit normal erscheinen zu lassen. Die simple Weisheit »der Weg ist das Ziel« hat somit durchaus Berechtigung.

Wenn wir einem Ziel einen zu hohen Stellenwert beimessen, legen wir den Grundstein für ein Gefühl der Leere, das dann eintrifft, sobald wir das Ziel erreicht haben. Die Idee von einem »Lebenstraum« kann also zur emotionalen Falle werden, wenn wir in seiner Erfüllung das ultimative Glück zu finden meinen. Besser ist es, seine Träume in einen Weg aus mehreren Zwischenzielen einzubetten, auf dem sich stets neue aufregende Möglichkeiten ergeben.

Im Japanischen gibt es eine Lebens- und Arbeitsphilosophie, die wir perfekt auf dieses Thema übertragen können: *Kaizen.* Kaizen bedeutet übersetzt »Wandel« (*kai*) »zum Besseren« (*zen*). Im Zentrum steht hierbei das Streben nach kontinuierlicher und unendlicher Verbesserung. Alle Prinzipien dieser Philosophie hier aufzuzählen, würde den Rahmen sprengen. Ich empfehle dir, dich beispielsweise über das Internet ausführlicher damit auseinanderzusetzen und sie, so weit du kannst, in deinen Alltag oder Beruf zu implementieren.

Eins gebe ich dir dennoch mit, denn ich halte es für entscheidend: Verbesserung ist unendlich – es gibt keine Perfektion. Wir können alle Aspekte unseres Lebens zu jeder Zeit zum Besseren verändern und verbessern. Unsere Karriere, unsere Persönlichkeit, unsere Beziehungen, unser Auftreten, unsere Freundschaften, unseren Körper und unsere Gesundheit. Wir müssen nur bereit sein, Bestehendes zu hinterfragen, und dürfen unsere Entwicklung niemals als vollendet betrachten. Wir sind nie fertig. Wir sind auf Fortschritt gepolt, und sollten uns auch so verhalten, wenn wir langfristig glücklich sein möchten.

»Wer immer tut, was er schon kann,
bleibt immer das, was er schon ist.«
HENRY FORD[13]

In der Praxis sieht das leider oft anders aus. Unser heutiger Lebensstil macht es uns nicht immer leicht, dieser Bestimmung adäquat nachzugehen. Wir haben alles, was wir brauchen. Wir können essen, wann wir möchten, und unsere Denkmaschine mit billiger Unterhaltung in den Ruhemodus versetzen. Wofür sollten wir uns noch anstrengen?

Leider tappen viele Menschen gerne in diese Falle. Sie wollen so schnell wie möglich »ankommen«. Zwar wissen sie oft nicht, wo genau sie ankommen wollen, dennoch jagen sie einem Punkt X nach, an dem es »läuft«. Einem Punkt, an dem sie finanziell (zum Beispiel durch eine tolle Festanstellung) und partnertechnisch (zum Beispiel in Form einer Ehe) abgesichert sind. Sobald sie meinen, diesen Punkt erreicht zu haben, legen sie ihren inneren Antrieb auf Eis. Ein fataler Fehler.

Hören wir in diesem Moment auf eine innere Stimme, die uns sagt, wir sollten es von nun an entspannt angehen lassen, legen wir den Grundstein für Zweifel, Sorgen und mangelnde Selbstachtung. Wir beginnen dann, unsere Ambitionen zu vernachlässigen und uns »gehen« zu lassen. Sobald wir aufhören, nach neuen Ergebnissen zu streben, schalten wir auf »Autopilot«.

Du kannst diesen Mechanismus ganz leicht bei deinen Mitmenschen oder auch (hoffentlich künftig nicht mehr so oft) bei dir selbst beobachten. Sobald Menschen in der komfortablen Monotonie des Alltags gefangen sind, ist es nur eine Frage der Zeit, bis sie weniger auf ihren Körper und auf ihre Attraktivität und Vitalität achten. Weiterbildung wird für sie zum Fremdwort, und ihre Beziehungen beginnen, trister zu werden. Sie verlieren »Farbe«. Dabei ist es vollkommen egal, wie viel Geld sie verdienen, was für ein Auto sie fahren oder wo sie Urlaub machen. Fehlt es ihrem Leben an Veränderung und an neuen Reizen, verlieren sie an Selbstachtung und werden unglücklicher.

Das Interessante dabei: Genau diese Menschen sind es, die sich am häufigsten bei Frau Kappes beschweren! Menschen sind für Stillstand und Langeweile nicht gemacht, sondern möchten Herausforderungen meistern. Tun wir das nicht, fühlen wir uns irgendwann nicht mehr wohl in unserer Haut. Das ist auch der Grund, warum viele Menschen in ihrem Innersten unglücklich und unerfüllt sind, obwohl es ihnen objektiv an »nichts« fehlt.

Leider interpretieren viele dieses Gefühl völlig falsch. Schnell ist dann beispielsweise von Burn-out oder Depressionen die Rede, anstatt sich zu fragen, wann man das letzte Mal ein echtes Erfolgserlebnis hatte.

Dafür sind aber neue Impulse nötig. Was die meisten Menschen darüber hinaus vergessen: Während sie den Status quo bewahren wollen und sich in Sicherheit wägen, hört die Welt da draußen nicht auf, sich zu verändern. Täglich geschehen Dinge oder werden neue Technologien und Methoden entwickelt, die unser Leben einerseits erheblich erleichtern – und gleichzeitig zur Gefahr für unsere Zukunft werden können.

Der gesamte Digitalisierungsprozess der letzten Jahre ist das beste Beispiel dafür. Wer sich nicht angepasst hat, wurde einfach »aufgefressen«. Ganze Geschäftszweige sind ihm zum Opfer gefallen. In solchen Zeiten liegt der Unterschied zwischen Entwicklung und Stagnation nicht mehr nur im reinen Glücksempfinden – vielmehr bestimmt er darüber, ob wir über die Runden kommen oder auf der Strecke bleiben. In Zeiten, in denen selbst unser Smartphone alle zwei Monate ein Software-Update bekommt, stellt sich die Frage, warum wir uns selbst nicht auch regelmäßig »updaten«? Viele Menschen tragen die neueste iOS- oder Android-Version in der Tasche, haben aber ihren eigenen Kopf mit all seinen Glaubenssätzen und seinem Wissen seit Jahren nicht mehr »aktualisiert«. Wenn du im Jahr 2020 immer noch mit der Betriebsversion »*Wissenssammlung 2010*« herumläufst, ist es kein Wunder, dass du Probleme hast und deine Vorhaben nicht so gelingen, wie du es möchtest.

Dabei rede ich nicht nur von deinem Wissen, sondern von all deinen Lebensumständen. Deine Karriere, dein Liebesleben, deine Freundschaften, deine Hobbys, deine Gesundheit, deine Erkenntnisse, deine Überzeugungen – all das sollte sich in deinem Leben stetig verbessern, wenn du langfristig glücklich bleiben möchtest.

Ob deine Weiterentwicklung reibungslos und schnell vonstattengeht, hängt dabei maßgeblich von einem Faktor ab: der Qualität deines Wissens. Je mehr fundiertes Wissen du dir aneignest, desto leichter und besser verläuft dein Fortschritt, da du deine Entscheidungen präziser treffen kannst. Wissen bekommst du entweder durch externe Zuführung (Bücher, Mentoren, Videos etc.) oder durch selbstständiges Testen und Ausprobieren.

Ein erfolgreiches Leben ist also das Produkt vieler richtiger Entscheidungen. Dafür müssen wir aber erst einmal die Fähigkeit besitzen, abschätzen zu können, was denn überhaupt die richtige Entscheidung sein könnte. Und genau hier trennt sich die Spreu vom Weizen. Um nämlich überhaupt rausfinden zu können, was funktioniert und was nicht, müssen wir bereit sein, zu scheitern und Fehler zu machen. Das möchten die meisten Menschen aber nicht. Was kein Wunder ist, wenn wir bedenken, dass wir in der Schule und im Job eher beigebracht bekommen haben, dass Fehler zu machen etwas Schlimmes sei. Dabei ist es unausweichlich, dass wir Fehlentscheidungen treffen, wenn wir erfolgreich werden möchten. Du musst scheitern, um herauszufinden, welche Dinge zielführend sind und welche nicht. Anders kannst du deine Handlungen nicht anpassen und neu abstimmen.

Die meisten Menschen sind nicht erfolgreich, weil dafür Veränderungen notwendig sind. Du musst deine Komfortzone verlassen oder zumindest erweitern. Und genau hier liegt das Problem. Du musst neue, bisher unbekannte Herausforderungen meistern. Da wir neuen Herausforderungen aber immer mit *alten Glaubenssätzen* und unserem *bisherigen Wissen* begegnen, ist es vollkommen normal, dass wir verängstigt und eingeschüchtert sein können. Wir haben schlichtweg noch keine geeigneten *Informationen* gesammelt, um mit der neuen, unbekannten Thematik sicherer umgehen zu können.

Übrigens: Genau hier setzt der zuvor beschriebene »Gewohnheitseffekt« ein. Je öfter wir uns einer Herausforderung stellen, desto besser und routinierter werden wir. Dies steigert die Rechenpower unseres Gehirns so weit, bis es irgendwann Automatismen entwickelt, mit denen es uns schon vorrechnen kann, was passiert oder passieren könnte.

Durch richtige Entscheidungen meistern wir neue Herausforderungen, dies bringt uns im Leben auf eine neue, höhere Ebene. Neue Ebenen zu erreichen und sie zu erkunden macht nicht nur extrem viel Spaß, es verschafft uns auch unglaubliche Lebensfreude.

Erfolg ist die Summe einer Vielzahl von Faktoren. Einige der wichtigsten dieser Faktoren gebe ich dir in diesem Buch mit. Jede Information und jeder Ratschlag, die du hier findest, sind darauf ausgerichtet, dich in wichtigen Lebensbereichen »erfolgreicher« und »freier« zu machen.

Erfolg ist für mich eine Frage des Prinzips. Obgleich Erfolg nie mein primäres Ziel war. Einen Tag, an dem ich den Entschluss gefasst habe, »erfolgreich« zu werden, hat es nie gegeben.

Vielmehr habe ich Jahre ausschließlich damit verbracht, an mir selbst zu arbeiten. Ich war regelrecht besessen davon, mir Wissen anzueignen und zu wachsen. Das, was die meisten Menschen als greifbaren Erfolg bezeichnen würden, entstand als ein »Nebenprodukt« meiner Reise zu meinem »besseren Ich«. Als ich erkannte, dass mich genau die Lebensweise, die mich so *glücklich* machte und wachsen ließ, mich auch noch *erfolgreich* machte, kam für mich gar keine andere Option mehr infrage.

»Erfolg kommt meist zu denen, die zu beschäftigt sind, um danach zu suchen.«

HENRY DAVID THOREAU[15]

Erfolg ist nichts anderes als die logische Konsequenz richtiger Entscheidungen. Er entsteht und steigt ganz von selbst, je öfter wir in unserem Leben »das Richtige« tun. Das Richtige kann von Mensch zu Mensch, Situation zu Situation, von Jahr zu Jahr, von Land zu Land unterschiedlich sein. Reichtum, Anerkennung, Berühmtheit, exklusive Uhren, teure Autos – all das, was wir oft mit Erfolg verbinden, ist kein Erfolg. Es sind äußere Faktoren, die weder Erfolg noch erfolgreiche Menschen definieren. Sie sind lediglich Produkte von Erf*olg*.

Fakt ist, dass längst nicht jeder erfolgreich ist, nur weil er reich und/oder berühmt ist. Wer Erfolg als etwas definiert, das mit Bestätigung durch die Außenwelt oder mit materiellem Besitz einhergeht, stellt sich selbst eine Falle. Er gibt das Ruder aus der Hand und legt seinen eigenen Erfolg in die Hände anderer Menschen – denn schließlich beurteilen sie dann, was als Erfolg gilt und was nicht.

Bitte nicht falsch verstehen: Schnelle Autos, teure Uhren, Jachten und Co. sind nichts Verwerfliches. Sie *entstehen* aber lediglich aus Erfolg – sie machen ihn nicht aus.

Wir werden heutzutage von allen Seiten mit unterschiedlichen Definitionen von »Erfolg« bombardiert. Die Medien, unsere Familie, Freunde, Lehrer, Dozenten, Vorgesetzte und sogar Instagram – sie alle formen unsere Vorstellung von einem erfolgreichen und erfüllten Leben.

Was häufig fehlt, ist eine eigene Vorstellung davon. Das klingt zunächst klischeehaft, aber zoomen wir einmal genauer heran. Es gibt Eigenschaften, die sehr viele Menschen davon abhalten, ihren eigenen Idealen nachzugehen oder diese überhaupt zu finden. Da ist zum einen die stetige Sucht nach Anerkennung. Wir neigen dazu, krampfhaft nach der Bestätigung durch andere Menschen zu suchen. Das kann verschiedene Ursachen haben, oft liegen diese in unserer Kindheit oder in unserer jüngeren Vergangenheit. Unabhängig davon, woher dieses Bedürfnis nach Anerkennung kommt: Der Versuch, es allen recht zu machen, erstickt unser eigenes Erfolgspotenzial. Während wir damit beschäftigt sind, Bestätigung durch andere Menschen zu bekommen, können wir logischerweise nicht unseren eigenen Zielen nachgehen. Wir verlieren uns in der Suche nach Anerkennung und vernachlässigen unsere persönliche Selbstverwirklichung.

Leider geht diese Rechnung nicht auf, da der Schlüssel zu Selbstachtung ausschließlich in uns selbst liegt, nicht in anderen. Niemand außer uns selbst kann uns glücklich machen. Wer das nicht weiß, begibt sich in eine Spirale, die nur dazu führen kann, dass er immer unglücklicher wird. Viele verlieren sich selbst aus den Augen, während sie anderen gerecht werden wollen. Sie suchen permanent nach der Bestätigung durch andere, anstatt sich auf die Suche nach ihren eigenen Idealen und Zielen zu begeben. Sie haben es verlernt, auf sich selbst zu hören.

Viele folgen auf diese Weise immer wieder den gleichen »Erfolgsmustern«. Stets ganz vorne mit dabei sind beispielsweise ein guter Job, eine perfekte Ehe oder akademische Titel, die einen hohen Bildungsstand suggerieren und somit Anerkennung versprechen.

Keines dieser Erfolgsmuster ist grundsätzlich falsch oder nicht erstrebenswert. Das Problem ist vielmehr, aus welchem Motiv wir danach streben. Häufig enthalten diese Modelle Definitionen von Erfolg, die uns die Gesellschaft vorgibt, zum Beispiel unsere Familie, der Hollywoodfilm oder der Uni-Professor. Millionen von Menschen jagen diesen Erfolgsmodellen hinterher oder haben sie schon erreicht. Sie bestehen die härtesten Prüfungen, meistern die schwersten Bewerbungsverfahren, kämpfen sich durch Ehekrisen, jagen Beförderungen nach und vernachlässigen ihre Gesundheit – nur um nachts unerfüllt im Bett zu liegen, weil sie der falschen Vorstellung von Erfolg nachgeeifert haben.

Diese Form des »Misserfolgs« ist in meinen Augen einer der fatalsten Fehler, den Menschen in ihrem Leben begehen können. Menschen, die sich in dieser Situation wiederfinden, haben nämlich prinzipiell unglaublich viel »richtig« gemacht. Sie haben Disziplin bewiesen, sich erfolgreich zahlreichen Herausforderungen gestellt und ihre gesamte Energie in das Erreichen ihrer Ziele investiert. Nur bei der Auswahl ihres Ziels waren sie schlampig – und haben dadurch Jahre wertvoller Lebensenergie verschwendet. Sie haben einen Berg erklommen, auf dem Weg nach oben jedes Hindernis überwunden, nur um auf dem »Gipfel ihres Erfolges« festzustellen, dass sie den falschen Berg bestiegen haben.

Manche Menschen bemerken ihre Fehlentscheidung *nie*. Was sie lediglich bemerken, ist ein tief sitzendes Gefühl der Unzufriedenheit und der Sehnsucht nach einem anderen Leben. Dabei wäre der »richtige« Lebensweg gar nicht wesentlich anstrengender gewesen – er hätte aber bessere Informationen und ein kritischeres Hinterfragen zu Beginn gefordert.

Sind diese Menschen nun einfach falschen Idealen »zum Opfer« gefallen, oder sind sie selbst schuld an ihrer Misere? Das ist Ansichtssache. Aber wie man die Frage auch beantwortet, das Leben kennt kein Pardon. Es bestraft jegliches Fehlen von Eigenverantwortung. Und es bestraft alles, was sich gegen unser eigenes Potenzial richtet.

Erfolg finden wir nur in uns selbst. Wir finden ihn, indem wir unser eigenes Potenzial nutzen und unsere angestrebten Ziele erreichen. Dass diese Ziele richtig gesteckt sind, liegt in unserer ganz eigenen Verantwortung – nur wir kennen uns gut genug, um zu wissen, wohin wir wirklich möchten. Und wenn wir dies noch nicht wissen, sollten wir uns Zeit für eine persönliche Findungsphase nehmen, um zu erkunden, wofür unser Herz schlägt.

Erfolg ist kein Ziel, das wir erreichen, um uns anschließend zur Ruhe zu setzen. Wer Erfolg als eine Art Ruhestand betrachtet, bei dem man den Rest seines Lebens damit verbringt, am Strand zu chillen, hat Erfolg noch nicht verstanden und wird ihn mit diesem Mindset auch nicht erreichen. Es hat einen Grund, warum sich Menschen wie Bill Gates, Elon Musk, Beyoncé oder Dwayne Johnson nicht schon längst in einem Strandhaus zur Ruhe gesetzt haben. Erfolgsmenschen wie sie verfolgen von Anfang an einen höheren Sinn und haben eine Leidenschaft, von der sie nie lange ablassen können.

Erfolg kann man nicht *verfolgen*. Damit drückst du ihn nur
immer weiter weg. Stell es dir lieber anders vor:

Erfolg *erfolgt* auf das, was du tust.

Und das tut er fast nebenbei, wenn wir uns voll und ganz
einer Sache oder Vision widmen, die größer ist als wir selbst.
Alle wirklich erfolgreichen Menschen haben etwas, mit dem
sie der Gesellschaft einen *Mehrwert* bieten. Sei es durch ein
Problem, das sie für andere Menschen lösen, durch Kunst,
mit der sie andere Menschen inspirieren, oder durch außer-
gewöhnliche sportliche Leistungen, mit denen sie uns begeistern und unterhalten – um nur ein paar Beispiele zu nennen.
Ihr Wirken geht über ihr unmittelbares Umfeld hinaus – sie
schaffen einen Wert, mit dem sie mehr als nur sich selbst bereichern.

Strebe danach, ein Mensch von Wert zu sein. Ein Mensch
von Wert gibt stets mehr, als er nimmt. Der Wert, den ein
Mensch mit seiner Leidenschaft oder seinem Tun für andere Menschen schafft, ist in meinen Augen einer der wichtigsten Faktoren für wirklichen Erfolg. Anderen Menschen
zu helfen oder sie glücklich zu machen löst in uns eines der
tiefsten Glücksgefühle aus, die es gibt. Sein eigenes Potenzial
zu nutzen, um anderen Menschen zu helfen, gehört nicht nur
zu den erfüllendsten, sondern auch zu den aufrichtigsten Le-
bensarten, denen sich ein Mensch verschreiben kann. Ich bin
davon überzeugt, dass die schönste Form des Erfolgs darin

besteht, wie gut ein Mensch sein Potenzial einsetzen kann, um der Welt einen Mehrwert zu bieten.

Diese Lebensphilosophie hat zudem einen gewissen Nebeneffekt: Wenn Menschen von dir einen Wert erhalten, sind sie meist auch bereit, dafür einen entsprechenden Gegenwert zurückzugeben. Eine Form des Gegenwertes nennt sich in unseren Breiten *Geld*. Wert zieht Wert an. Wer jedoch von Anfang an nur nach Geld und Vermögen strebt, überspringt einen entscheidenden Step und erwartet ein fertiges Ergebnis, ohne die geringste Vorbereitung getroffen zu haben. Selbstverständlich kann man auch Geld verdienen, ohne einen besonderen Mehrwert dafür zu bieten. Dann haben wir es aber nicht mit echtem Erfolg, sondern mit Abzocke zu tun – die weder ethisch korrekt noch skalierbar ist.

Was viele zudem oft vergessen: Erfolgreiche Menschen lieben es, etwas von ihrem Erfolg zurückzugeben. Wer durch seine Vision und durch seinen Mehrwert zu Reichtum gekommen ist, behält sein verdientes Geld selten für sich allein. Es ist kein Zufall, dass die reichsten und erfolgreichsten Menschen auf diesem Planeten oft auch diejenigen sind, die am meisten zurückgeben. Der Tech-Milliardär und Tesla-Gründer Elon Musk hat im Zuge der Corona-Pandemie beispielsweise 1000 Beatmungsgeräte in China gekauft und an Krankenhäuser in Kalifornien gespendet. Und auch, wenn Bill Gates in mancher Hinsicht umstritten ist – in Sachen Spenden kann ihm keiner seiner Kritiker das Wasser reichen: Etwa 50 Milliarden Dollar aus seinem Vermögen sind bereits in Gesundheits- und Entwicklungsprojekte in über 130 Ländern geflossen.

Menschen, die das Prinzip von Wert und Erfolg nicht verstanden haben, werfen alle vermögenden Menschen jedoch gerne in einen Topf. In ihrer Realität gibt es nur die fleißigen Arbeiter (sie selbst) und die betrügerischen, geldgierigen Abzocker, die die Fäden der Wirtschaft in der Hand halten. Mehr geben ihre Glaubenssätze und ihr Wissen nicht her. Ihre Prägung, ihr Umfeld und zum Teil auch ihre Ignoranz haben dafür gesorgt, dass sie leider ein sehr begrenztes Bild von Reichtum und Erfolg haben und die Korrelation zwischen beiden vollkommen falsch verstehen. Sie sehen nicht, dass echter Erfolg oft immer da entsteht, wo Menschen ein Mehrwert geboten wird. Das, was sich letztlich als Erfolg eines Menschen herauskristallisiert, ist in vielen Fällen das Ergebnis von glücklichen Kunden, Arbeitgebern, Klienten, Fans oder Geschäftspartnern. Es ist das Resultat eines Wertes, den dieser Mensch für andere geschaffen hat.

Alles bisher Gesagte beruht jedoch auf einem einzigen Faktor, der den Stein überhaupt erst ins Rollen bringt: *Handlung.*

Passivität und Trägheit sind die Wurzel von Misserfolg und vor allem von Leid. Wer aber in »*Bewegung*« bleibt und sich entschließt, zu handeln, wird wachsen. Handlung bildet den Ursprung unseres Fortschritts und ist damit die absolute Voraussetzung für Glück und Erfolg.

> **»Ich messe den Erfolg nicht**
> **an meinen Siegen, sondern daran,**
> **ob ich jedes Jahr besser werde.«**
> TIGER WOODS[17]

EFFIZIENZ

Dieser Satz klingt schön, wird aber leider von vielen Menschen fehlgedeutet. Sie glauben, sie müssten ackern und klotzen, um mehr vom Leben zu bekommen. Dabei vergessen sie oft, dass man selbst das schönste Ziel nur bedingt genießen kann, wenn man vom Weg bereits total ausgelaugt ist.

Glaube mir: Zum Erfolg ist es ein langer, harter Weg – dafür sorgt das Leben ganz von selbst. Es werden sich dir Hindernisse in den Weg stellen, mit denen du im Traum nicht gerechnet hättest. Umso wichtiger ist es deshalb, dass du dir bei alldem nicht selbst im Wege stehst. Werfen wir dafür einen Blick auf das Thema Effizienz.

In den Bereichen Technologie, Wirtschaft und Wissenschaft hat sie schon längst Einzug gehalten. Beinahe jeder technische Fortschritt lässt sich auf unseren Wunsch nach mehr Effizienz zurückführen. Dabei wird jedoch oft unterschätzt, inwieweit unser Grad an Effizienz auch unser ganz persönliches Leben beeinflussen kann. Privat, beruflich, gesundheitlich, sportlich – in jedem Bereich machst du es dir unnötig schwerer, als es sein müsste, und lässt dir mögliche

Erfolge entgehen, wenn du das Thema Effizienz nicht verstanden hast.

Aber klären wir zunächst, was Effizienz überhaupt bedeutet. Viele verwechseln immer noch Effektivität mit Effizienz oder kennen den Unterschied zwischen den beiden Begriffen nicht. Dabei unterscheiden sie sich in ihrer Bedeutung erheblich. Beginnen wir mit zwei klassischen Beispielen, die auch in der Literatur immer wieder Verwendung finden.

Wenn du schon mal einen Baum gefällt hast, weißt du sicherlich, dass das kein leichtes Unterfangen ist. Je nach der Dicke des Baumes kann so eine Fällung eine Menge Zeit und Energie in Anspruch nehmen. Stell dir nun vor, du hättest dafür zwei Werkzeuge zur Verfügung: eine Motorsäge und ein Taschenmesser. Jeder, der halbwegs bei Sinnen ist, würde zur Motorsäge greifen – obwohl theoretisch auch das Messer irgendwie seinen Zweck erfüllen würde. Die Kettensäge erfüllt diesen Zweck aber schneller und energiesparender (zumindest was unsere körperlichen Kräfte angeht). Bis wir mit dem Messer einen einzigen Baum durchschnitzen, haben wir mit der Motorsäge schon einen halben Wald gefällt.

Beide Werkzeuge erfüllen ihren Zweck, sie sind beide zielführend und somit beide *effektiv*. Die Kettensäge ist jedoch wesentlich energie- und zeitsparender und daher *effizienter*.

Ein weiteres Beispiel: Du bist auf einem Sektempfang eingeladen, und plötzlich fangen die Gardinen im Raum Feuer. Ein Feuerlöscher ist gerade nicht zur Hand, somit bleiben nur zwei Möglichkeiten: den Brand mit Champagner zu löschen oder mit Wasser. Beides würde das Feuer löschen (Champagner auch, trotz Alkohol) und wäre somit *effektiv*. Weil Champagner jedoch viel teurer als Wasser ist, wäre die Löschung mit Wasser in diesem Fall *effizienter*.

Was im jeweiligen Moment effizient ist, hängt jedoch von zahlreichen Faktoren ab. Haben wir beim Gardinenbrand kein Wasser zur Verfügung, wäre es effizient, das Feuer mit Champagner zu löschen, um weitere Schäden zu verhindern. Oder doch nicht? Es gibt Champagnerflaschen im Wert von 1,5 Millionen Euro – angesichts eines solchen Preises wäre es wiederum vielleicht effizienter, das ganze Haus abbrennen zu lassen, bevor man das flüssige Gold vergießt. Das wiederum käme auf den Wert des Hauses an – und so weiter und so fort.

Was effizient ist und was nicht, orientiert sich also an den Umständen und am jeweiligen Ziel. Wenn es dein Ziel ist, einen Baum zu fällen, während du gleichzeitig Benzin oder Strom sparen möchtest, kann sogar das Taschenmesser die effizientere Wahl sein. Die Kettensäge wäre dennoch effektiv.

»Effektivität heißt, die richtigen Dinge zu tun. Effizienz bedeutet, die Dinge richtig zu tun.«
PETER DRUCKER[18]

Fast jeder Mensch ist in vielerlei Hinsicht effektiv. Jedes Mal, wenn du ein Ziel, welches du dir vorher gesteckt hast, erreichst, warst du effektiv. Das heißt: Wer effektiv ist, tut die richtigen Dinge und kommt so zumindest ans Ziel.

Die Frage nach der *Effizienz* ist eine andere: *Wie* erreichst du das Ziel? Mit Kopfzerbrechen oder mit Leichtigkeit? Wie schnell kommst du am Ziel an? Wie gut ist das Ergebnis? Wie viele Ressourcen (Energie, Kosten) hast du dabei verbraucht? Und so weiter ... Kurz: Wie ist das Verhältnis zwischen dem, was du reinsteckst (Input), und dem, was du damit rausholst (Output)?

Merke: Wer effizient ist, tut die Dinge richtig und kommt so besser ans Ziel. Er schafft beispielsweise mehr in kürzerer Zeit oder mit weniger Ressourcen (Geld, Energie, Hilfe).

Effizienz bedeutet auch, die falschen Dinge *nicht* zu tun.

In der Wirtschaft spricht man auch vom *Kosten-Nutzen-Verhältnis* oder der *Wirtschaftlichkeit.* Demnach gilt eine Vorgehensweise als umso effizienter, je höher der Nutzen und je geringer der Aufwand ist.

Jetzt, wo du den Unterschied kennst, gehen wir noch mal einen Schritt zurück: zur Effektivität. Effizienz klingt schön und macht im Endeffekt den kleinen, aber feinen Unterschied aus. Das funktioniert aber nur, wenn sie auf Effektivität aufbaut. Effizienz kann nämlich auch ineffektiv sein. Wir haben dann zwar vielleicht nur sehr geringen Aufwand, aber erzielen keine oder die falschen Ergebnisse. Die effizienteste Herangehensweise nützt dir also herzlich wenig, wenn du damit das Ziel verfehlst. Lieber bist du effektiv und dabei ineffizient als umgekehrt – effizient, aber ineffektiv. Das heißt: Effektivität ist die Basis für Effizienz. Nicht umgekehrt.

»Es gibt keine größere Verschwendung, als etwas effizient zu erledigen, was besser überhaupt nicht erledigt werden sollte.«

PETER DRUCKER[19]

Deine oberste Priorität sollte es also sein, Aufgaben gewissenhaft zu erledigen und bestmöglich abzuliefern. Bedenke: Ergebnisse sind die ehrlichste Form des Erfolgs; niemand kann sie dir wegnehmen, und sie bleiben für immer bestehen. Sie bilden die Basis, um im Leben überhaupt Fortschritte zu machen. Bist du also in einer Angelegenheit ineffektiv, wirst du darin keinen Schritt vorankommen, egal, wie effizient du vorgehst. Unser Fokus sollte also zuallererst immer darauf liegen, unsere gesteckten Ziele überhaupt zu erreichen.

Beurteile deine Arbeit nicht nach dem Aufwand, sondern immer zuerst nach ihrem Ergebnis. Wenn das Ergebnis passt, solltest du anschließend den Aufwand dahinter analysieren.

Bei dem, was über das bloße Erreichen eines Ziels oder Ergebnisses hinausgeht, trennen sich die Wege der Erfolgreichen und der noch Erfolgreiche*ren*. Viele Menschen fokussieren sich nur auf das Ziel. Sie tun nahezu alles, um es zu erreichen. Sie rackern sich einfach so lange ab, bis es endlich funktioniert. Sie drücken beispielsweise konstant zehn »Knöpfe«, um den nächsten Step zu erreichen, obwohl de facto nur drei Knöpfe den Unterschied machen. Auch sie kommen ans Ziel, und sie sind oft stolz darauf, weil harte Arbeit in ihren Augen eine »Tugend« ist.

Aber was nützt dir die Tugend, wenn du dadurch mehr Energie verbrauchst als nötig? Auch hier verwende ich gerne den Kampfsport als Beispiel. Die besten Kämpfer sind nicht die, die am härtesten trainieren, nein, es sind diejenigen, die Effizienz verstanden haben und am intelligentesten trainieren.

Gerade im Grappling, meiner MMA-Kerndisziplin, wird das immer deutlicher. Dort haben sich in den letzten Jahren viele amerikanische Kämpfer herauskristallisiert, die sämtliche Turniere gewinnen und die ehemals Besten der Besten auf der Matte wie Anfänger aussehen lassen. Das Interessante dabei: Viele dieser Überflieger sind sehr jung und trainieren erst seit weniger als fünf Jahren. Sie haben mit dem Sport begonnen, als die meisten ihrer heutigen Gegner schon Schwarzgurte trugen und mehrfache Champions waren. Dabei haben diese jungen Kämpfer kein besonderes Geheimnis. Was sie jedoch haben, sind gute Wissensquellen. Dadurch konnten sie diese komplexe Sportart in einzelne Systeme aufteilen und diese leichter und schneller erlernen. Nicht nur das Training, sondern auch der Kampfstil dieser Athleten ist damit hocheffizient – und der Erfolg gibt ihnen recht.

Wer sein Ziel nur mit Mühe und Not erreicht, übersieht den Rattenschwanz, der sich durch seine Vorgehensweise auftut. Je mehr wir dafür tun, ein Ergebnis zu erreichen, desto anstrengender wird unser Weg. Wir investieren mehr Zeit, mehr Geld oder mehr Energie. Haben wir das Ziel dann endlich erreicht, steht es oft im Schatten dieser Anstrengung. Setzen wir uns dann die nächste Challenge, tut sich vor uns wieder viel anstrengende Arbeit auf. Das schlaucht auf die Dauer.

Merke: Wenn dein Input höher ist als dein Output, hast du nicht einfach nur »Effizienzpunkte« verloren. Dein Ergebnis kostete dich mehr Zeit, mehr Geld, mehr Energie oder mehr Ressourcen. Es war aufwendiger und anstrengender als nötig.

Und: Denk an deinen Energiepegel. Auch wenn deine Taten von Erfolg gekrönt sind, solltest du dich immer fragen, ob das, was du gerade tust, wirklich notwendig ist, um dein Ziel zu erreichen. Der Weg zu mehr Freiheit und Erfüllung ist oft hart, er darf dich aber nicht abnutzen. Wenn die Anstrengung die Freude am Erfolg verschleiert, dann verändere deinen Ansatz.

Ineffizienz kann also kraftraubend sein. Ineffiziente Tätigkeiten laugen dich langsam aus – und die dort verschwendete Kraft fehlt dir dann an anderen Stellen, wo du sie gut gebrauchen könntest, beispielsweise beim Lösen von Problemen, die dir zwangsläufig auf deinem Weg begegnen. Herausforderungen, Hindernisse, Komplikationen – all das lässt sich, wenn überhaupt, nur sehr mühsam überwinden, wenn du keine »Effizienz-Versicherung« hast, die dir den Rücken stärkt und dir Energie für neue Challenges frei hält.

Das gilt insbesondere im Hinblick auf die Digitalisierung, die kontinuierlich neue Herausforderungen für Unternehmer fabriziert. Wer darauf nicht durch ein auf Effizienz getrimmtes Mindset gewappnet ist, wird einfach überrollt.

Generell hat Effizienz in meinen Augen viel mit dem richtigen Mindset zu tun. Wer mehr vom Leben möchte, sollte sich Effizienz schlichtweg zum Prinzip machen. Wenn du 500 »Schritte« benötigst, um am Ziel anzukommen, du aber siehst, wie ein anderer ein ähnliches Ziel mit lediglich 100 Schritten erreicht, dann darf dich das nicht kaltlassen – zumindest nicht, wenn du auf Glück und Fortschritt aus bist. Dich sollte es in diesem Moment in den Fingern kribbeln – nicht aus Neid, sondern aus Motivation, deine Vorgehensweise genau zu überdenken und an den richtigen Schrauben nachzujustieren. Mich persönlich motiviert es beispielsweise extrem,

Menschen zu sehen, die in jungen Jahren und mit womöglich weniger Aufwand als ich ein erfolgreiches Geschäft hochgezogen haben. In solchen Momenten möchte ich wissen, welche Informationen sie hatten, die sie so effizient gemacht haben und die mir offenbar noch verborgen geblieben sind. Also: Effizienz ist nicht nur eine Herangehensweise – sie sollte zum Mindset werden.

Du erinnerst dich an das »Kaizen«-Prinzip? Ein wichtiger Leitsatz dieser Philosophie ist das kontinuierliche Streben nach mehr Effizienz. Halte deine Augen daher immer offen für kleine versteckte Zeit- oder Energiefresser. Überprüfe beispielsweise deine Bildschirmzeit auf dem Smartphone. Selbst »kurze« Instagram- oder Facebook-Breaks können sich im Laufe eines Tages zu Stunden summieren. An sich ist das kein Problem, aber machen wir uns nichts vor: Wer mehr *konsumiert,* als er *produziert,* ist im Leben wesentlich langsamer unterwegs und wird langfristig immer von der effizienteren und produktiveren Konkurrenz ausgestochen werden.

Unnötig verbrannte Kosten/Mühen/Ressourcen sind ein entscheidender Grund, weshalb es sich lohnt, effizienter zu sein. Ein weiterer entscheidender Faktor, den viele unterschätzen, ist die *Unsichtbarkeit* von Ineffizienz. Während wir Effizienz bewusst anstreben und wahrnehmen, merken wir meist nicht, wenn wir in ineffizienten Mustern gefangen sind – schließlich sind wir ja effektiv und erreichen die Dinge, die wir uns vornehmen. Unseren wachsenden Zeit- und Energiemangel nehmen wir dann einfach als gegeben hin. Je effektiver wir werden, desto weniger fällt uns auf, wie ineffizient wir dabei sind.

Aber wer sagt, dass wir wirklich immer alle möglichen Hebel umlegen müssen, um unser Vorhaben zu erfüllen? Wir sollten unsere Ergebnisse viel häufiger im Hinblick auf unsere Herangehensweisen hinterfragen und versuchen, unser Auge fürs Wesentliche durch neue Wissenszufuhr zu schärfen.

Oft sind wir uns auch der vielen kleinen Butterfly-Effekte nicht bewusst, die selbst durch kleinste Effizienzlücken ausgelöst werden können. So können belanglose Kleinigkeiten zu wahren Energie- oder Zeitfressern werden. Jeder ineffiziente Prozess und jede ineffiziente Herangehensweise kann einen Rattenschwanz von Folgeproblemen und nicht aufholbaren Versäumnissen nach sich ziehen.

Wenn du beispielsweise in deiner beruflichen Tätigkeit mit ineffizienten Prozessen zu tun hast, können diese dir Zeit stehlen, die du besser in deine Gesundheit hättest investieren können, zum Beispiel, um in Ruhe eine gesunde Mahlzeit einzunehmen oder um dir eine Stunde Bewegung im Freien zu gönnen. Nach und nach können sich derartige Kopplungen hochschaukeln. Eine einzige ineffiziente Herangehensweise, die beispielsweise dafür sorgt, dass du einige Wochen lang abends später aus dem Büro nach Hause kommst, kann dazu führen, dass sich deine Schlafqualität mindert, die dadurch veränderte Hormonlage deinen Appetit fördert und du zunimmst – und übrigens auch schlechter, ineffizienter, vielleicht sogar ineffektiver arbeitest als davor.

Deine körperliche Gesundheit kann also indirekt durch schlecht abgestimmte Prozesse in deinem beruflichen Umfeld beeinträchtigt werden. Wenn du aber trotz guter Ergebnisse (du bist ja effektiv) durchgängig mit derartigen Problemen konfrontiert bist, mit denen du nicht rechnest, fängst du automatisch an, an dir zu zweifeln – weil du die Ursache der Probleme nicht wirklich nachvollziehen kannst.

Zweifel kommen auch dann auf, wenn wir unsere Erfolge nicht nachvollziehen können. Immer wenn uns etwas im Leben gelingt, wir aber nicht genau wissen, *warum* es uns gelungen ist, fehlt uns die Orientierung. Wir sind dann zwar effektiv, aber von Effizienz weit entfernt. Wir wissen nicht, welche Faktoren uns zum Erfolg geführt haben und welche vielleicht vollkommen überflüssig waren.

Je mehr wir auf diese Weise erreichen, desto unsicherer werden wir – weil wir unseren Erfolg nicht adäquat steuern und daher auch nicht rekonstruieren können. Zusätzlich werden wir früher oder später Menschen begegnen, die in unserem Bereich das Gleiche oder sogar mehr erreicht haben als wir, aber mit weit weniger Aufwand. Das nagt an unserem Selbstbewusstsein und lässt uns zweifeln.

Ich bin daher auch kein Fan der Maxime »Gib niemals auf!«. Sie macht nämlich nur dann Sinn, wenn wir unser Handeln stetig hinterfragen und immer wieder auf Effizienz überprüfen. Wer einfach stupide immer so weitermacht wie bisher, wird früher oder später von Zweifel und Verwirrung geplagt, weil er seine eigenen Erfolge sowie die der anderen nicht richtig nachvollziehen und reproduzieren kann. Er hat zwar »Erfolg« – aber keine Kontrolle darüber.

Reine Effektivität lässt dich langfristig zweifeln.
Effizienz gibt Sicherheit.

Um unsere Erfolge kontrollieren zu können, müssen wir also herausfinden, welche Faktoren dafür entscheidend waren. Alles andere »kann weg«. Eliminiere Unnötiges, und konzentriere deine Energie auf das Wesentliche. So erreichst du mehr.

Wer effektiv ist, aber nicht effizient, wird zudem große Schwierigkeiten haben, seine Erfolge auf die nächste Ebene zu bringen. Er weiß nie genau, welche Prozesse, Routinen oder Methoden er auf dem Weg »nach oben« mitnehmen soll und welche er getrost auf der Strecke lassen kann, weil sie für das Endergebnis nicht relevant sind. Viele Menschen nehmen falsche, ineffiziente Prozesse einfach auf ihrem Erfolgsweg »mit«. So verdoppeln sie vielleicht den Ertrag, aber leider auch ihre (oft verborgenen) »Kopfschmerz-Faktoren«. Das Skalieren ihrer Erfolge wird für sie somit sehr schwierig, da sie auch ihre Fehler »mitskalieren«.

Ein Beispiel: Viele Selbstständige investieren Unsummen in die Vermarktung ihrer Produkte oder Dienstleistungen. Sie schalten beispielsweise Facebook-Werbung, drucken Tausende Flyer, zahlen Geld für Zeitungsanzeigen und Radiowerbung – und haben damit Erfolg. Die Frage ist, ob wirklich alle »Werbeknöpfe« nötig waren, um das gewünschte Ziel zu erreichen. Da sie alle Schalter gleichzeitig umlegen, können sie gar nicht adäquat beurteilen, welcher der Knöpfe für den Erfolg ausschlaggebend war. Vielleicht könnten sie doppelte oder dreifache Erfolge erzielen, wenn sie ihr Geld und ihre Energie auf ein einziges Werbemittel konzentrieren würden. Dafür müssten sie aber genau analysieren, welche Faktoren zu ihrem Ergebnis geführt haben. Leider neigen Menschen dazu, nur ihre Misserfolge und Fehler zu rekapitulieren, ihre Erfolge lassen sie oft außer Acht. Sie kritisch zu hinterfragen, ist jedoch eine der wichtigsten Voraussetzungen für mehr Effizienz.

Feiere deine Erfolge – aber analysiere sie auch. Hinterfrage, was du hättest besser und effizienter machen können, und nutze dieses Wissen, um die nächste Challenge besser zu meistern oder dich für den nächsten großen Step zu wappnen. So wirst du immer besser und effizienter.

Das ist auch einer der Gründe dafür, warum Erfolg mit der Zeit leichter wird. Viele Multimillionäre bezeichnen rückblickend den Weg zu ihrer ersten Million als den mit Abstand schwierigsten. Er gleiche einem Trial-and-Error-Spiel, bei dem man nie wisse, ob sich Entscheidungen bezahlt machten. Je weiter sie voranschreiten und immer wieder rekapitulieren, desto mehr Wissen und Erfahrungen sammeln sie darüber, was funktioniert hat und was nicht. Infolgedessen treffen sie fortan weniger falsche und mehr richtige Entscheidungen.

Das lässt sich auf viele Bereiche des Lebens übertragen. Wenn du langfristig wachsen möchtest, musst du immer wieder die Dinge aussortieren, die dich nicht weiterbringen, und sie durch bessere Vorgehensweisen ersetzen. Andernfalls schleppst du ineffiziente Prozesse so lange mit, bis sie dich irgendwann komplett blockieren.

Das geschieht bei Selbstständigen nicht selten. Sie und ihr Unternehmen wachsen so lange, bis ihr Tag komplett mit Arbeit vollgestopft ist und sie rein zeitlich gar keine Möglichkeiten mehr haben, ihre Tätigkeiten zu erweitern. Um dieses Plateau zu überwinden, müssten sie ihre eigenen Arbeitsabläufe radikal optimieren und dadurch mehr Zeit gewinnen.

Nur so könnten sie sich Raum verschaffen, um neue gewinn-bringende Tätigkeiten in ihr Business zu integrieren. Aber selbst dann passiert das Unvermeidbare: Sie schaffen zwar mehr in weniger Zeit, aber geraten dennoch an die Grenze des Möglichen. Früher oder später müssen sie delegieren, also bestimmte Arbeiten an andere Mitarbeiter abgeben. Wenn wir diese Entwicklung weiterdenken, entsteht aus einer Selbstständigkeit rasch ein kleiner Betrieb, aus einem Betrieb mit der Zeit eine Firma, aus einer Firma irgendwann ein Konzern.

Kommen wir noch einmal auf das Zitat vom Anfang zurück: *»Je härter der Weg, desto schöner das Ziel.«*

Menschen neigen leider dazu, für harte Arbeit irgend-eine Belohnung zu erwarten. Sie prahlen beispielsweise da-mit, zehn Jahre für ein Haus gespart zu haben, oder möch-ten ihren Chef damit beeindrucken, dass sie am längsten im Büro bleiben. (Gute Chefs wissen übrigens, dass Mitarbei-ter, die lange bleiben, damit häufig nur ihre Ineffizienz aus-gleichen.) Mit ihren Prahlereien und Beschwerden dringen sie aber zu niemandem durch. Niemand belohnt dich dafür, dass du hart arbeitest, wenn das Ergebnis nicht stimmt – *Frau Kappes* lässt grüßen.

Merke: Mehr Aufwand und mehr zu arbeiten bedeutet nicht automatisch mehr Ertrag. Egal, was dein Gerechtigkeitsge-fühl dir sagt.

Zu dieser Einsicht kommen viele Menschen leider dann, wenn es schon zu spät ist. Viele verstehen beispielsweise erst am Ende ihres Berufslebens, dass danach nichts auf sie war-tet. Viele fleißige Menschen arbeiten 40 Jahre lang fünf oder sechs Tage die Woche, um schließlich festzustellen, dass sie weder durch ihre Rente noch durch sonst irgendetwas angemessen dafür belohnt werden. Ihre jahrelange Schufterei hat zu nichts geführt. Andererseits entwickelt irgendein 15-Jähriger in China innerhalb von zwei Wochen eine App und wird durch ihren Verkauf Multimillionär.

Was zählt, ist nur das Ergebnis. Und das steht (entgegen der weitverbreiteten Meinung) keineswegs immer im Verhältnis zum Aufwand. Das Ziel ist Effizienz, nicht harte Arbeit.

Wenn du dich also demnächst dabei erwischst, wie du dir für harte Arbeit auf die Schulter klopfst, dann frag dich genau, worauf du damit hinaus möchtest. Mit einem Taschenmesser einen Baum zu fällen, ist auch harte Arbeit – aber ist es deshalb erstrebenswert?

Merke dir:

- Fehler sind zwar notwendig, um zu lernen, wirken sich aber negativ auf die Motivation aus, und es kostet Energie, sie zu korrigieren. Man sagt zwar: »*Lerne aus deinen Fehlern*« – effizienter ist es aber, aus den Fehlern *anderer* zu lernen. Indem du dir anschaust, wie andere Menschen zu ihrem Erfolg gekommen sind und welche Fehler ihnen dabei unterlaufen sind, vermeidest du womöglich selbst unnötige Fehler und Stolpersteine, die dich andernfalls viel Zeit und Energie kosten würden. Das ist höchst effizient!
- Effektivität und Effizienz sind zwei völlig unterschiedliche Ansätze. Wer effektiv ist, tut die richtigen Dinge und kommt so ans Ziel. Wer effizient ist, tut die Dinge richtig und kommt so *besser* ans Ziel.

- Effektivität kommt immer an erster Stelle. Effizienz ohne Effektivität ist sinnlos. Bist du aber effizient und gleichzeitig effektiv, schwebst du fast schon auf einer Wolke durchs Leben.

- Unternehmen streben stets nach einem wirtschaftlichen (effizienten) Umgang mit knappen Ressourcen. Das solltest du auch tun. Verschwende keine Kraft und Energie mit Dingen, die nicht maßgeblich zum Erreichen deiner Ziele beitragen.

- Je effizienter du arbeitest, desto mehr Zeit und Energie hast du übrig, um immer wieder neue (größere) Challenges zu meistern.

- Reine Effektivität lässt dich auf lange Sicht zweifeln.

- Effizienz gibt dir Sicherheit und Selbstbewusstsein.

- Je ineffizienter du bist, desto mühseliger und schwieriger wird es, deine Erfolge zu vergrößern und auszuweiten, da du die ineffizienten, unsichtbaren Punkte immer weiter mit dir mitschleppst. Merke dir: erst Prozesse bereinigen, dann skalieren oder expandieren.

- Wie effizient du durchs Leben gehst, hängt von deinem Wissen und deinen Erfahrungen ab: Analysiere genau, was von dem, was du weißt, signifikant ist und was nicht. Ungültige Informationen oder falsche Glaubenssätze solltest du gnadenlos löschen und durch valides, funktionierendes Wissen austauschen. Je »sauberer« deine Wissensdatenbank ist, desto geschmeidiger gehst du durchs Leben.

ROUTINEN

Ich habe mich oft geirrt. Wie jeder Mensch habe ich mich schon viele Male bei Ideen, Vermutungen oder auch bei Menschen getäuscht. Wenn es aber einen Bereich gibt, in dem ich immer das Richtige prophezeie, dann ist es der zukünftige Erfolg anderer Menschen. Wenn ich einen Menschen näher kennenlerne, kann ich mit ziemlich hoher Sicherheit sagen, wie sein Leben in einem, fünf oder zehn Jahren aussehen wird. Ich kann vorhersagen, wie viel Geld er in etwa verdienen wird, ob seine Beziehungen schön oder trist sein werden, ob er einen großen oder kleinen Freundeskreis haben wird und wie es um seine mentale und körperliche Gesundheit bestimmt sein wird. Die Rate an »Fallbeispielen«, bei denen ich je falschgelegen habe, geht gegen null.

Viele wundern sich, wenn ich bei manchen der motiviertesten und kreativsten Menschen prognostiziere, dass sie in nächster Zeit nichts auf die Kette kriegen werden. Noch überraschter sind diese Leute dann, wenn sich einige Monate oder Jahre später herausstellt, dass ich recht hatte. Die Sicherheit, mit der ich diese Vorhersagen treffe (und meistens richtigliege), hat aber nichts mit irgendeinem Hokuspokus zu tun. Du kannst das auch.

Um den Werdegang eines Menschen vorherzusagen, musst du nur zwei Faktoren über ihn kennen: sein *Umfeld* und seine *Routinen*. Der Rest ist simple Mathematik. Du »rechnest« beides zusammen, und mit ein wenig Erfahrung und zusätzlichem Wissen über Erfolg wirst du zum Hellseher.

Neben seinem Umfeld gibt es nichts, was so maßgeblich über die Zukunft eines Menschen entscheidet, wie seine Gewohnheiten. Den Tücken und Potenzialen deines Umfeldes widmen wir uns im nächsten Kapitel. Wenden wir uns zunächst einmal der *Macht der Routinen zu.*

Dafür klären wir zunächst, was Routinen überhaupt sind.

Das Wort »Routine« ist für viele Menschen negativ behaftet. Viele verbinden es mit Monotonie und Trostlosigkeit. Ich persönlich finde die englische Bezeichnung »habits« schöner.

Routinen werden auch oft mit dem Begriff »Angewohnheiten« gleichgesetzt. Tatsächlich besteht zwischen Routinen und Angewohnheiten jedoch ein kleiner, aber feiner Unterschied. Routinen sind Handlungsmuster, die vor allem durch Regelmäßigkeit geprägt sind, Angewohnheiten hingegen zeichnen sich dadurch aus, dass wir sie automatisiert haben und sie oftmals unterbewusst ablaufen. Routinen und Angewohnheiten unterscheiden sich also prinzipiell dadurch, ob sie uns bewusst oder unbewusst sind. Dennoch sind beide tief in unseren Handlungen eingebrannt und nur sehr schwer wieder abzulegen. Oft treten sie auch gemeinsam auf. Die Tatsache, dass wir uns die Zähne putzen, ist eine Routine, aber vielleicht haben wir eine spezielle Angewohnheit, in welcher Reihenfolge wir die einzelnen Zahnreihen putzen.

Das ganze Thema wird also ziemlich tricky, wenn wir uns bei den Begriffen aufhalten. Egal, ob Routine, Angewohnheit oder Gewohnheit – letztlich geht es um einen gemeinsamen Kern: um all die Tätigkeiten, die fester Bestandteil unseres

Lebens sind und daher einen erheblichen Einfluss darauf haben, wie sich unser Leben gestaltet.

Bevor wir konkreter werden, gilt es zu verstehen, woher dieser starke Einfluss kommt. »Der Mensch ist ein Gewohnheitstier«, sagt man gerne. Aber nur wenige Menschen machen sich Gedanken darüber, was das eigentlich bedeutet. Unsere Lebensumstände sind einem stetigen Wandel unterzogen: Wir wechseln von der Schule in die Ausbildung, danach geht es ins Berufsleben, währenddessen ziehen wir vielleicht mehrmals um, trennen uns von alten Freunden und lernen neue kennen. Während sich unsere Lebensumstände kontinuierlich verändern, bleibt eins immer gleich: Wir folgen bestimmten Handlungsmustern.

Wann du ins Bett gehst, wie lange du schläfst, wann und was du isst, wie und mit wem du deine Freizeit verbringst, welchen Hobbys du nachgehst, wie viel du dich bewegst, wie du mit deinen Freunden und deiner Familie umgehst, wie du liebst, wie du mit Rückschlägen umgehst, wie du auf Zurückweisung reagierst, welche Menschen du um Rat fragst oder um Hilfe bittest – all das und noch viel mehr basiert auf deinen Routinen. Sie machen einen großen Teil deines Lebens aus. Und sie bilden die *Basis für all deine Handlungen*.

»Von Natur aus sind die Menschen fast gleich, erst die Gewohnheiten entfernen sie voneinander.«
KONFUZIUS[20]

Wir erinnern uns: Handlung ist der Schlüssel zu Fortschritt und damit der größte Antrieb für Glück und Erfolg. Das, was zwischen dir und deinen Zielen steht, ist Handlung.

Diese Handlung entsteht aber nicht aus dem Nichts. Stell dir vor, du hast auf Instagram einen Traumkörper gesehen, den du dir auch antrainieren möchtest. Dies erfordert jedoch jahrelanges hartes Training – sagen wir drei Einheiten pro Woche zu jeweils zwei Stunden. Also gilt es zu handeln! Im Fitnessstudio anmelden, sechs Stunden pro Woche trainieren, etwas Zeit vergehen lassen – und schon hast du deinen Traumkörper.

Ist das so? Nicht ganz. Deiner Handlung stehen nämlich Hindernisse im Weg. Da ist zum Beispiel der Job, der dir unter der Woche so viel Energie raubt, dass sich deine Lust auf Training in Grenzen hält. Oder dein Partner, mit dem du eigentlich mindestens zwei Mal pro Woche abends essen gehst. Obendrein wurde auch noch eine neue Netflix-Serie releast, auf die du schon lange wartest. Und am Wochenende? Da wird erst mal ausgeschlafen. Abends warten dann all die Bars und Kneipen, in denen du so gerne mit deinen Freunden was trinken gehst – denn ein bisschen Freizeit muss ja auch mal sein!

Wo genau setzt du da jetzt mit deiner Handlung an? Wann soll dein Training stattfinden, mit dem du zu deinem Traumkörper kommst? Deine *jahrelang eingeübten Routinen* machen dir einen Strich durch die Rechnung. Dabei ist keine dieser Aktivitäten in irgendeiner Weise verwerflich oder schädlich. Dennoch sind sie der Grund dafür, dass dein Vorhaben von Anfang an zum Scheitern verurteilt ist – zumindest, wenn du deine Routinen nicht änderst.

Die Formel, mit der wir all unsere Ziele erreichen können, ist in der Theorie unglaublich simpel: Finde heraus, was nötig ist, um dein Ziel zu erreichen – und dann mach genau das. Sooft du kannst. Bis du dein Ziel erreicht hast. Dann setzt du dir ein neues Ziel, und das Ganze geht von vorne los. Das war's. So einfach ist das. Du musst deine Routinen deinem Ziel anpassen.

In der Theorie bedeutet das: Möchtest du ein guter Tennisspieler werden, musst du viel Tennis spielen. Um ein guter Kämpfer zu werden, musst du kämpfen. Und um glücklich zu werden, musst du das tun, was dich glücklich macht, und dich kontinuierlich weiterentwickeln.

Leider sieht die Realität oft ganz anders aus. Anstatt zu handeln, sind wir Meister darin, uns vorzustellen, was wäre, wenn »X«. Oder wie es sich anfühlen würde, »X« zu sein. Wir können uns unsere Träume bildlich ausmalen. Und wir ahnen, dass wir es schaffen können. Aber letztlich wird in der Regel doch nichts draus.

Bei den meisten Menschen gibt es einen riesigen Gap zwischen ihren Träumen und dem, was sie wirklich erreichen. Sie sehen beispielsweise einen erfolgreichen Menschen und wollen so sein wie er. Sie scheinen aber nicht zu verstehen, dass sie dafür auch das tun müssen, was dieser Mensch getan hat.

Weder Träume noch Motivation bringen
uns ans Ziel, sondern das, was wir
immer wieder tun. Dein Leben ist das
Produkt deiner Routinen.

Ein Tag hat 24 Stunden, daran lässt sich nicht rütteln. Die Frage ist, womit du diese Stunden füllst. Menschen wundern sich, dass sie nichts von dem erreichen, was sie sich vorgenommen haben, und dass ihr Leben Jahr für Jahr gleich bleibt. Das ist natürlich kein Wunder, wenn ihre Tage überwiegend aus (aus)schlafen, Job, Partner, Fernsehen und dem wahllosen Konsum von sozialen Medien und Co. bestehen. Wann willst du denn für deinen Traumkörper trainieren, deine Geschäftsidee umsetzen oder einen Partner kennenlernen, wenn jeder deiner Tage gleich aussieht und dir weder die nötige Zeit noch die Energie zur Verfügung steht, um das zu tun, was notwendig ist, um diese Ziele zu erreichen?

**»By changing nothing,
nothing changes.«**
TONY ROBBINS[21]

Traurigerweise hätten die meisten Menschen sogar das Zeug dazu, ihre Träume zu erfüllen. Sie scheitern nur an der Umsetzung. Wir können noch so motiviert, kreativ, intelligent, talentiert oder fleißig sein – wenn unser Handeln nicht zielgerichtet, also nicht effektiv ist (geschweige denn effizient), wird sich nichts an unserem Leben ändern. Die meisten Menschen setzen sich in das »Auto des Lebens« und beginnen, in Richtung A zu fahren. Auf halbem Weg erkennen sie, dass es bei B viel schöner wäre, sie ändern ihre Route aber nicht. Sie fahren weiter fröhlich Richtung A und wundern sich, dass B in immer weitere Ferne rückt.

Wenn wir unsere Ziele wirklich erreichen wollen, müssen wir uns einer *Kausalität* bewusst werden:

Unsere Routinen sind die Basis unserer Handlungen. Wie wir handeln, bestimmt unsere Zukunft. Die Routinen, denen du heute folgst, bestimmen deinen künftigen Weg. Deine Zukunft steht schon fest: Sie ist das Produkt von dem, was du heute tust.

Anders gesagt:

»Am besten kann man die Zukunft vorhersagen, indem man sie selbst kreiert.«

PETER DRUCKER[22]

Deine Routinen von heute sind Investitionen in deinen Erfolg von morgen. Sie formen dich und deine Zukunft. Du musst nur vorausschauend denken und bereit sein, dich heute ins Zeug zu legen, damit es deinem zukünftigen Ich besser geht. Mit jedem Tag, an dem du dies nicht tust, wird dieser Weg ein bisschen schwerer. Je früher du anfängst, gute Routinen zu implementieren, desto leichter und geschmeidiger kannst du deinen Weg gehen.

In der Mitte seines Lebens zu erkennen, dass man einen Großteil seiner Gewohnheiten umstellen muss, um das Ruder noch herumzureißen, ist eine erdrückende Einsicht und stellt eine Herausforderung dar, die nur die wenigsten bewältigen. Die erfolgreichsten Menschen dieser Welt sind zu dem geworden, was sie heute sind, weil sie früh begonnen haben, das Richtige zu tun. Je älter sie werden, desto solider, souveräner und unerschütterlicher werden sie.

Bill Gates beispielsweise gründete mit 14 Jahren seine erste Firma und liest eigenen Aussagen zufolge seit seiner Jugend mindestens 50 Bücher im Jahr. Als er mit 31 Jahren Milliardär wurde, hatte er somit schon über 700 Bücher gelesen, mehr, als viele Menschen in ihrem ganzen Leben überhaupt in die Hand nehmen. Heute, mit etwa Mitte 60, dürften es an die 3 000 Bücher sein, die seine Wissens-Datenbank befüllen. Dieses Wissen nimmt ihm keiner mehr weg, und das holt man so schnell auch nicht auf.

Das bedeutet nicht, dass wir jetzt alle mit 14 Jahren Unternehmer werden müssen, und um Himmels willen muss sich niemand schämen, nicht der reichste Mann der Welt zu sein. Vielmehr geht es darum zu verstehen, dass unsere Zukunft nicht weit weg ist, sondern dass wir schon heute die Weichen dafür stellen. All deine Vorbilder und Idole sind nicht wegen der Dinge erfolgreich, die sie heute tun, sondern wegen der Dinge, die sie in der Vergangenheit getan haben.

Zwischen dir und deinen Zielen liegt immer Handlung. Wenn du dich zu einem anderen (besseren) Menschen machen möchtest, aber so weitermachst wie bisher, mit den gleichen Denkmustern und Verhaltensweisen, wirst du der bleiben, der du bist. Man kann es nicht oft genug wiederholen: Was du heute tust, bestimmt, wer du in der Zukunft sein wirst. So wie deine Taten in der Vergangenheit bestimmt haben, wer du heute bist.

»Wir sind das, was wir wiederholt tun.
Exzellenz ist keine Handlung, sondern
eine Gewohnheit.«

ARISTOTELES[23]

Um mit 50 das Leben zu führen, das du führen möchtest, musst du heute den Weg einschlagen, der dich dahin führt. Wenn dein Leben heute aus guten Routinen besteht, setzt du einen wichtigen Grundstein für mehr Erfolg in der Zukunft. Umgekehrt sind deine schlechten Gewohnheiten von heute der größte Feind deines Erfolges von morgen. Schauen wir uns also an, was gute und schlechte Routinen ausmacht und welche (oft versteckten) Auswirkungen sie auf unser Leben haben.

»Gute Routinen« können nahezu unendlich viele unterschiedliche Formen annehmen, weil es fast unendlich viele Lebenswege, Leidenschaften und Ziele gibt. Zur Vereinfachung können wir sie grob in zwei Kategorien einteilen. Es gibt Routinen, die dich in einer spezifischen Disziplin verbessern oder dazu dienen, ein konkretes Ziel zu verfolgen. Damit meine ich beispielsweise das kontinuierliche Trainieren einer Sportart, um sie zu meistern. Oder die stetige Weiterbildung im Bereich unserer Leidenschaft, um stets das aktuellste Know-how und die höchste Expertise auf dem Markt zu haben. Diese spezifischen Ziele sind von Mensch zu Mensch vollkommen unterschiedlich und erfordern entsprechend unterschiedliche Ansätze.

Die zweite Kategorie »guter Routinen« sind Gewohnheiten, die jedem Menschen gleichermaßen guttun und uns dabei unterstützen, die ersteren (»härteren«) Routinen, die für unseren Fortschritt so essenziell sind, zu etablieren. Ich rede in diesem Zusammenhang gerne von einer »Routinen-Versicherung«. Wenn du Praktiken wie Achtsamkeitsübungen, Bewegung, Austausch oder Weiterbildung in deinen Alltag integrierst, schaffst du damit einen Ruhe- oder Inspirationspool, der dich immer wieder »resettet«.

Meine regelmäßigen Kampfsport-Trainingseinheiten helfen mir beispielsweise immens, meinen Fokus immer wieder zu schärfen und meine Gedanken zu ordnen. Auf der Matte gibt es nur den Gegner und mich. Ich habe weder Zeit noch Möglichkeiten, mir den Kopf über irgendwelche Probleme zu zerbrechen. Denn würden meine Gedanken abschweifen, würden meine Bewegungen und Techniken unsauber und meine Verteidigung bröckelig. Mein Gegner könnte das sofort ausnutzen und mich für mein Gedankenchaos bestrafen. Also werde ich immer wieder zurück in den gegenwärtigen Moment geholt und blende alles andere vollkommen aus.

Das ist Achtsamkeit pur. Natürlich funktioniert das auch mit anderen Sportarten. Sport könnte man sogar generell als eine »Super-Routine« bezeichnen – je anspruchsvoller, desto besser. Denn Sport fordert deine volle Konzentration und holt dich so immer wieder in den Moment. Er kräftigt deine Willensstärke und macht dich obendrein in der Regel gesünder. Sportler werden seltener krank und leben länger. Wer es zudem gewohnt ist, beim Training regelmäßig körperliche und mentale Grenzen zu sprengen, den kann im Alltag so schnell nichts mehr aus der Fassung bringen.

Wer noch einen draufsetzen und mit seinem Training den maximalen Effekt erzielen will, dem empfehle ich gerne Kontaktsportarten oder praxisorientierten Kampfsport.

Grappling, Ringen, Boxen, Thaiboxen, MMA, aber auch Rugby oder American Football gehören dazu. All diese Sportarten verändern nicht nur den Körperbau, sondern auch Ausstrahlung und Auftreten. Sie sind daher gerade für diejenigen geeignet, die an ihrem Selbstbewusstsein arbeiten möchten oder aber ein zu großes Ego haben. Sie machen selbstsicherer und gleichzeitig demütiger, da sie das Ego jedes Menschen besonders zu Beginn auf eine harte Probe stellen und jedem, der die Sportart ehrlich trainiert (und dem sie gut vermittelt wird), genau vor Augen führen, wie man Ängste überwindet und seine körperliche und mentale Komfortzone sprengt. Wer eine dieser Sportarten trainiert, praktiziert eine höchst effiziente Routine. Er vereint Dutzende Vorteile in einer einzigen Tätigkeit und boostet sowohl Körper als auch Charakter.

Natürlich beschränkt sich die »Routinen-Versicherung« nicht nur auf Sport. Alles, was deine Achtsamkeit für den Moment schult, dir Selbstbewusstsein verschafft oder dir positive Energie spendet, wappnet dich gewissermaßen gegen von außen hereingetragene Negativität. Training, Meditation, Yoga, Lesen, Tagebuch führen, Atemübungen, Podcasts oder Musik hören – all das kann dich wieder resetten, wenn dich emotional etwas belastet. Frage dich also regelmäßig: *Was in meinem Leben fängt mich auf?*

Das Leben ist unberechenbar. Deine guten Routinen bilden dein Fundament. Sie sind wie Wurzeln, die dich halten, wenn du vom Leben überrascht wirst. Ohne gute Routinen bist du wie eine Fahne im Wind und die ganze Zeit damit beschäftigt, auf das Leben zu reagieren. Du bist durch alles beeinflussbar.

Du hast keine Sportroutinen? Jedes Stück Kuchen hat die »Macht«, dich dick(er) zu machen.

Du hast keine Achtsamkeitsroutinen? Jede negative Emotion trifft dich mit voller Wucht. Du trägst sie als Ballast mit dir herum, weil du nichts hast, was sie ausgleicht.

Das sind nur ein paar von unendlich vielen Beispielen, warum es nicht ratsam ist, ohne förderliche Routinen durchs Leben zu gehen. Du bist dann einfach anfälliger für die schlechten Seiten des Lebens. Gute Routinen hingegen sind eine Art Versicherung gegen das Schlechte. Sie grenzen alles Negative ein.

Wenn du dich beispielsweise täglich in Achtsamkeit übst und meditierst (mehr dazu im Kapitel *Achtsamkeit*), bist du zwar nicht gänzlich immun gegen negative Emotionen, aber ihre Wirkung ist begrenzt. Sie beeinträchtigen dich nur so lange, *bis* dich deine Achtsamkeitsroutine wieder aus dem gedanklichen Chaos befreit. Darüber hinaus trainierst du so, weniger »anfällig« für negative Einflüsse zu sein. Gute Routinen wappnen uns für harte Lebenssituationen.

Und an die jungen Leser: Mit Freunden Shisha zu rauchen und Videospiele zu spielen, tut ab und zu richtig gut und ist vollkommen okay. Aber ohne Routinen (etwa Training, geregelter Schlafrhythmus, festgelegte Zeiten für kreatives Arbeiten etc.) gibt es keine Grenze, die dir zeigt, wo es »genug des Guten« ist. Das falsche Umfeld und fehlende Routinen lassen aus einem entspannten Abend mit Kollegen schnell ein ganzes Wochenende (oder mehr) werden. Nicht zu vergessen die ein bis zwei Tage, die du brauchst, um wieder in einen geregelten Rhythmus zu finden.

All das kostet dich Zeit. Zeit, die du als Jugendlicher oder junger Erwachsener zwar »hast«, aber vergiss nicht, dass du schon heute die Weichen für deine Zukunft stellst und dir einen Gefallen tun kannst, indem du so früh wie möglich damit beginnst, in dich zu investieren: in dein Wissen, deine Fähigkeiten und deine Kompetenzen. Ich habe Schüler in meinen Kampfsportkursen, die sind 15 Jahre alt und nehmen es im Training mittlerweile mit gestandenen 30-jährigen Athleten auf – und im Ernstfall mit jedem, der ihnen oder ihren Lieben nachts auf der Straße an den Kragen will. Neben ihrer Gym-Routine schauen sie in der PHP-Base jungen Unternehmern über die Schulter und arbeiten an ihrer Persönlichkeit und an ihren Leidenschaften, während sich ihre Kollegen den ganzen Tag in Shisha-Bars herumtreiben. Man kann nur erahnen, mit wie viel Wissen und mit welch gefestigtem Charakter und gesundem Körper sie in fünf Jahren, also mit 20, im Leben stehen. Und all das nur, weil sie schon jetzt damit anfangen, nutzbringende Routinen in ihren Alltag zu integrieren.

Fast alles kann eine positive Routine sein, wenn du es dazu machst. Routinen kann man nämlich nur als solche bezeichnen, wenn ihnen Regelmäßigkeit innewohnt. Erst dann entfalten sie ihre volle Wirkung. Dies bedeutet, dass wir unseren Routinen auch dann nachgehen, wenn wir mal keine Lust dazu haben. Nicht alle guten Routinen sind nämlich so angenehm und leicht verdaulich umzusetzen wie regelmäßiges Lesen oder spazieren gehen. Die Kunst besteht darin, genau die Dinge zur Routine zu machen, die uns unserem Ziel näher bringen. Nur so werden wir sie auch beibehalten.

Der erste Gang zu einem harten Training fällt oft noch leicht, genauso wie die ersten zwei Monate in einem Start-up oder die erste Woche der Ernährungsumstellung. Zu Anfang ist unsere Motivation angesichts des neuen Ziels noch hoch. Doch sobald der erste »Hype« vorüber ist, fällt es uns immer schwerer, diszipliniert am Ball zu bleiben. Das Training wirkt immer härter, die Nächte in der Start-up-Phase bleiben kurz, und nach drei Wochen »clean« essen wird die Lust auf Junkfood zur regelrechten Besessenheit.

Das ist der Moment, in dem sich entscheidet, ob wir das neue Vorhaben aufgeben, um zurück in alte Muster zu fallen, oder ob wir konsequent am Ball bleiben. Um die neue Routine zu festigen, müssen wir natürlich unbeirrt weitermachen. Unser Gehirn braucht Zeit, um neue Handlungsmuster zu verinnerlichen. Wenn dieser Vorgang einmal »abgeschlossen« ist und wir uns an die neue Routine gewöhnt haben, ist es viel leichter, ihr zu folgen. Sind drei Trainingseinheiten pro Woche erst einmal zur Routine geworden, müssen wir uns nicht jedes Mal zwingen, um zum Training zu gehen – wir gehen einfach. Es ist wie beim Zähneputzen: Wir haben zwar nicht immer Lust dazu, machen es aber trotzdem, weil es zur Routine geworden ist.

Das ist einer der schönsten Effekte der Routine. Sobald unser Gehirn sie einmal als immer gleiches Handlungsmuster abgespeichert hat, wird das, was zuvor schwierig oder kraftraubend war, viel leichter. Sowohl unser Gehirn als auch unser Körper sind erstaunlich anpassungsfähig, wenn es um neue Anforderungen und Belastungen geht.

Ein weiterer wunderschöner Effekt positiver Routinen ist übrigens, dass sie uns regelrecht süchtig machen, sobald sich unser Gehirn erst einmal an sie gewöhnt hat. Die Sportler unter euch Lesern können ein Lied davon singen, was es heißt, das Training durch eine Verletzung oder Krankheit auszusetzen. Das Gefühl gleicht einem Entzug, bei dem Körper und Geist regelrecht danach schreien, das Training wieder aufzunehmen.

Dennoch ist das Implementieren neuer Routinen keine leichte Angelegenheit. Es bringt immer auch ungewohnte Situationen und Emotionen mit sich, die uns erhöhtem Stress aussetzen und uns völlig übermannen, wenn wir von heute auf morgen all unsere Gewohnheiten umstellen oder versuchen, ein besonders tief sitzendes Handlungsmuster zu lösen. Der beste Weg führt daher auch hier über kleine Änderungen, die wir step by step implementieren. Oft bewirken solche Kleinigkeiten schon mehr, als wir denken. Selbst die kleinsten Änderungen in deinem Tagesablauf können, hochgerechnet auf mehrere Jahre, immensen Einfluss auf dein Leben haben.

Nehmen wir zum Beispiel das Lesen. Sachbücher, Blogs oder Biografien zu lesen ist eine der effizientesten Möglichkeiten, wertvolles Wissen zu sammeln. Eine Stunde Selbststudium pro Tag – sei es mit Büchern, Lernvideos, Hörbüchern oder Seminaren – ist kein Hexenwerk. Machst du das jeden Tag, dein Leben lang, hast du nach 50 Jahren über 18 000 Stunden mit reiner Wissensaneignung verbracht. Das entspricht einem Zeitraum von über zwei Jahren. Das ist eine Menge Wissen – Wissen, mit dem du deine Wahrnehmung kontinuierlich schärfst und deinen Horizont stetig erweiterst. Natürlich kannst du das auch bleiben lassen. Wenn du lieber weiter deine Serien und Co. schaust, stehst du in 50 Jahren sozusagen mit *18 000 Stunden weniger Wissen* da als die Version von dir, die heute damit begonnen hat, eine Stunde am Tag zu lesen. Dir selbst wird das gar nicht großartig auffallen, weil du nicht siehst, was du nicht siehst. Aber zwischen diesen beiden zukünftigen Versionen deines Ichs besteht ein riesiger Unterschied hinsichtlich Erfolg, Glück und Erfüllung – das kannst du mir glauben. Umso wichtiger ist es, für ein Umfeld zu sorgen, in dem deine neuen Routinen angemessen gedeihen können.

- »Training? Aber Julia hat doch Freitag Geburtstag?«
- »Ich halte ja nichts von diesen Atemübungen.«
- »Das kannst du doch mal ausfallen lassen.«
- »Musst du das so machen?«

So oder ähnlich könnten die Worte von Freunden klingen, die deine neuen Routinen schnell im Keim ersticken können. Achte also genau darauf, welchen Einfluss dein Umfeld auf dich hat, um dir den ohnehin anstrengenden Aneignungsprozess nicht zusätzlich zu erschweren oder gar unmöglich zu machen.

Darüber hinaus hast du natürlich auch nicht unbegrenzt Zeit zur Verfügung. Um dein Leben mit neuen Routinen zu bereichern, musst du erst einmal Platz schaffen. Das gelingt am besten und effizientesten, indem du schlechte Routinen schrittweise durch gute Routinen ersetzt.

Vergiss niemals: Positive Routinen sind dein wertvollstes Gut. Mach sie zu deinem Heiligtum und sorge dafür, dass dir dabei niemand in die Quere kommt. Viel zu viele Leute hören genau dann mit ihren Routinen auf, wenn es am wichtigsten ist, sie beizubehalten: an dem Punkt, an dem sie damit erste Erfolge erzielen.

Zahlreiche Männer haben beispielsweise die komische Angewohnheit, wie verrückt zu trainieren, während sie Single sind. Um bessere Chancen bei den Ladys zu haben, halten sie sich so fit und attraktiv wie möglich. Sobald sie aber in einer Beziehung landen, sinken ihr Trainingspensum und damit auch ihre Fitness, Vitalität und Attraktivität rapide ab. In ihren

Augen haben sie ihr Ziel erreicht, daher sehen sie keine Notwendigkeit mehr, ihre Routine aufrechtzuerhalten. Sie vergessen dabei, dass es nicht nur Routinen braucht, um einen wichtigen Schritt zu schaffen, sondern auch, um diesen Schritt zu »halten« und sich nicht wieder rückwärts zu bewegen.

Hast du deine Freundin als durchtrainierter Athlet kennengelernt, dann hat sie sich auch in deine durchtrainierte und athletische Version verliebt. Lässt du dich anschließend gehen, bist du wie eine Mogelpackung, die nicht hält, was sie verspricht. Das Gleiche gilt natürlich genauso für Frauen, die sich als Single topfit halten und ihre Fitness in der Beziehung innerhalb kurzer Zeit aus den Augen verlieren.

So etwas gilt nicht nur für Beziehungen, sondern für alle Lebensbereiche. Routinen bewahren uns davor, immer wieder auf »Comfort Island« zu verweilen – einem Ort, an dem nichts wächst und nichts gedeiht. Sie geben uns Selbstachtung und sorgen für die nötige Disziplin, um kontinuierlich Fortschritte zu machen. Wenn wir das vernachlässigen, was uns einen Erfolg oder ein Ergebnis beschert hat, ist es nur eine Frage der Zeit, bis sich dieser Erfolg wieder verabschiedet – und wir unglücklich werden.

---

*Behandle deine positiven Routinen
wie ein Heiligtum. Vernachlässige sie niemals.
Wenn du sie ersetzt,
dann nur durch bessere Routinen.*

Kommen wir zu den »schlechten« Routinen. Ich bin ehrlich: Die meisten Menschen haben ein beschissenes Routinen-

Portfolio. Ihre Tage und Wochen sind voll mit Dingen, die ihnen Energie rauben (zum Beispiel ihr Umfeld, dazu mehr im nächsten Kapitel). Sie schleppen sich von einer kurzfristigen Befriedigung zur nächsten (unnötiger Konsum, zu viel Internet, Junkfood, Alkohol, rumhängen etc.).

Daran sind sie aber nicht ausschließlich selbst schuld. Wir werden leider in ein System hineingeboren, das uns regelrecht dazu ermutigt, in schlechte Gewohnheiten zu verfallen. Schon in der Schule wird uns suggeriert, dass es normal ist, den ganzen Tag Tätigkeiten nachzugehen, die wir nicht machen wollen. Diesen Umstand führen die meisten Menschen wie selbstverständlich in ihrem Job weiter – und wundern sich, dass sie unglücklich werden. Einige nehmen ihren Mut zusammen und beschließen, sich parallel zu ihrem Job etwas aufzubauen oder sich zumindest kontinuierlich weiterzubilden, um irgendwann bereit für den Wechsel in ein »besseres Leben« zu sein.

Ein netter Plan, der aber meistens nicht aufgeht. Denn diese Leute haben die Rechnung ohne ihr Gehirn gemacht. Wenn wir unser Gehirn täglich mehrere Stunden lang Tätigkeiten aussetzen, die es nicht mag (triste Büroarbeit, eintönige Berufe, Lernen unter Druck, Auswendiglernen etc.), kann es danach nicht einfach umschalten. Jeder, der schon mal einen kraftraubenden Arbeits- oder Schultag erlebt hat, weiß, dass man danach nicht mal eben noch eine Stunde liest, zwei Stunden trainiert und sein eigenes Business aufbaut. Unsere Kreativität und Energie haben Grenzen.

Je mehr wir unseren Kopf mit Müll füttern, desto mehr schreit er nach *Kompensation*: Playstation oder Fernseher an und »einfach mal abschalten«. Nach Stunden voller Stress und Trostlosigkeit sucht unser Gehirn nur noch nach schneller Befriedigung, nach Glückshormonen, die seine Lage wieder halbwegs ausgleichen. Die finden wir in einfacher Unterhaltung, in den sozialen Medien, in Videospielen, im Zigarettenkonsum oder im Feierabendbier mit Freunden.

Nur wenig davon (etwa die Zigaretten) ist per se schlecht oder verwerflich. Aber auch solche Kompensationen werden irgendwann zur Routine. Und Routinen sind mächtig – das haben wir bereits gesehen. Die ganze Macht der Routinen trifft dich in diesem Fall in ihrer negativsten Form. Negative Routinen ersticken jegliches Potenzial und jede Motivation. Die beste Idee und der kreativste Kopf sind nichts wert, wenn sie durch falsche Routinen ausgebremst werden. Selbst glückliche Zufälle werden durch schlechte Routinen zunichtegemacht. Ein lukrativer Geschäftsdeal, der sich zufällig durch einen Freund ergibt, kann verpuffen, wenn er bei dir nicht auf die richtigen Routinen trifft, mit denen die nötigen Anforderungen erfüllt werden. Du kannst die beste Geschäftsidee haben – wenn du bis 15 Uhr schläfst, weil dein Schlafrhythmus durch falsche Routinen gestört ist, wirst du dein Unternehmen nicht sauber planen können. Eventuelle Chancen und Möglichkeiten finden gar keine »Rezeptoren«, an denen sie andocken können.

Das ist der Grund, warum ich vielen Menschen nach kurzer Zeit kein Gehör mehr schenke, wenn sie mir eine Geschäftsidee vorstellen. Die Idee mag noch so gut sein, sie ist rein gar nichts wert, wenn nicht die nötigen Routinen für die Umsetzung geschaffen werden. Die Frage, die ich jungen Unternehmern daher immer wieder stelle, ist nicht »Was ist deine Idee?«, sondern »Was bist du bereit, für deren Umsetzung zu tun?«.

Je länger wir Gewohnheiten praktizieren, desto schwieriger wird es, sie abzulegen. Sie haben die Eigenschaft, sich mit der Zeit immer weiter zu verdichten und zu verhärten. Das macht gute Routinen so wertvoll und negative Routinen so gefährlich. Schau dir deine Routinen also ganz genau an und optimiere sie bei Bedarf so schnell wie möglich. Hinterfrage, welche Tätigkeiten in deinem Leben dich wirklich ans Ziel führen und welche Zeit- und Energieverschwendung sind. Ist das Erreichen deines Ziels an Wissen gekoppelt? Finde einen Weg, um mehr Selbststudium in deinen Alltag zu integrieren, und mach dies zu einem Ritual. Gibt es eine Fertigkeit, die du weiter ausbauen musst? Lege fixe Zeiten fest, in denen du diese Fertigkeit trainierst, und lasse dich von niemandem davon abbringen.

Vor allem aber: *Handle mehr*. Wenn es Menschen gibt, die an genau dem Punkt stehen, wo du hinwillst – schau dir an, was sie gemacht haben, um dahin zu kommen, und adaptiere ihre Tätigkeiten. Nur *zielführendes* Handeln *führt* dich ans *Ziel*. Deine Träume, Ideen und Ziele sind wichtig. Halte sie in Ehren. Aber ohne die richtigen Routinen bleiben sie das, was sie sind: Vorstellungen. Anstatt dir immer wieder aufzuschreiben, wo du hinwillst, denke lieber darüber nach, wie du den Weg dorthin meisterst. Sobald du eine Antwort dafür gefunden hast, fang damit an. So schnell du kannst.

UMFELD

»Woher nimmst du deine Energie?«

»Wie schaffst du es, so voller Motivation zu bleiben?«

Fragen wie diese werden mir fast täglich gestellt. Viele sagen mir, dass sie mich um meine Energie beneiden und ihr Leben auch gerne mit mehr Motivation und Dynamik bestreiten würden. Oft erhoffen sie sich einen bestimmten Tipp, um energievoller zu werden und endlich in die Gänge zu kommen.

Die meisten Menschen haben eine ganz bestimmte Vorstellung von Energie und Motivation. Sie sehen Energie und Motivation als ein Fass, das immer wieder aufgefüllt werden muss, um Fortschritte zu machen. Oder als eine Zutat, mit der wir unser Leben zusätzlich würzen, um den Grundstein für Freiheit und Glück zu legen. Die Wahrheit sieht aber oft ganz anders aus. Wir schütten immer mehr Motivation oder Energie in dieses Fass, doch es scheint nie wirklich voll zu werden.

Das Problem dabei ist nicht der Mangel an Motivation und Energie – nein, wir übersehen vielmehr das *Loch am Fassboden*. Durch dieses Loch fließt der Großteil dessen, was wir an Motivation zuführen, still und heimlich wieder ab und versickert im Nirgendwo. Sooft wir uns auf YouTube auch »Motivational Speeches« anschauen oder sooft wir unsere Ziele auch auf ein Blatt Papier schreiben – wenn wir das Loch am Boden nicht mit einem Stöpsel verschließen, wird unser Fass niemals voll.

Grundsätzlich fehlt es uns weder an Energie noch an Motivation. Wir umgeben uns nur viel zu oft mit Dingen, die uns Energie ziehen.

Reden wir über unser Umfeld. Von unserem Wesen her sind wir alle noch »Rudeltiere«. Wir lieben es, uns anzupassen, und wir lieben Ordnung. Wir fühlen uns wohl, wenn wir Menschen um uns haben, an die wir uns anpassen können, und Regeln, nach denen wir uns richten können. Menschen, die sich bewusst von ihrem Umfeld abgrenzen wollen, misstrauen wir und bezeichnen sie als Einzelgänger oder Sonderlinge.

Als soziale Lebewesen sind wir seit Jahrtausenden Meister darin, uns unserem Umfeld anzupassen. Diese Eigenschaft kann unser größtes Glück sein – oder uns zum Verhängnis werden.

Unser soziales Umfeld besteht aus den Menschen, mit denen wir am meisten Zeit verbringen. Das können Familie, Partner, Freunde, Mitschüler, Kommilitonen oder auch Arbeitskollegen sein. Aber nicht nur Menschen zählen dazu, es ist generell die Umgebung, in der du lebst, das Milieu, in dem du arbeitest und deinen Interessen nachgehst, die Schule, Universität, dein Arbeitsplatz – all das bildet die Sphäre, in der du wirkst und in der du am meisten empfängst. Und all das prägt dich, ob du willst oder nicht.

Um zu verstehen, warum unser Umfeld gefährlich sein kann, müssen wir uns nur daran erinnern, wie unser Gehirn die Welt wahrnimmt und beurteilt: nämlich anhand der Informationen, die es tagtäglich sammelt und abspeichert, ohne uns zu fragen. Diese Informationen empfängt unser Gehirn logischerweise dort, wo wir uns am meisten aufhalten, und bei den Menschen, mit denen wir am meisten Zeit verbringen. Die Informationen aus unserem Umfeld sind also das, was unser Denkapparat die meiste Zeit über empfängt – und was er für »richtig« hält.

Dieser Einfluss unseres Umfeldes wird durch das sogenannte »Gesetz der Masse« noch weiter verstärkt. Dies ist ein psychologisches Prinzip, das tief in uns verankert ist und dafür sorgt, dass wir unsere Entscheidungen in der Regel daran orientieren, was uns andere Menschen vorgeben. (Wir widmen uns diesem Phänomen später in einem separaten Kapitel.) Fakt ist, dass einige psychologische Gesetze und unsere Wahrnehmung einen unheimlich starken Cocktail bilden, der uns extrem anfällig für Einflüsse aus unserem Umfeld macht.

Unsere Vorstellung von Erfolg, unsere politische Gesinnung, unser Verhältnis zur Religion, unsere Erwartungen an uns selbst – bei alldem und noch vielem mehr orientieren wir uns an dem, was unser Gehirn aus unserem Umfeld aufnimmt.

Unser soziales Umfeld ist der Maßstab
für unsere Überzeugungen und Entscheidungen.
Es formt unsere Perspektive und beeinflusst,
wer wir sind.

Wir sind also das Produkt unseres *Umfelde*s. Manchmal können wir sogar selbst beobachten, wie es auf uns abfärbt, beispielsweise wenn wir uns bestimmte Wörter angewöhnen, die vorher gar nicht Teil unseres Wortschatzes waren – nur weil ein kleiner Kreis enger Freunde sie verwendet. Oder es sind winzige Marotten, die dein Gehirn einfach kopiert, ohne dich zu fragen.

Ein anderes Beispiel: Wenn alte Schulfreunde für ein Studium oder eine Ausbildung wegziehen und du sie nach ein paar Jahren wiedersiehst, stehen sie nicht selten als anderer Mensch vor dir. Die Art, wie sie sprechen, wie sie gestikulieren, sogar wie sie denken, hat sich oft völlig verändert.

Wir erkennen daran, dass unsere Persönlichkeit keineswegs so permanent ist, wie wir glauben. Unser Charakter und unsere persönlichen Eigenschaften sind beeinflussbar und befinden sich in stetiger Veränderung. Ich kann es nicht oft genug betonen: Du bist das Produkt von alldem, was dein Gehirn an Erfahrungen, Informationen und Glaubenssätzen aufschnappt, während du durchs Leben gehst. Und die wichtigste Quelle für genau diese Erfahrungen, Informationen und Glaubenssätze ist dein Umfeld – ob du willst oder nicht.

»Die Wesensart verändert sich nach dem Umfeld, in dem man lebt und wirkt.«
RAMAKRISHNA[25]

Häufig heißt es auch: »Du bist der Durchschnitt der fünf Menschen, mit denen du dich am meisten umgibst.« Oder, etwas provokant formuliert: »Umgib dich mit vier Idioten, und du wirst der fünfte werden.«

Ich wage zwar zu bezweifeln, dass es nur fünf Personen sind, die derart Einfluss auf uns haben. Aber an der Aussage ist dennoch viel Wahres dran. Schon seit Jahren beurteile ich Menschen größtenteils nach ihrem Umfeld – und lag damit bisher immer richtig. Durch meine jahrelange Arbeit mit Menschen, die mehr aus sich machen möchten, bin ich felsenfest davon überzeugt, dass das Umfeld einer der sensibelsten Faktoren ist, wenn es um Erfolg und Fortschritt geht. Vor allem, weil sich so viele Leute einfach nicht davon lösen möchten.

Ich kenne unzählige Menschen, die ausschließlich von ihrem Umfeld davon abgehalten werden (beziehungsweise sich davon abhalten lassen), Großes zu erreichen. Sie haben die nötige Motivation und Energie, schaffen es aber einfach nicht, sich aus dem Umfeld zu befreien, unter dem ihre Kreativität, Motivation und Perspektive leidet. Gleichzeitig sehe ich fast täglich, wie Menschen jedes Alters regelrecht aufblühen und sich entfalten wie nie zuvor, wenn sie sich mit den richtigen Menschen und dem richtigen Mindset umgeben.

Ich sehe, wie sich Menschen mit energieraubendem Schwachsinn völlig verausgaben, bis sie nur noch ein Schatten ihrer selbst sind. Irgendwann wird es ihnen zu viel und sie lassen sich von ihrem Arzt drei Wochen »Kur« verschreiben. Anschließend kehren sie wie neugeboren zurück und denken, es war die Kur, die ihnen gutgetan hat. Sie irren sich: Weder Salzbäder noch Wellness-Massagen haben ihnen gefehlt. Sie haben lediglich Abstand von einem Umfeld genommen, das ihnen nicht guttut. Viele Menschen wissen gar nicht, wie gut es ihnen gehen könnte und zu welchen Leistungen sie imstande wären, wenn ihr Umfeld ihnen den richtigen Nährboden für ihre Entfaltung bieten würde.

Das gilt besonders für unsere Kinder. Von ihrem sechsten bis zum neunzehnten Lebensjahr bestimmt – je nach Schullaufbahn – das Umfeld »Schule« ihr Leben. Ein im Grunde genommen veraltetes System, das wenig Wert auf die Entfaltung individueller Stärken legt. Trotz der völlig unterschiedlichen Begabungen und Interessen der Schülerinnen und Schüler setzt es noch immer auf einheitliche und nebenbei oft unzeitgemäße Themengebiete. Kreativität wird nur in einem eng gesteckten Rahmen gefördert.

Insgesamt entsteht so ein Umfeld, in dem sich weder Kinder noch Jugendliche adäquat entwickeln können. Sämtliche Schulabgänger und Abiturienten, die ich nach ihrem Schulabschluss in meiner Akademie betreut habe, haben während ihrer Schulzeit wenig bis gar keine Vorstellungen davon bekommen, was sie mit ihrem Leben anschließend machen können, geschweige denn wollen. Sie haben bis zu 13 Jahre der Selbstfindung einfach übersprungen, weil sie viel mehr damit beschäftigt waren, Leistungsziele und »Erwartungshorizonte« zu erfüllen. Erst nach der Schule beginnen viele Jugendliche damit, sich selbst richtig kennenzulernen – solange sie noch können …

Dein Umfeld kann dein schlimmster Fluch oder dein größter Segen sein – je nachdem, wie du es dir gestaltest (oder wie es gestaltet wird). Leider sind nur wenige Menschen bereit, ihr Umfeld aktiv zu ändern. Unser Umfeld kann auf verschiedene Weise auf uns wirken.

Merke dir zunächst: Alle Menschen und Gegebenheiten, mit denen du regelmäßig Zeit verbringst, färben auf dich ab. Sie beeinflussen dein Weltbild und stecken dich mit ihren Emotionen und Glaubenssätzen an – ob du willst oder nicht.

Die entscheidende Frage ist also, *wie* dein Umfeld beschaffen ist und wie es auf dich einwirkt. Bietet es dir Raum für Wachstum und Fortschritt? Fördert es deine Kreativität? Spendet es dir Energie und Inspiration? Gibt es Menschen in deinem

Umfeld, von denen du lernen kannst? Oder wirst du von deinem Umfeld runtergezogen, demotiviert und davon abgehalten, mehr aus dir zu machen?

Gehen wir der Reihe nach vor. Neider, Hater oder »Feinde« lassen wir dabei komplett außen vor. Wer sich mit solchen Menschen umgibt und sich von ihnen in irgendeiner Weise beeinflussen lässt, braucht gar nicht anzufangen, über Erfolg nachzudenken. Dass wir uns den Umgang mit solchen Menschen ersparen, sollte selbstverständlich sein – alles andere würde uns nur Unmengen an Energie rauben.

Um diese Menschen geht es hier also nicht. Problematischer sind diejenigen, die uns zwar nicht »feindlich« gesinnt sind, aber dennoch Energie ziehen. Meist kommen sie selbst im Leben nicht voran und sind in begrenzten Glaubenssätzen gefangen. Dazu haben sie die Angewohnheit, den Frust über sich selbst mit all ihren Mitmenschen zu teilen. Ich meine damit die Menschen, die bei Frau Kappes die »Premium-Flatrate« gebucht haben und sich bei jeder Gelegenheit über ihr Leben beschweren. Alle drei Wochen haben sie ein neues Beziehungsproblem, sie jammern, weil sie mit ihrem Job unglücklich sind, oder wollen schon seit Jahren »nächste Woche« mit dem Sport beginnen. Die Liste an solchen Negativitätsbolzen, mit denen uns manche Menschen regelrecht bombardieren, ist endlos, und jeder davon ist unglaublich energieraubend.

Mit jeder Sekunde, die du mit solchen Leuten verbringst, wird das eingangs erwähnte Loch in deinem Fassboden ein Stück größer. Während deine Energie und Kreativität unten ablaufen, füllt sich dein Fass oben mit allerlei Sorgen, Zweifeln, Ängsten, Problemen, Reue und vielen weiteren Emotionen auf, die du auf deinem Weg überhaupt nicht gebrauchen kannst. Weil wir aber keine emotionalen Ungeheuer sein wollen, passen wir uns oft dem emotionalen Zustand des Gegenübers an und zeigen Mitgefühl – für eine Situation, die nicht selten komplett selbst verschuldet ist.

Das Problem dabei ist: Es bleibt nicht beim *Mitgefühl*. Das Wort selbst impliziert schon, dass auch bei uns ein *Gefühl* entsteht. Vor lauter negativem Input kann unser Gehirn gar nicht mehr zuordnen, wer von beiden nun schlecht drauf ist. Letztlich nehmen auch wir eine negative Grundstimmung an. Diese schwächt unseren Fokus und verringert unsere Motivation. Während wir also für viele Menschen um uns herum den Kummerkasten oder Frau Kappes spielen, wundern wir uns, warum es uns selbst mental nicht so gut geht.

Je konsequenter du darin wirst, solche Energieparasiten aus deinem Leben zu entfernen, desto mehr Energie hast du zur Verfügung – Energie, die du in dein eigenes Wachstum stecken kannst oder mit der du Menschen unterstützen kannst, die dich nicht missbrauchen. Natürlich solltest du achtsam urteilen, wen du in die Kategorie »Energieräuber« steckst. Auch der beste und positivste Freund hat seine Ups and Downs. In diesen Zeiten solltest du ihm selbstverständlich zur Seite stehen und ihn nicht gleich aus deinem Leben verbannen, nur weil er kurzfristig mal mehr Aufmerksamkeit und Energie beansprucht.

Hilfsbereitschaft und Mitgefühl deinem Umfeld gegenüber sind wichtig. Sie haben jedoch Grenzen, wenn du merkst, dass jemand lieber in der Opferrolle verharren möchte, anstatt deine Ratschläge zu befolgen und durch Handlung etwas zu verändern. Wer sich lieber in seinem Dreck suhlt, anstatt zumindest zu versuchen, seine Probleme zu lösen, hat deine kostbare Energie nicht verdient.

Meist wissen wir instinktiv, wer uns guttut und wer nicht. Du merkst das daran, mit welchen Menschen du gerne Zeit verbringst und welchen du deine Aufmerksamkeit eher aus Mitleid schenkst oder weil du dich ihnen gegenüber verpflichtet fühlst (siehe Kapitel *Rezi*). Ist Letzteres der Fall, gehe in dich und frage dich ernsthaft, ob dieser Mensch deine Energie verdient hat. Benötigt er wirklich Hilfe? Hört er dir auch zu oder will er seine alten Glaubenssätze sowieso nicht ablegen? Viele Menschen möchten einfach nur reden um des Redens willen. Sie drehen sich immer wieder im Kreis und kommen niemals zu einer Lösung.

Auch wenn es schwerfällt: Geh in solchen Situationen auf Abstand – zumindest emotional. Alles andere ist ineffizient und hält dich davon ab, deine Ziele zu verwirklichen.

Meide Negativität. Sie trübt deinen Fokus und raubt dir Energie. Der Weg zu mehr Erfolg ist hart genug – lass dich nicht zusätzlich von Menschen herunterziehen, die krampfhaft an verkorksten Glaubenssätzen festhalten und dich in ihrer Negativitätsspirale mit nach unten ziehen.

Und ja, das können auch Menschen sein, die dir sehr nahestehen. Du musst sie deshalb nicht komplett meiden. Es geht lediglich darum, in solchen Situationen eine emotionale Distanz zu wahren, damit ihre Frames dich nicht tangieren.

Bedenke außerdem: Auch du gehörst zum Umfeld anderer Menschen. Du hast also Einfluss auf ihre Emotionen und

Entscheidungen. Sei dir dieser »Macht« immer bewusst, und gehe achtsam damit um.

»Negative Menschen raus aus meinem Leben, positive rein – ganz einfach« – das könntest du jetzt denken. Doch ganz so ist es nicht.

Die negativen Menschen bereiten weniger Probleme, als du denkst. Sobald du das Prinzip verstanden hast, bist du gegen Negativität schon ganz gut gewappnet. Die gefährlichsten Einflüsse finden sich vielmehr dort, wo wir sie am wenigsten vermuten: bei den Menschen, die uns eigentlich Gutes wollen, aber damit mehr Schaden anrichten, als uns oder ihnen bewusst ist. Von ihnen stammen Worte wie:

- »Warum stehst du schon wieder so früh auf? Du brauchst doch Schlaf!«
- »Das wird dich aber auch nicht glücklich machen.«
- »Das hättest du auch anders machen können.«
- »Du trainierst zu viel – das kann nicht gesund sein!«
- »Du bist toll, so wie du gerade bist.«
- »Du hast schon so viel erreicht, fahr doch mal einen Gang runter!«
- »Bist du dir sicher, dass das der richtige Weg ist?«

Lass dir diese Sätze genau durch den Kopf gehen. Sie passen nicht in das übliche Muster »Negativität«. Meist sind sie sogar gut gemeint. Das ändert aber nichts daran, dass sie brandgefährlich für unseren Fortschritt sind. Wenn uns jemand sagt: »Du schaffst das eh nicht!«, wirkt das möglicherweise sogar wie ein extra Motivationsbooster auf uns. Wenn wir jedoch von Eltern, Freunden oder dem Partner hören, wir sollten mal »einen Gang runterfahren« oder wir hätten uns »total verändert«, macht uns das stutzig. Kurz darauf scrollen wir dann durch unseren Facebook-Feed und runden die Zweifel an unserem Weg mit einem vollkommen realitätsfremden Polly-Pocket-Zitat ab: »Bleib dir treu, echte Freunde lieben dich genau so, wie du bist.« Aussagen wie diese sind übrigens eher der Schlüssel für ewigen Stillstand, als dass sie etwas mit Glück oder Erfüllung zu tun haben.

Deine Überzeugung, das Richtige zu tun, wird durch derartige Einflüsse deines Umfelds immer mehr bröckeln. Plötzlich scheint deine Geschäftsidee viel zu riskant zu sein, dein Trainingsziel unerreichbar, deine Ernährungsweise unpraktikabel. Der Moment, in dem dich solche Frames tangieren und du ihre Hintergründe nicht hinterfragst, wird auch der Moment sein, in dem du aufhörst zu wachsen. Du schläfst ab dann wieder länger, trainierst weniger, drosselst dein Tempo, arbeitest weniger (du hast dich ja angeblich »überanstrengt«). Du zweifelst mehr und hörst auf, nach Fortschritt zu streben (denn du bist ja gut, so wie du bist ...!). Kurzum: Du stagnierst. Die Worte deiner Mitmenschen können deine Erwartungen an dich selbst regelrecht ersticken.

Merke: Quellen für Negativität sind schnell erkannt. Viel tückischer sind gut gemeinte Ratschläge, die wir durch unseren »Filter« lassen, ohne zu hinterfragen, was sie mit uns machen. Oft zeigen solche Ratschläge nur die Grenze desjenigen auf, der sie erteilt. Schalte bei solchen vermeintlich gut gemeinten Tipps auf Durchzug, oder bau eine emotionale Distanz auf, um dich nicht von deinem Weg abbringen zu lassen. Dabei solltest du auch hinterfragen, aus wessen Mund sie stammen.

Merke dir zusätzlich: Jeder, der selbst erfolgreich ist, weiß genau, welche Opfer Erfolg fordert – er würde so etwas daher niemals zu dir sagen.

Meist stammen solche Worte von Menschen, die mangels eigener Erfahrung nicht verstehen, was es heißt, ein Ziel mit Hochdruck zu verfolgen. Sie selbst hatten nie ein Ziel oder haben aufgehört, es zu verfolgen. Sie kennen die Hürden nicht, die der Erfolgsweg jenen abverlangt, die ihn gehen möchten. Denn sie sind ihn selbst nie gegangen.

Solche Menschen sehen in erster Linie ihre eigenen Grenzen – und projizieren sie auf dich. Genau die Grenzen, die dafür gesorgt haben, dass sie selbst an einem Punkt im Leben stehen geblieben sind. Und auch du wirst dort stehen bleiben, wenn du auf sie hörst.

Vielleicht kennst du auch das Sprichwort: »Wenn dir jemand sagt, das geht nicht, denke immer daran: Das sind *seine* Grenzen, nicht *deine*.«

Unser Umfeld prägt unsere Ansprüche an uns selbst. Die wenigsten Menschen scheitern an ihren Feinden, sie scheitern an ihren Freunden.

Was deine Mitmenschen nicht verstehen werden: Die Stunden, die du weniger schläfst und länger arbeitest, die Stunden, die du mehr trainierst als andere, die Extrameilen, die du gehst – all das wird dich dahin bringen, wo andere niemals hinkommen. Und eine Extrameile, die nur die wenigsten gehen, bedeutet das Sprengen des eigenen Umfeldes. Jeder, der einen anderen Weg einschlägt als der Durchschnitt, stößt früher oder später auf Gegendruck.

Dieser Gegendruck kann offensichtlich sein (»Das schaffst du sowieso nicht!«) oder subtil als Besorgnis oder gut gemeinter Ratschlag *daherkommen* (»Überanstreng dich nicht!«). Freunde, Partner/in, Familie und Bekannte werden oft nicht verstehen, warum du machst, was du machst. Manche werden dir mit Ablehnung, Wut oder Unverständnis begegnen. Und sie werden über dich reden. Leider wirst du die Menschen selbst nicht immer ändern können. Was du aber immer ändern kannst, ist dein Umfeld. Also: Ändere dein Umfeld, um falsche Ratschläge und Glaubenssätze von dir fernzuhalten.

Bei wichtigen Schritten im Leben wirst du vermutlich immer wieder »Freunde« verlieren. Oder dich vielleicht auch mit deinen Liebsten zerstreiten. Das ist Teil deines Weges und gehört leider dazu. Die Frage ist, wie du damit umgehst. Es ist deine Entscheidung. Denk daran: Die meisten Menschen scheitern weder an ihrem Potenzial noch an ihrer Motivation – sie scheitern am Umfeld. Wenn du damit nicht umgehen kannst, ist (überdurchschnittlicher) Erfolg nichts für dich.

Einen Tod musst du sterben.
Entweder du löst dich von Menschen,
die dich aufhalten, oder von deinem
Wunsch, erfolgreich zu werden.

Hast du die Macht deines Umfeldes erst einmal erkannt, sollte dir auch klar geworden sein, dass du dein Umfeld ebenso als Quelle für Kraft und Inspiration nutzen kannst. Jeder, der dir positive Energie gibt und dich motiviert, tut dir gut.

Denke immer daran, dass du im Ergebnis der Durchschnitt der Menschen bist, mit denen du dich umgibst. Du kopierst ihre Verhaltensmuster. Setze deshalb hohe Ansprüche an dein Umfeld. Haben deine Mitmenschen dieselben Werte wie du? Wie groß ist ihr Wissensschatz? Streben auch sie nach Fortschritt und Erfolg? Und vor allem: Lernen sie von dir oder lernst du von ihnen?

Letzteres ist einer der wichtigsten Aspekte bei der Wahl deines Umfeldes. Dein Ego ist hier nämlich fehl am Platz. Sich seine Mitmenschen danach auszusuchen, dass man sich ihnen in vielen Bereichen überlegen fühlen kann, füttert zwar das Ego, aber es hemmt jedes Wachstum. Unser Horizont kann sich nur erweitern, wenn wir Vorbilder in unserem Umkreis haben, von denen wir lernen möchten. Damit das funktioniert, müssen sie (zumindest in einem Bereich) besser sein als wir.

»Sei niemals die klügste Person im Raum.«
MICHAEL DELL[26]

Je erfolgreicher die Menschen sind, mit denen du dich umgibst, desto mutiger steckst du deine Ziele und desto mehr erwartest du von dir selbst. Du füllst deine Datenbank mit anspruchsvollem Wissen und gibst deinem körpereigenen Computer mehr Rechenpower. Du programmierst dich regelrecht auf Erfolg. Falsche Einflüsse von »Freunden« würden diese Rechenkraft trüben und dich verwirren.

Bestimmte Menschen sind in deinem Umfeld besonders wertvoll. Oft vermeiden wir die Konfrontation mit ihnen, weil sie uns am härtesten treffen. Die Rede ist von den Menschen, die uns die ungeschönte Wahrheit direkt ins Gesicht sagen – ohne Umwege, ohne Ego, ohne Hintergedanken. Meist sind das weder Freunde noch Familie, denn die haben nicht die nötige Objektivität. Ich rede eher von Menschen, die die Rolle eines »Mentors« übernehmen und dir knallhart deine Stärken *und* deine Schwächen vor Augen führen.

Menschen in deinem Leben zu haben, die kein Blatt vor den Mund nehmen, zählt zu den wertvollsten Rücklagen, die du haben kannst. Sie sind wertvoller als jede Aktie, jede Immobilie oder jedes Gramm Gold. Anhand ihrer Erfahrungen zeigen sie dir, wie du dich weiterentwickeln und wie du durch Niederschläge wachsen kannst. Sie legen dir eine Beschleunigungsspur zum Erfolg.

Bevor du dir nun aber blindlings Mentoren suchst, die dir ihre Meinung geigen, solltest du dir einer wichtigen Sache bewusst werden: *Jeder* ist ein selbst ernannter Mentor. Jeder ist ein Tippgeber. Aber *nicht allen* solltest du dein Gehör schenken.

Merkzettel:
- Fühl dich nicht schlecht, wenn deine vermeintlichen »Freunde« dir ein schlechtes Gewissen einreden, weil du dich distanzieren musst. Wären sie echte Freunde, würden sie das Beste für dich wollen und dich auf deinem Weg unterstützen.

- Lass dich nicht verunsichern, wenn dein (ehemaliges) Umfeld schlecht über dich redet. Sie tun dies, um ihre eigenen Weltansichten zu schützen und vor sich selbst zu rechtfertigen, warum »richtig« ist, was sie tun, und »falsch« ist, was du tust. Was in ihren Köpfen vor sich geht, ist nichts anderes als *kognitive Dissonanzreduktion*. Vergiss nie, dass vor allem *Ergebnisse* und nicht nur Meinungen oder Wünsche zeigen, wer recht hat und wirklich richtigliegt. Bleib also entspannt und betrachte solch kritische Stimmen als Ansporn und Bestätigung für deine neue Reise.

- Auch Umgebungen und Milieus gelten als Umfeld. Viele Arbeitsplätze und Bibliotheken haben ein grauenhaftes Raumklima und machen Produktivität und Kreativität fast unmöglich. Jeder, der schon einmal in einer Behörde Schlange stand, im Krankenhaus lag oder seinen Weg zur Arbeit mit der Bahn bewältigt, weiß, was ich meine, wenn ich von negativen »Frequenzen« spreche. Bedenke: In einem tristen Umfeld entstehen auch triste Leistungen. Mach deine Umgebung zu einem Energiepool, oder arbeite an Orten, die dir Ruhe, Energie oder Inspiration spenden.

- Unterschätze niemals, dass auch schwerwiegende Probleme wie Drogensucht ihren Ursprung fast immer im Umfeld der Betroffenen haben.

- Nicht nur dein eigenes Umfeld ist wichtig. Achte auch darauf, dass das Umfeld deiner Liebsten ihren Zielen entspricht und ihre Potenziale fördert.

- Viele merken gar nicht, dass sie in ihrem Umfeld gefangen sind. Denk daran: Dein Umfeld stellt gleichzeitig auch eine deiner wichtigsten *Routinen* dar – und Routinen bilden die Basis für deinen Erfolg auf jeglicher Ebene.

- Wenn du ein Umfeld hast, das dich in deinen Vorhaben und Herausforderungen bestärkt, sei dankbar dafür! Die Leser, die das Glück haben, von Menschen umgeben zu sein, die ähnliche Ziele verfolgen wie sie selbst und sich gegenseitig unterstützen, wissen, wie beflügelnd das richtige Umfeld für die eigene Entwicklung sein kann.
- Community Management: Die Macht des Umfeldes ist übrigens der Hauptgrund, warum ich so sorgfältig darauf achte, wer in meiner Firma Mitglied ist oder arbeiten darf (egal ob Akademie, Gym oder sonstige Abteilungen). Ich achte penibel genau auf das Klima in meiner Community und habe mein Team speziell darauf geschult. Hätte der Bildungsbereich meiner Akademie ein ähnliches Klima, wie es in vielen Schulen der Fall ist, und mein Gym ein ähnliches Klima wie viele «freie» Gyms, würde dies das Potenzial des Lehrplans ersticken. Statt eines freien Austausches auf Augenhöhe und einem lernenden Miteinander würden einige wenige Mitglieder aus egoistischen Motiven die gesamte Gemeinschaft stören und das gemeinsame Vorwärtskommen unmöglich machen.

FALSCHE TIPPGEBER

Wir lieben Menschen, die Ahnung von dem haben, wovon sie sprechen. Und wir lieben es zu lernen. Dabei weiß jedes Kind, dass es am sinnvollsten ist, eine Sache von jemandem zu lernen, der darin besser ist als wir. Wer Tennis lernen möchte, nimmt Trainerstunden bei einem Tennistrainer, wer Golf spielen möchte, bucht einen Golftrainer, wer besser vor Menschen reden möchte, besucht einen Rhetorikkurs und so weiter. Wenn wir eine Wissenslücke (»kein Tennis spielen können«) füllen möchten, suchen wir uns einen Experten, der das nötige Wissen hat, um unsere Lücke zu füllen (Tennistrainer).

Dabei legen wir oft besonderen Wert auf seine *Referenzen*. Je mehr Errungenschaften, Zertifikate, gute Bewertungen oder Titel derjenige hat, desto eher vertrauen wir ihm.

Komischerweise sind wir aber oft nur in den Bereichen so misstrauisch, in denen es »offizielle« Referenzen gibt, in der Bildung beispielsweise, oder im Sport. Der Uni-Dozent überzeugt mit dem Doktortitel, der Fitnesstrainer mit Trainerlizenzen. In anderen Lebensbereichen, bei denen es nur wenige oder gar keine offiziellen Bewertungen oder Zertifikate gibt – etwa bei den Themen Geld, Fortschritt, Liebe/Beziehungen, Karriere, Kommunikation, Erfolg –, hören wir zu oft auf *jeden*, der dazu etwas von sich gibt – auf den besten Experten genauso wie auf den größten Schwachmaten. Ich beobachte immer wieder, wie Menschen blindlings auf Lebenstipps von Freunden und Verwandten hören, »Erfolgsratschläge« von

Online-Coaches befolgen oder sich von der besten Freundin zum Thema Beziehungen beraten lassen. Anstatt gründlich zu hinterfragen, *wer* uns einen Tipp gibt und welche Referenzen ihn dazu befähigen, gehen wir fröhlich einem Ratschlag nach dem anderen nach.

Wir realisieren gar nicht, wie viele Lebensweisheiten uns in einer entspannten Konversation um die Ohren fliegen können – Informationen, die sich bei uns »ansetzen«, ohne dass wir es bemerken. Mit diesen arbeitet dein Gehirn dann automatisch weiter, was wiederum Auswirkungen auf deine Wahrnehmung und deine zukünftigen Entscheidungen hat. Somit werden deine künftigen Erfolge – oder auch Misserfolge – maßgeblich durch diese verinnerlichten Glaubenssätze mitbestimmt.

Dabei scheinen wir eine Sache zu vergessen: Menschen reden viel. Viele reden die ganze Zeit. Nicht, weil sie es müssen, sondern weil sie können. An sich ist das kein Grund zur Sorge – das Problem liegt eher darin, worüber sie reden und bei wem ihre Worte Gehör finden. Ich kann mich gar nicht genug wundern, wenn ich in Restaurants und Bars beobachte, mit welcher Selbstverständlichkeit Menschen über ihre Krisen und Probleme philosophieren und sich Ratschläge über alles und jeden abholen. Wenn es um das Erteilen von Ratschlägen geht, leiden viele Menschen unter chronischer Selbstüberschätzung. Sie reden nicht nur viel, sondern vor allem über Dinge, über die sie eigentlich nicht reden sollten.

Das Einzige, was noch schlimmer ist als mangelndes oder fehlendes Selbstbewusstsein, ist ein *überschätztes Selbstbewusstsein*. Die wenigsten Menschen unterscheiden nämlich zwischen den Themen, in denen sie wirklich versiert sind, und jenen, von denen sie bestenfalls ein Halbwissen oder auch oft keinen blassen Schimmer haben. Sie verkünden zu allem und jedem ihre Meinung. Es scheint, als würde in vielen Menschen ein *Tippgeber* schlummern, der nur darauf wartet, zu jedem Thema, das er vorgesetzt bekommt, seinen Senf dazuzugeben. Leider beruhen viele dieser Tipps nicht auf Expertise, sondern auf einem überambitionierten Ego.

Blöderweise sind es zu oft die Ahnungslosen, die laut und selbstbewusst Ratschläge und Tipps verteilen. Hierbei spielt das Thema »sichtbar versus unsichtbar« eine Rolle. Je mehr Erfahrungen wir sammeln, desto bewusster wird uns, wie wenig wir eigentlich wissen. »Weise« Menschen gehen achtsamer mit ihren Ratschlägen um, denn »sie wissen, dass sie nichts wissen« – wie schon Sokrates gesagt haben soll. Sie sind sich bewusst, dass es ihnen wahrscheinlich an ausreichenden Parametern fehlt, um eine Situation richtig zu beurteilen. Leider sind diese Menschen rar gesät.

Die meisten Menschen wissen hingegen gar nicht, wie wenig sie eigentlich wissen. Und sie wissen nicht, was sie mit ihren Ratschlägen anrichten können. Ich kenne Erwachsene, die ihr gesamtes Leben und ihre gesamte Karriere auf schlechten Ratschlägen aufgebaut haben. Noch fahrlässiger als ein schlechter Ratschlag ist, diesen einfach blind anzunehmen.

»Wenn ein Blinder einen Blinden führt,
werden beide in die Grube fallen.«
BIBEL, MATTHÄUS 15,14

Bedenke: Es gibt keinen »TÜV« für Tippgeber und deren Ratschläge. Sie prasseln einfach auf dich ein. Vor allem in wichtigen Lebensbereichen wie *Erfolg, Karriere* oder *Freundschaft* und *Liebe* hat jeder Mensch eine Meinung. Es ist *deine* Aufgabe, ihre Ratschläge kritisch zu hinterfragen und ihre »Referenzen« zu prüfen.

Täglich werden Millionen falscher Entscheidungen getroffen, weil wir den falschen Menschen unser Gehör schenken. All diese Fehlentscheidungen basieren auf ein und demselben Fehler: auf mangelnder Skepsis gegenüber den Referenzen unseres Gegenübers.

Nur weil jemand reden kann, bedeutet das nicht, dass das, was er sagt, auch richtig ist – auch oder gerade dann nicht, wenn diese Person für dich eine persönliche Bedeutung hat. Eins scheinen die meisten Menschen nämlich leider noch nicht verstanden zu haben: Dass Menschen dir wichtig sind (als Freunde, Familie, Lebenspartner usw.), bedeutet nicht, dass sie deinen Kopf mit etwas »vollmüllen« dürfen, nur weil sie es persönlich für richtig halten. Vor allem bei den Menschen, die uns am Herzen liegen, sind wir oft zu leichtgläubig und legen zu schnell jegliche Skepsis ab.

Ich habe damals beispielsweise auf alles und jeden gehört, wenn es darum ging, wie man eine Frau erobern kann. Nichts davon hat funktioniert, und ich war verwirrt. Viele Frauen sagen, dass sie sich beispielsweise X von Männern wünschen – ihre persönliche Historie mit Männern zeigt aber, dass sie bislang auf etwas ganz anderes, nämlich Y angesprungen sind.

Wie gültig sind also solche Aussagen für dein Beziehungsleben? Kaum eine Frau kann dir verlässlich sagen, wie du als Mann wirklich bei ihr landest. Dafür fehlt uns Menschen schlichtweg zu oft das objektive Wissen über Beziehungs-psychologie.

Was sie erzählen ist also weniger, wie du bei einer Frau *wirklich* Anziehung aufbaust, sondern eher, wie sie sich das Leben *wünschen* würden, wenn es darum geht, bei seinem Schwarm zu landen. Anhand ihres Lebens siehst du dann, dass oft genau das Gegenteil der Fall ist. Schlimmer noch: Mit jedem Mal, bei dem sie ihren Worten mit ihren Taten wider-sprechen, festigen sie ihre falschen Ratschläge noch mehr. Beispielsweise, weil sie das, was ihnen widerfährt, ungerecht finden.

Viele Männer fragen mich, warum die Beziehungstipps, die sie von Frauen bekommen haben, bei anderen Frauen irgendwie nicht funktionieren. Die Auflösung ist einfach: Frauen erzählen dir das, was sie sich von einem Mann wün-schen – nicht aber das, was bei ihnen *funktioniert*. Sie ma-chen das nicht aus böser Absicht, sondern weil sie es nicht besser wissen. Und gerade Männer sind oft unehrlich, wenn es darum geht, was sie bei Frauen wirklich anziehend finden. Frauen, denen von ihrem Freund oder einem anderen Mann erzählt wird, Männer würden sich ausschließlich in den Cha-rakter einer Frau verlieben, sollten diese Aussage mit Vorsicht genießen. Dafür, dass das Aussehen ihrer Frau ihnen so »egal« ist und sie nur Augen für ihre inneren Werte haben, verhal-ten sich Männer *untereinander* verblüffend anders, wenn es in einem Gespräch um Frauen geht.

Wenn wir unser Wissen mithilfe anderer Menschen er-weitern, ist dies essenziell für unsere Weiterentwicklung. Wir dürfen dabei aber das Steuer nicht aus der Hand geben. Genau das tun wir aber, wenn wir nicht ganz genau *filtern*, auf *wen* wir hören und auf wen nicht. Mal erweist sich ein

Ratschlag, den wir befolgen, als sehr wertvoll, mal reitet er uns noch tiefer in eine Misere. Welcher der beiden Fälle eintrifft, kann ein Glücksspiel sein, es sei denn, wir übernehmen Eigenverantwortung und achten genau darauf, wessen Ratschläge wir befolgen.

Dabei ist es grundsätzlich nicht schwierig, schlechte Tippgeber zu meiden. Ich achte beispielsweise in Gesprächen darauf, achtsamer zu sein, und habe stets folgende Fragen im Hinterkopf:

1. Welche reellen Referenzen/Ergebnisse hat der Tippgeber in diesem Bereich vorzuweisen?
2. Ist er in diesem Bereich erfolgreicher/weiter als ich? Finde ich seine Ergebnisse erstrebenswert?

Beispiel 1: Du bist gerade mitten im Aufbau eines kleinen Unternehmens und machst eine extrem harte Phase durch. Ein Freund (Angestellter im IT-Bereich) rät dir zu einem festen Job. Dieser würde dir »Sicherheit und Aufstiegsmöglichkeiten« bieten.

Wir stellen uns die oben genannten Fragen.

Ergebnis: Dein Freund ist weder selbst Unternehmer, noch hat er eine besonders steile Karriere vorzuweisen. Darüber hinaus wirkt er unerfüllt und hat sich seit Jahren nicht weiterentwickelt. Weder sein Lifestyle noch sein Kontostand wirken auf dich erstrebenswert.

Fazit: Er selbst hat weder den Mut noch die Motivation, um einen eigenen Weg zu verfolgen. Seine Unsicherheit und seine ausgeprägte Komfortzone projiziert er auf dich. Also: Schalte auf Durchzug und schaffe dir ein Umfeld aus Menschen, die ähnliche Ziele verfolgen wie du.

Beispiel 2: Seit Jahren bist du mit deiner Figur unzufrieden. Du möchtest abnehmen und fitter werden, fühlst dich aber vom Überfluss an Informationen erschlagen und weißt nicht mehr, auf wen du hören sollst. Ein Bekannter, der kürzlich 30 Kilo abgenommen hat, gibt dir einige Ernährungstipps und empfiehlt dir drei Bücher zum Thema »emotionales Essen«. Wir hinterfragen.

Ergebnis: Dein Bekannter kennt deine Situation nur zu gut und hat selbst bereits erfolgreich abgenommen. Er wirkt fit und vital und hat einen Körper, um den du ihn beneidest.

Fazit: Die Referenzen sprechen für ihn. Go for it!

Mangelnde *echte* Referenzen sind übrigens der Hauptgrund dafür, dass ich die meisten Coaches und Speaker, die sich heutzutage auf dem Markt tummeln, nicht leiden kann. Seit es im Trend liegt, Coach zu sein, sprießen sie in Massen aus dem Boden: Menschen, die sich durch den Besuch eines Kurses Coach oder Speaker nennen und meinen, Leuten helfen zu können, nur weil sie ein Zertifikat vorweisen können. Sie denken, dass die Welt geradezu auf ihre befreienden Ratschläge gewartet hat – nur, weil sie selbst eine harte Down-Phase erfolgreich bewältigt haben. Sie versprechen, ihren Kunden zu mehr geschäftlichem und persönlichem Erfolg verhelfen zu können – vergessen dabei aber, dass es ihnen selbst an genau diesen Attributen fehlt. Wenn sich jemand beispielsweise »Business-Coach« nennt, ohne selbst jemals ein gut laufendes Business gehabt zu haben, ist eine gesunde Portion Skepsis wahrlich angebracht.

Meist mangelt es an dieser Skepsis. Die Leute sehen nur die Titel »Experte« oder »Coach«, fragen sich aber nicht, wie viel Expertise wirklich dahintersteckt. Die Ergebnisse sprechen jedenfalls für sich. Man sieht zwar Tausende Coaches, aber keine Tausende von Menschen, die durch sie erfolgreich wurden.

Versteh mich nicht falsch, manche Coaches sind absolut super. Und angesichts der Vielzahl von unqualifizierten Coaches können jene mit echter Erfahrung und guten Resultaten erst recht glänzen. Das Problem sind auch eigentlich nicht die Coaches, sondern die *mangelnde Eigenverantwortung der Menschen,* wenn es um Ratschläge geht. Der (im Übrigen nicht geschützte) Titel »Coach« sollte nicht Anlass sein, bei diesen Menschen alle seine »Barrieren« zu öffnen und deren Worte ungefiltert zu sich durchdringen zu lassen.

Vor diesem Hintergrund würde ich dir empfehlen, das Wort »Referenzen« für dich neu zu definieren. Echte Referenzen bestehen weder aus Zertifikaten noch aus Abschlüssen. Ich kenne viel zu viele Menschen, deren Referenzen auf dem Papier in keiner Weise mit ihren Ergebnissen zusammenpassen. Simpel zusammengefasst: Ein erfolgreicher Unternehmer kann sicherlich zusätzlich noch Professor für BWL (Betriebswirtschaftslehre) sein. Aber nicht jeder BWL-Professor weiß, wie man im *echten* Geschäftsleben erfolgreich ist. Diese Denkweise solltest du auf alle Lebensbereiche und Fachgebiete übertragen.

Merke: Lass dich niemals von Speakern, Coaches, Titeln oder Zertifikaten beeindrucken, sondern verlass dich auf das, was wirklich zählt: *echte reproduzierbare Resultate.*

Neben fehlenden Referenzen haben Ratschläge noch andere Tücken. Sie sind beispielsweise oftmals nicht direkt als solche erkennbar, sondern tarnen sich gerne als Anekdoten oder

Erfahrungen. Wir können deshalb nicht immer steuern, was unser Gehirn unterbewusst aus den Worten eines Menschen zieht und sich daraus zusammenstrickt.

Deswegen ist es umso wichtiger, von vornherein auf das Gefahrenpotenzial deines *Umfeldes* zu achten. So minimierst du die Gefahr, von falschen oder schlechten Tippgebern beeinflusst zu werden. Das kann auch bedeuten, dass du beim Gespräch mit deinem Partner, deinen Eltern oder deinen Freunden manchmal einfach auf Durchzug schalten musst. Nur weil sie dir nahestehen, heißt das noch nicht, dass sie recht haben – auch wenn ihre Ratschläge noch so gut gemeint sind. Denn grundsätzlich gilt: »Gut gemeint« heißt noch lange nicht »gut gemacht«.

Falsche Tippgeber sind übrigens kein Grund, die Schuld für deinen Misserfolg auf andere zu schieben. Im Gegenteil: Es liegt in *deiner* Verantwortung, wem du zuhörst und wem nicht. Das bedeutet auch, dass du nicht wahllos zum nächstbesten Menschen rennst, wenn du ein Problem oder eine Frage hast. Nur weil du eine Freundin schon lange kennst und du ihr gerne bei einem Glas Weißweinschorle deine Beziehungsprobleme anvertraust, heißt das nicht, dass sie dir auch adäquate Ratschläge zu diesem Thema geben kann. Um das festzustellen, müsstest du zuerst einen genauen Blick darauf werfen, wie ihr eigenes Beziehungsleben aussieht.

Im Übrigen solltest du niemals vergessen, dass auch in dir ein Tippgeber steckt! Sei dir dessen immer bewusst und vermeide es, Ratschläge zu erteilen, wenn du dir nicht absolut sicher bist. Andernfalls wirst du nicht nur zur Gefahr für die Menschen, die dir vertrauen, sondern machst dich auch sehr unbeliebt bei denen, die deine Tipps hinterfragen. Wenn du hingegen deinen Mitmenschen immer nur solche Ratschläge gibst, die sie wirklich weiterbringen, werden sich immer mehr Menschen zu dir hingezogen fühlen. Das stärkt deine Reputation und macht dich zu einem Menschen, der von anderen geschätzt wird.

Merke: Nur weil es sich richtig anfühlt oder du denkst, dass du richtigliegst, ist es nicht automatisch richtig.

Selbstüberschätzung schadet dir und deinen Mitmenschen. *Kein* Ratschlag ist besser als ein *falscher* Ratschlag.

Frage dich immer wieder:

- Weiß ich gerade wirklich, wovon ich spreche?
- Habe ich die nötigen Referenzen, um über dieses Thema zu urteilen?
- Kenne ich alle wesentlichen Faktoren, die zu der Frage/ dem Problem meines Gegenübers führten?
- Bin ich mir der möglichen Konsequenzen meiner Worte bewusst?
- Kann ich meinen Ratschlag meinem Gegenüber angemessen erklären und sichergehen, dass es ihn richtig versteht?

Die Haltung, jeden Tipp und jede Empfehlung kritisch zu hinterfragen, schützt dich nicht nur vor fatalen Fehlern, sondern bringt dich auch massiv nach vorne. Je weniger du dich von unfundierten Ratschlägen verwirren lässt, desto freier ist dein Kopf. Du kannst klarer denken, bist fokussierter und hast mehr Kapazitäten für wertvolle Tipps von Menschen mit echten Referenzen. Wie schon im Kapitel *Umfeld* angeschnitten, sind solche Menschen extrem wichtig für deinen Erfolg. Die beste Überholspur, die du nehmen kannst, besteht aus einem Kreis von Mentoren mit echten Referenzen.

Wenn Menschen das Wort »Mentor« hören, denken sie vielleicht an eine Art mysteriösen Guru, der auf alle Fragen des Lebens eine Antwort hat und dich auf deinem ganzen Weg begleitet. Vollkommener Blödsinn – du kannst Dutzende Mentoren in deinem Leben haben. Neben persönlichen Mentoren können Informationen aus Büchern, Videos, Podcasts oder anderen Medien ebenfalls so etwas wie eine «Mentorenrolle« einnehmen. Jeder, der dir in einem Fachgebiet »überlegen« und bereit ist, sein Wissen mit dir zu teilen, kann für dich ein Mentor sein.

Die meisten Mitglieder meiner Firma PHP sehen mich beispielsweise als Mentor in Themengebieten wie Psychologie, Business, Erfolg, Glück, Mindset, Kommunikation, Beziehungen, Sport/Kampfsport & Co. Da diese Mitglieder jedoch ihren eigenen Weg gehen, kommt irgendwann der Punkt, an dem sie Wissen in einem spezifischen Bereich benötigen und deshalb zusätzlich weitere »Mentoren« zurate ziehen. Das müssen keineswegs immer Erfolgsmenschen sein. Behalte immer im Hinterkopf, dass du von jedem Menschen etwas lernen kannst. Jeder Mensch hat Erfahrungen und Wissensbestände, die für dich relevant sein könnten.

Du solltest also nicht mit einem Tunnelblick durchs Leben wandern. Und begegne falschen Tippgebern nicht grundsätzlich mit Abneigung. Es geht nicht darum, dagegenzureden oder mit ihnen zu diskutieren – die Hauptsache ist, dass du genau weißt, wessen Worten du Gewicht gibst und wessen nicht. Nicht jeder Freund, mit dem du gerne Spaß hast, muss gleichzeitig auch dein Lebens-, Ernährungs- oder Vermögensberater sein. Also genieß die gemeinsame Zeit mit ihm und hab Spaß – betrachte ihn aber nicht automatisch als Experten für Lebensfragen!

Ich höre Menschen grundsätzlich sehr genau zu und neige dazu, eher einmal zu viel als einmal zu wenig zu fragen. Der springende Punkt ist, dass ich dabei jeden Input genauestens hinterfrage und mir stets bewusst bin, wann es gilt, zuzuhören, und wann ich lieber gedanklich auf Durchzug schalte. Dieses Bewusstsein und vor allem die Fähigkeit, gute Ratschläge von schlechten zu unterscheiden, erfordert jedoch viel Wissen und Erfahrung: zum einen über die Menschen selbst und zum anderen auch über gewisse psychologische Prinzipien. Einige dieser psychologischen Prinzipien wirst du im Folgenden kennenlernen.

PSYCHOLOGISCHE GESETZE

Einer der größten Irrtümer der Menschheit besteht meiner Meinung nach darin, zu denken, dass wir Herr über unsere Entscheidungen sind.

Wir Menschen haben ganz schön falsche Vorstellungen davon, was in der Welt so vor sich geht. Wir sind wahre Meister darin, uns in irgendwelchen schönen Illusionen zu verlieren und uns die Welt so zu malen, wie wir sie gerne hätten. Eine dieser Illusionen ist die Vorstellung, dass wir frei in unseren Entscheidungen sind. Wir denken, ein Mensch zu sein bedeutet, sich ganz auf seinen Verstand und sein Bauchgefühl verlassen zu können.

Die Wahrheit sieht aber wie so oft ganz anders aus. Dass unser Blick auf die Welt maßgeblich davon abhängt, welche und wie viele Informationen wir gesammelt haben, weißt du schon. Darüber hinaus werden wir auch täglich Opfer von Manipulationen. Wir werden zum Opfer psychologischer Gesetze, die unsere Entscheidungen und Handlungen massiv beeinflussen können.

Bei »Manipulation« könnte man nun an Psychotricks denken, mit denen mysteriöse Mächte die Kontrolle über unseren Verstand übernehmen. Die Taktiken, mit denen wir im Alltag manipuliert werden, sind aber simpler und haben nichts mit Illuminaten oder sonstigen abgefahrenen Verschwörungstheorien zu tun, die zwar als Film spannend sind, aber mit der Realität nichts zu tun haben. Es sind relativ einfache psychologische Gesetze, die beeinflussen, wie wir *denken*, wie wir *handeln* und welche *Entscheidungen* wir treffen. Sie entstammen unserer evolutionären Vergangenheit und sind tief in uns verankert. Sie greifen bei jedem Abkömmling der Gattung Homo sapiens – egal, ob es sich um einen Ureinwohner im brasilianischen Regenwald oder um einen Staatspräsidenten handelt.

Einige dieser Gesetze wenden wir selbst regelmäßig an, meist, ohne uns dessen bewusst zu sein. Den meisten Prinzipien sind wir aber vollkommen ausgeliefert. Die Menschen, die sie kennen, nutzen ihre Wirkung auf uns daher fleißig aus, um uns nach Lust und Laune zu manipulieren.

Das muss nicht per se schlecht für uns sein. Es kann zum Beispiel bedeuten, dass wir ein Produkt kaufen, mit dem wir anschließend sehr zufrieden sind. Oder dass wir dem Kellner bei unserem Lieblingsitaliener mehr Trinkgeld geben. Diese psychologischen Gesetze können aber auch dafür sorgen, dass wir falsche Entscheidungen treffen und uns in falsche Bahnen leiten lassen. Erinnerst du dich beispielsweise noch an die starken und schwachen Frames aus dem Kapitel *Frame*? Eins kann ich dir sagen: Wessen Frame stärker ist, hat nur wenig damit zu tun, ob derjenige recht hat oder nicht. Dein Gesprächspartner kann offenkundig unrecht haben und deinen (richtigen) Frame trotzdem übertrumpfen bzw. dominieren – nur weil er gewisse psychologische Kräfte auf seiner Seite hat, die seine Wirkung verstärken.

Wer psychologische Gesetze für sich nutzt, muss also nicht automatisch etwas Böses im Sinn haben. Es liegt schlicht in unserem genetischen Code, dass wir uns durch gewisse Prinzipien leiten lassen. Leiten »lassen« ist hier das Stichwort. Leider neigen wir Menschen dazu, in bestimmten Momenten die Kontrolle über unsere Entscheidungen abzugeben. Wir denken zwar, wir seien es, der entscheidet, in Wahrheit jedoch wird über uns entschieden.

Das Gefährliche daran ist, dass wir uns zu oft in einer Art *»Autopilot-Modus«* befinden und gar nicht merken, wenn solche fremdbestimmten Entscheidungen falsch waren. Oder wir bemerken es erst, wenn es schon viel zu spät ist. Deshalb vertragen sich dieser Autopilot und unser Erfolg nicht gut. Sie stoßen sich gewissermaßen ab. Wer lieber seinen Autopilot lenken lässt, anstatt selbst zu entscheiden, kann seinem Erfolg Lebewohl sagen. Umgekehrt müssen wir die Tücken unseres Unterbewusstseins kennenlernen und, so gut es geht, selbst die Kontrolle über unser Handeln übernehmen, wenn wir Erfolg und Fortschritt anstreben.

Zu wissen, wie unser Kopf funktioniert und warum wir handeln, wie wir handeln, ist der erste Schritt zu mehr Eigenverantwortung. Das macht uns zwar nicht automatisch immun gegen diese psychologischen Phänomene, aber gibt uns zumindest die Möglichkeit, ab und zu achtsam innezuhalten und uns zu fragen: Bin zu 100 Prozent *ich* es, der gerade entscheidet, oder übernimmt mein Unterbewusstsein gerade die Kontrolle?

Betrachte die Phänomene, die im Folgenden behandelt werden, einfach als neue »Programme«, mit denen du die Fähigkeiten und Effizienz deines »Denk-Computers« erweiterst. Nachdem du sie durch tiefes Verständnis »installiert« hast, kannst du sie entweder passiv nutzen, um dich gegen Manipulationen zu wappnen, oder du wendest sie aktiv selber an.

GESETZ DER MACHT

Unser Verstand gehorcht einer Vielzahl psychologischer Prinzipien, die beeinflussen, wie wir denken und handeln. Meist merken wir gar nicht, wie sie unsere Urteile und Entscheidungen sabotieren. Wie wir aber schon gesehen haben, sind unsere Entscheidungen eines unserer wertvollsten Werkzeuge, wenn wir mehr vom Leben wollen. Wer nicht am Steuer seiner Entscheidungen sitzt, wird im Leben auf Probleme stoßen: Probleme in der Karriere, Probleme mit der Gesundheit, Probleme in Beziehungen. Zu wissen, wie unsere Entscheidungen beeinflusst werden können, ist daher ein wichtiger Schritt zu mehr Eigenverantwortung. Nur mit einer hohen Eigenverantwortung können wir in heiklen Situationen in uns gehen und kritisch hinterfragen, ob es wirklich »wir« sind, die entscheiden.

Beginnen wir mit einem der mächtigsten psychologischen Prinzipien, dem *Gesetz der Macht*.

Das Gesetz der Macht beeinflusst, wem du glaubst und wem du gehorchst, ohne dass du es aktiv merkst und vollkommen unabhängig davon, ob derjenige recht hat oder nicht. Wenn wir dieses Gesetz nicht kennen, laufen wir immer wieder Gefahr, falsche Entscheidungen zu treffen – was natürlich verheerende Folgen haben kann. Beispielsweise kann es dazu führen, dass wir einen falschen Beruf wählen, dass ganze Gesellschaften sich von falschen oder veralteten Prinzipien leiten lassen, und es kann sogar Todesfälle zur Folge haben. Gleichzeitig kannst du es selbst nutzen, um dir gegenüber anderen Menschen mehr Gehör zu verschaffen und deinen Worten mehr Gewicht zu geben.

Grob lässt sich das Gesetz der Macht wie folgt beschreiben: Wir neigen dazu, Menschen, denen wir eine hohe Machtposition zuschreiben, mehr Glauben und Gehorsam zu schenken als anderen. In unserer heutigen Welt sind das vor allem Personen mit einem hohen Status, bestimmten Titeln oder sonstigen Attributen von Autorität. Das können beispielsweise Politiker, Ärzte, Lehrer oder sonstige »Experten« sein. Es müssen aber nicht nur Einzelpersonen sein, auch Institutionen können einen hohen Machtstatus haben. Dazu gehören beispielsweise Schulen oder die Polizei. Erscheint uns jemand wichtig oder mächtig, glauben wir seinen Behauptungen eher und sind bereitwilliger, seinen Anweisungen zu folgen.

»Ist ja logisch«, könntest du nun denken. Dass wir Menschen mit Status und Autorität eher glauben als anderen, stellt an sich auch noch kein Problem dar. Das Tückische daran ist vielmehr die *Blindheit*, mit der wir das häufig tun. Unsere Neigung, uns dem Gesetz der Macht zu unterwerfen, ist eine große Gefahr für unsere Eigenverantwortung.

Nehmen wir hierzu ein kleines Beispiel: Stell dir vor, du hast Knieschmerzen, und ein Freund, der selbst lange unter Knieproblemen gelitten hat, empfiehlt dir einige Übungen zur Linderung. Dein Arzt wiederum empfiehlt dir eine aufwendige Operation. Was würdest du tun? Viele Menschen würden in diesem Fall blindlings auf ihren Arzt hören und sich operieren lassen.

Das ist an sich weder falsch noch verwerflich, gefährlich ist jedoch die Art, mit der viele Menschen den ärztlichen Ratschlag befolgen würden: blind und ohne ihn zu hinterfragen. Es könnte nämlich sein, dass die empfohlenen Übungen des Freundes ausreichen, um die Knieprobleme zu beheben, und eine Operation auch aus medizinischer Sicht absoluter Nonsens wäre. Dass die meisten Menschen sich dennoch ohne Umwege in den OP-Saal begeben, liegt daran, dass Ärzte für uns eine *Machtposition* innehaben. Sie genießen in unseren Augen genau diesen Expertenstatus, der das Gesetz der Macht so gefährlich macht. Ihr Wort ist für viele wie ein Gesetz – zumindest was gesundheitliche Themen betrifft. Rät uns der Arzt also zur Knie-Operation, greift in unserem Kopf das Gesetz der Macht und wir neigen dazu, zu denken: *»Wenn es mein Arzt sagt, muss es wohl stimmen!«*

Ich möchte betonen, dass es nicht unsere Folgsamkeit an sich ist, die das Zusammenspiel mit Autoritäten so tückisch macht. Das Problem ist, dass wir oft schlagartig »erblinden« und jegliche Skepsis ablegen, wenn wir es mit einer übergeordneten Autorität zu tun haben, egal, ob Person oder Institution. Damit entfernen wir uns jedoch einen Riesenschritt von unserem Erfolg.

»Nichts ist im Menschen, auch im scheinbar ›aufgeklärtesten‹, fester verwurzelt als der Glaube an irgendwelche Autoritäten.«

EGON FRIEDELL[27]

Das Gesetz der Macht ist so wirkungsvoll, dass wir alleine mit dem Wissen über dessen Wirkung mit hoher Gewissheit vorhersagen können, wie Menschen angesichts einer »mächtigen« Person entscheiden. Müssten wir wie in unserem Beispielfall wählen, ob wir eher dem Rat des Freundes oder dem des Arztes nachkommen, wäre es sozusagen vorprogrammiert, wie wir entscheiden. Die Entscheidung ist in diesem Fall auch naheliegend, weil man meinen sollte, dass ein Arzt tatsächlich mehr über die menschliche Anatomie weiß als ein Freund mit Knieproblemen.

Nicht selten entsprechen die wahren Fähigkeiten eines »Experten« aber gar nicht denen, die wir von ihm erwarten. Dennoch lassen wir uns oft durch Titel oder Positionen beeindrucken und tappen daher in die »Macht-Falle«. Wir hören dann beispielsweise auf »Berater«, die gar keine sind. Hat ein »Finanzberater« wirklich Ahnung von Finanzen, nur weil es in seiner Berufsbezeichnung steht?

Wir erinnern uns an die »falschen« Tippgeber: Was zählt, sind echte, reale und valide Referenzen. Bei einem Finanzberater sind das logischerweise seine Finanzen. In diesem Fall sollte also kritisch geprüft werden, ob das, was der »Berater« erzählt, auch bei ihm selbst funktioniert. Es gibt heutzutage Finanzberater, die mit ihrem »Wissen« aus drei mickrigen Lehrjahren gestandene Unternehmer beraten. Verkehrte Welt, wenn du mich fragst. Dennoch wird ihnen Gehör geschenkt. Das Gesetz der Macht bewirkt, dass es oft nur einen Titel braucht, um für glaubwürdig befunden zu werden. Leider.

Was wir glauben, hängt nicht nur davon ab,
was »richtig« oder »falsch« ist,
sondern vor allem davon, wer es sagt.

Anders formuliert: Jemand kann den größten Schwachsinn erzählen, und wir glauben ihm trotzdem, weil er für uns eine Autorität oder »mächtige« Person darstellt. Deshalb gehört das Gesetz der Macht auch zu den stärksten Instrumenten im Marketing. Werbeversprechen wie »von Dermatologen empfohlen« suggerieren uns die Bewährtheit eines Produktes und sorgen dafür, dass wir es eher kaufen als ein anderes, obwohl es vielleicht keinen Deut besser ist (nur teurer).

Das Gesetz der Macht ist eine der Hauptursachen dafür, dass wir in unserem Leben so viele falsche und trügerische Glaubenssätze und Kriterien ansammeln. Es kann unseren »Filter« zur kritischen Verarbeitung von Informationen einfach auf Stand-by schalten. Oft glauben wir falschen Behauptungen oder folgen schlechten Ratschlägen, nur weil sie von einer Person stammen, der wir Macht oder Autorität zuschreiben. Infolgedessen treffen wir falsche Entscheidungen, die uns wiederum den Weg zu mehr Freiheit und Erfolg erschweren.

Um freier, erfüllter und gesünder zu werden, ist es daher enorm wichtig, dass du das Wissen über dieses Gesetz tief in deine Wissensdatenbank aufnimmst und bei wichtigen Entscheidungen ein wachsames Auge auf dessen oft trügerische Wirkung hast. Im Glanz der Macht präsentieren sich nämlich oft gerade die Menschen, auf die wir bei wichtigen Fragen des Lebens am meisten hören. Dazu gehören neben Ärzten beispielsweise Wissenschaftler, Lehrer, Experten, generell Akademiker, staatliche Institutionen wie Schulen, Universitäten oder die Polizei und in unserer Kindheit auch im Besonderen unsere Eltern. All diese Menschen und Institutionen stufen wir unterbewusst oft als glaubwürdiger und seriöser ein – völlig unabhängig davon, ob sie es wirklich sind.

Wer diesen Effekt nicht kennt, wird früher oder später fatale Fehlentscheidungen treffen. Damit das Gesetz der Macht bei uns greift, muss unser Gegenüber nämlich gar nicht wirklich »mächtig« sein. Es reicht, dass unser Gehirn ein einziges Signal bekommt, welches es mit Autorität oder Status verbindet, und schon macht es »klick« – unser »Macht-Schalter« wird aktiviert. Ein solches Signal kann ein kleines Attribut, zum Beispiel besondere Kleidung, sein. Würdest du beispielsweise in Offiziersuniform oder Polizei-Montur durch die Straßen gehen, würdest du vollkommen anders behandelt, als wenn du eine Jogginghose tragen würdest – völlig unabhängig davon, ob du tatsächlich Offizier oder Polizist bist oder nicht.

Wir lassen uns sehr leicht täuschen.
Unser Gehirn unterscheidet nicht zwischen
vermuteter und echter »Macht«!
Wir glauben dem angeblichen »Experten« also
möglicherweise auch dann, wenn er
für unsere Sachlage gar keiner ist.

Das gilt leider insbesondere für die ganzen selbst ernannten Experten, die keine Mühen scheuen, ihren künstlich aufgeblasenen Expertenstatus mit dubiosen Zertifikaten weiter aufzuplustern. Beispiele: ein Großteil der (Online-)Trainer und Coaches, selbst ernannte Fitness-»Experten«, zweifelhafte Finanzberater, einige Speaker und so weiter.

Merke: Lass dich niemals von Titeln, Positionen oder Zertifikaten blenden. Gewöhne dir an, »Experten« stets kritisch zu hinterfragen und sie nur nach ihren reellen Ergebnissen zu beurteilen, nicht nach ihren Urkunden. Denn: *Zertifiziert bedeutet nicht automatisch qualifiziert.*

Darüber hinaus bist du natürlich am anfälligsten, dem Gesetz der Macht zu erliegen und den falschen Menschen zu vertrauen, wenn es um ein Fachgebiet geht, in dem du wenig bewandert bist (wie Medizin oder Jura). Aber wie immer können auch hier Wissen und gründliche Recherche zumindest eine gewisse Abhilfe schaffen. Zusätzlich solltest du jeden Ratschlag oder Tipp eines »Experten« stets gegenprüfen, bevor du ihn umsetzt.

Bedenke immer: Wir haben durch die Digitalisierung theoretisch alle nötigen Informationen zur Hand, um uns selbst einen guten Einblick in fachliche Themen zu verschaffen – vorausgesetzt, wir recherchieren gründlich (mal eben kurz zu googeln ist keine Recherche).

Noch vor 20 Jahren hatten wir diese Möglichkeiten nicht. Um damals beispielsweise den Ratschlag eines Fitnesstrainers zu prüfen, hätten wir uns stundenlang durch die Tiefen der örtlichen Uni- oder Stadtbibliotheken kämpfen müssen, um vielleicht zwei Trainingsbücher mit hilfreichen Infos zu finden. Heute ist solches Wissen nur ein paar Klicks entfernt, wenn man geübt darin ist, es zu recherchieren.

Es war also noch nie einfacher, *nicht* auf falsche Experten reinzufallen! Trotzdem scheinen sie aus allen Ecken zu sprießen. Dies ist eine der Schattenseiten der Digitalisierung – weil nun auch Idioten breit gehört werden.

Kommen wir kurz auf unseren Beispielfall »Knie-OP« zurück. Der Ratschlag deines Freundes kann vollkommen richtig sein und der des Arztes absolut falsch – wenn dir die Informationen fehlen, um den Rat des Arztes zu widerlegen, wirst du ihm vermutlich dennoch »gehorchen«. Jahre später erfährst du dann vielleicht von einem kompetenteren Mediziner, dass die aufwendige OP gar nicht hätte sein müssen – und die drei Monate auf Krücken mit mehrtägigen Aufenthalten in der Reha-Klinik ebenfalls nicht.

Damit wärst du sogar noch gut weggekommen. Laut Schätzungen sterben in Deutschland jährlich laut Krankenhausreport der AOK 2014 über 19 000 Menschen durch *vermeidbare Behandlungsfehler* in Krankenhäusern. Das sind fast fünfmal (!) so viele Tote wie im Straßenverkehr. Diese Zahlen verdeutlichen auf bedauerliche Weise, welche verheerenden Fehlentscheidungen Leute treffen können, denen wir durch das Gesetz der Macht oft blindes Vertrauen entgegenbringen. Fast noch befremdlicher ist die Tatsache, dass dieses blinde Vertrauen nur den wenigsten Menschen bewusst ist und sich fast niemand darüber beschwert, wenn es zu gravierenden Folgen kommt.

Ich möchte dir damit nicht sagen, dass du deinem Arzt nicht mehr trauen sollst. Selbstverständlich werden jährlich unzählige Menschenleben durch Ärzte gerettet. Dennoch sollten wir nicht vergessen, dass auch Ärzte nur Menschen sind. Und Menschen machen Fehler. Das Gesetz der Macht lässt uns dies gerne immer wieder vergessen, weil unser Gehirn beispielsweise durch den Status des Arztes geblendet ist. Und selbst wenn wir jeden Schritt eines Arztes penibel verfolgen und hinterfragen würden, könnten wir immer noch nicht wissen, ob und, wenn ja, wo ein Fehler passiert – dazu fehlt uns das Know-how. Wenn wir dies könnten, wären wir selbst Arzt.

Wir sind dem Gesetz der Macht in vielen Fällen fast schutzlos ausgeliefert, ob wir wollen oder nicht. Ich kenne übrigens viele gute Ärzte, die selbst davon abraten, Medizinern blindlings zu vertrauen, und tunlichst empfehlen, sich bei brisanten und kritischen Krankheitsbildern stets verschiedene Meinungen einzuholen. Daran erkennt man übrigens *echte* Experten: Sie geben nicht nur differenziertere Ratschläge, sondern *warnen* dich auch vor blindem Vertrauen gegenüber ihren Kollegen.

Mit dem PHP Health Center verfolge ich das Ziel, im Gesundheitsbereich genau solche Experten herauszufiltern und sie in einem ganzheitlich aufgebauten Gesundheitszentrum zu versammeln. Dort werden Menschen professionell von einem interdisziplinären Team auf Basis verschiedenster Therapieformen betreut und erhalten nur die Behandlungen oder Empfehlungen, die wirklich funktionieren. Unsere Gesundheit ist einer der sensibelsten Bereiche, in denen das Gesetz der Macht wirkt. Vertrauen in falsche Experten kann hier drastische Folgen haben und mitunter tödlich enden. Stell dir nun vor, was blinde Folgsamkeit anrichtet, wenn es um Bereiche geht wie die Ausbildung von Kindern, die Wahl eines Berufes, unsere Ernährungsweise oder die Art, wie wir Geld verdienen.

Werfen wir einen Blick auf unser Bildungssystem.

Meiner persönlichen Meinung nach dürften viele Lehrkräfte gar nicht mit »Macht« ausgestattet sein. In Schulen, Hochschulen und Universitäten kann ein verfälschtes Bild von »echter« und »vermuteter« Macht gewaltige Ausmaße annehmen und verheerende Folgen haben.

Nehmen wir zum Beispiel die Schüler. Sie sind jung und mit ihrer eingeschränkten Lebenserfahrung besonders anfällig für psychologische Einflüsse. Die Konstellation »Lehrer und Schüler« ist geradezu prädestiniert für die Wirkung des

Gesetzes der Macht. Allein die Wörter »Schüler« und »Lehrer« verknüpfen wir automatisch mit Begriffen wie Belehrung, Gehorsam, Wissen und Unwissen.

Hinzu kommt, dass viele Eltern ihren Kindern pausenlos damit in den Ohren liegen, dass sie bessere Noten schreiben und mehr auf die Lehrer hören sollen. Für diese Eltern ist »Schule« mit Macht verknüpft. Wenn sie den Eindruck haben, dass ihre Kinder die gesetzten Vorgaben der Bildungsanstalten nicht erfüllen, bekommen sie (verständlicherweise) Angst um deren Zukunft. Der Druck der Eltern wirkt also wie eine Art zusätzlicher Verstärker für die Autorität der Lehrer. Die Folge ist, dass Lehrer gerade bei jüngeren Schülern großen Einfluss auf deren Entscheidungen und vor allem auf deren Selbstbild haben.

Das wäre nicht weiter schlimm, wenn die Lehrer sich dieser Verantwortung erstens bewusst wären und zweitens ihrer eigentlichen Funktion als Mentor für die Schüler und Schülerinnen adäquat gerecht werden könnten. Leider ist das aber selten der Fall, die Realität sieht oft anders aus.

Lehrerin Müller oder Lehrer Meier geben dann beispielsweise der neunjährigen Lisa zu verstehen, dass Mathe nicht zu ihren Stärken gehöre. Oder sie erzählen dem sechzehnjährigen Simon, er solle endlich aufhören, vor dem Computer zu »daddeln«, und sich lieber auf die Schule konzentrieren, damit aus ihm später mal »was wird«. Manche Lehrer würden womöglich bei den Eltern anrufen, damit diese doch bitte mit etwas Nachdruck die »unsinnige Daddelei« ihres Sohnes eindämmen. Was sie nicht wissen: Simons Erfahrungen und Fähigkeiten, die er am PC sammelt, sind vielleicht genau das, was ihn in der Berufswelt von morgen wertvoll macht.

Aber wie du schon weißt: Worte formen uns. Sie formen unsere Gedanken, unser Denken, unsere Handlungen und letztlich auch unsere Persönlichkeit. Das Ergebnis: Lisa glaubt, sie sei schlecht in Mathe. Simon denkt, seine Liebe für Computer führe zu nichts. Gerade in jungen Jahren, wo unsere Persönlichkeit noch fragil und formbar ist, sind wir besonders anfällig dafür, Identitäten anzunehmen, die man uns zuweist.

Hinzu kommt, dass die meisten Eltern ebenfalls an die »Macht« des Bildungssystems glauben. Sie vertrauen somit höchstwahrscheinlich den Signalen der Lehrer – zumindest viele unter ihnen (was gar nicht verwerflich ist, ihnen fehlen schlichtweg ebenfalls Kriterien).

Aber wer sagt, dass Frau Müller und Herr Meier recht haben? Wer sagt, dass sie wirklich immer das nötige Know-how haben, um diese drastischen Urteile über ihre Schützlinge zu fällen? Reichen vier Jahre Lehramtsstudium ernsthaft aus, um über die Zukunft von Kindern zu urteilen? Wer sagt, dass sie wissen, was sie damit in den jungen Köpfen anrichten? Ist nicht so mancher Lehrer vielleicht selbst Opfer des Gesetzes der Macht und hat durch Bildungssystem und seine Eltern vielleicht einen anderen Weg eingeschlagen, als er eigentlich wollte oder hätte einschlagen sollen?

Die meisten Lehrer geben ihre eigenen Normen (aus Unwissen, nicht aus bösem Willen) oft einfach ungefiltert an ihre Schüler weiter. Aber vielleicht wurde Lisa der Stoff im Matheunterricht einfach nur schlecht erklärt. Vielleicht wäre sie später eine begnadete Ingenieurin, Architektin oder Naturwissenschaftlerin geworden, wenn sie nicht schon in der Grundschule das Gefühl bekommen hätte, dass Zahlen und Logik nichts für sie seien. Wir werden es wahrscheinlich nie erfahren, weil sie wegen der Einschätzung ihrer Lehrerin mit dem Kapitel »Mathe« innerlich für immer abgeschlossen hat – dem Gesetz der Macht sei »Dank«. Und Simon? Er hätte vielleicht das Zeug dazu gehabt, ein erfolgreicher Software- und Spieleentwickler zu werden – wenn er die »Daddelei« nicht kurz vor dem Abi an den Nagel gehängt hätte, um sich auf Anweisung von Herrn Meier auf seine Leistungskurse zu konzentrieren ...

Wer Kinder ausschließlich nach ihren Noten beurteilt, wird ihre wahren Stärken niemals entdecken.

»Die Autorität des Lehrers schadet oft denen, die lernen wollen.«
MARCUS TULLIUS CICERO[28]

Es geht es mir nicht darum, Lehrer per se schlecht darzustellen. Sie sind an Lehrpläne und viele Vorgaben gebunden und somit in ihren Möglichkeiten, die Schüler wirklich aufs Leben vorzubereiten, stark eingeschränkt. Statt professioneller E-Mail-Korrespondenz steht im Deutschunterricht Gedichtanalyse auf dem Plan. Rechenmethoden werden anhand von Aufgaben ohne Praxisbezug erklärt, anstatt mit ihnen zum Beispiel den richtigen Umgang mit Geld zu üben. Die Liste solcher Beispiele ist lang.

Sie alle haben ihren Ursprung in einem veralteten (Bildungs-)System, das von den meisten Menschen einfach akzeptiert und hingenommen wird – schließlich sind öffentliche Schulen staatliche Institutionen und genießen insofern höchste Autorität.

Unsere Akzeptanz von Autoritäten sorgt dafür, dass wir ein in seinem Kern veraltetes System hinnehmen. Und das, obwohl es bereits an allen Ecken bröckelt. Mittlerweile ist es nämlich gar kein Geheimnis mehr, dass die Digitalisierung das Bildungssystem, wie wir es heute kennen, irgendwann vollkommen über den Haufen werfen könnte. Das ist das Paradoxe an der Sache: Das gesamte Konzept erodiert und wird bereits Schritt für Schritt revolutioniert – oft still im Hintergrund, aber in besonderen Situationen, etwa während der Corona-Krise, auch ganz spürbar. Dennoch wird im Prinzip nach dem alten Schema weitergemacht, so lange, bis es »knallt«. Eins ist klar: In Zukunft wird anderes Wissen gefragt sein, als es jetzt in großen Teilen vermittelt wird. Unser Respekt vor der Autorität ist allerdings oft zu groß, um Derartiges laut auszusprechen.

Ein weiteres Beispiel für die Willkür von Autoritäten ist unser Umgang mit manchen Drogen. Alkoholkonsum beispielsweise ist in unserer Gesellschaft nicht nur weit verbreitet, sondern wird auch weitestgehend akzeptiert. Sei es ein Gläschen Wein zum Abendessen oder das Feierabendbier mit Kollegen – Alkohol ist fest in unserer Kultur verankert. Wenn nun aber auf dem alljährlichen Weinfest in der Nachbarschaft jemand ein Tütchen Cannabis rausholt, ist das Entsetzen groß. »Nimmst du etwa Drogen?«, könnte es dann heißen. Aber auf welcher Basis wird dieses Urteil wirklich gefällt? Weil Cannabis eine Droge ist oder weil die Regierung Cannabis zu einer Droge *macht*?

Ein Blick auf die Statistiken zeigt: Über 70 000 Menschen sterben allein in Deutschland jährlich an Krankheiten, die maßgeblich durch Alkoholkonsum verursacht werden.

Womöglich noch erschreckender ist, dass laut Kriminalstatistiken etwa jede dritte Gewalttat unter Alkoholeinfluss begangen wird. Im Unterschied dazu gibt es weltweit erst zwei belegte Fälle, in denen Menschen an den Folgen von Cannabis-Konsum gestorben sein sollen.

Während Alkohol ein reines Nervengift für den Körper ist, wird Cannabis schon seit mehreren Tausend Jahren auch als Heilmittel genutzt. Es wirkt schmerzstillend und entzündungshemmend und hilft schwer kranken Menschen täglich bei Symptomen wie chronischen Schmerzen, Krampfanfällen oder Ticks. Tatsächlich verfügt unser Körper sogar von Geburt an über ein ausgeklügeltes System an Rezeptoren, welches für die Aufnahme sogenannter Cannabinoide verantwortlich ist – chemischen Verbindungen, die wir sowohl in der Hanfpflanze als auch im menschlichen Körper finden. Damit können wir im Säuglingsalter die Cannabinoide aufnehmen, die in der Muttermilch enthalten sind. Viele Menschen sind verblüfft, wenn sie hören, dass in der menschlichen Muttermilch Stoffe enthalten sind, die wir auch in der Hanfpflanze finden. Die Ursache dafür liegt in der Wirkung der Cannabinoide. Sie beruhigen den Säugling und stimulieren den Hunger, damit das Baby mehr trinkt. Ähnliche Effekte treten ein, wenn wir Cannabis mittels eines Joints oder Vaporizers konsumieren. Hinzu kommt die positive Wirkung von Cannabis auf die Psyche. Während Alkohol erwiesenermaßen aggressiver und reizbarer macht, wurden einige der größten Friedensbewegungen unserer Zeit von Menschengruppen initiiert, die Cannabis geraucht haben. Wer Cannabis als gefährliche Droge einstuft und sich anschließend abends mit Freunden in der Kneipe zum Biertrinken trifft, sollte sein Urteil also definitiv überdenken.

Ging es gerade darum, zu sagen, Cannabis sei besser als Alkohol? Überhaupt nicht. Vielmehr sollte dir anhand dieses Beispiels erneut klar werden, wie *willkürlich* und *irrational* die Urteile von Autoritäten und Experten sein können. Dennoch werden sie von vielen Menschen *nicht hinterfragt*.

Unsere Autoritätshörigkeit kann regelrecht absurde Ausmaße annehmen. Wie weit Menschen gehen können, wenn sie von einer übergeordneten Autorität geleitet werden, hat der Psychologe Stanley Milgram eindrucksvoll in einem Experiment bewiesen. Sein weltberühmtes »Milgram-Experiment« wurde entwickelt, um die Bereitschaft zu Gehorsamkeit gegenüber (vorgeblichen) Autoritäten zu untersuchen, und wurde 1961 in New Haven (USA) durchgeführt. Es ist eines der Experimente, die uns am Verstand unserer Spezies zweifeln lassen.

Das Experiment bestand aus zwei Versuchspersonen, wobei eine die Rolle des »Lehrers« und die andere die Rolle des »Schülers« übernahm. Dem »Lehrer« wurde gesagt, man wolle untersuchen, wie sich Bestrafungen auf die Lernfähigkeit eines Menschen auswirken. Dazu solle er dem »Schüler« jedes Mal einen Stromschlag verpassen, wenn dieser einen Fehler bei der Zusammensetzung zuvor gelernter Wortpaare mache. Bei jedem neuen Fehler würde die Stärke des Stromschlages erhöht.

Was der Lehrer nicht wusste: Er war die einzige Versuchsperson, alle anderen Beteiligten waren Schauspieler. Den Versuchsleitern ging es darum, zu testen, wie hoch die Bereitschaft des »Lehrers« zu absolutem Gehorsam ist. Milgram wollte wissen, wie weit Menschen gehen, wenn sie von einer übergeordneten Autorität (die »Macht« lag in dem Fall bei der staatlichen Universität, die das Experiment durchführte) zu etwas bewegt werden, was im Widerspruch zu ihrem Gewissen steht.

Der Versuch wurde in mehreren Varianten durchgeführt. Das Ergebnis war erschreckend: In der ersten Versuchsreihe waren etwa zwei Drittel der Probanden bereit, den »Schüler« mit der maximalen (und tödlichen) Stärke von 450 Volt zu bestrafen – obwohl sie schon lange vorher erhebliche Gewissensbisse hatten. Selbst als der Schauspieler vor Schmerz darum flehte, das Experiment abzubrechen, machten die meisten Probanden weiter – nur weil der Versuchsleiter angab, das Experiment müsse fortgeführt werden und er nehme die Verantwortung für eventuelle Folgen auf sich. In der festen Überzeugung, die Professoren wüssten schon, was sie tun, handelten die Probanden komplett gegen ihr Gewissen und hätten einen Menschen töten können (wenn die Stromschläge echt gewesen wären).

Das Experiment wurde in kürzester Zeit weltbekannt und rüttelte am Weltbild von Millionen Menschen. Es zeigt, wie einfach wir zu gehorsamen Folterknechten werden können, die gnadenlos weiter auf den Knopf drücken, wenn uns dies von einer Autorität befohlen wird.

Um zu testen, ob die Ergebnisse von 1961 womöglich einfach mit den damaligen Vorstellungen von staatlicher Autorität zusammenhingen, wurde das Experiment 2008 in einer »Light-Version« von anderen Wissenschaftlern wiederholt, mit dem Ergebnis, dass die Menschen auch heute noch genauso ticken wie vor 60 Jahren. Die Resultate blieben nahezu identisch: Angesichts der inneren Gewissensbisse blieb ein Drittel standhaft, zwei Drittel folgten den Anweisungen. Wir sind Menschen in »Machtpositionen« derart ergeben, dass wir ihnen oft sogar dann noch gehorchen, wenn ihre Forderung unseren inneren Instinkten widerspricht.

Das ist erschreckend, oder? Es zeigt einmal mehr, dass wir nicht wirklich Herr unserer Entscheidungen sind. Im Gegenteil: Unser Gehirn ist unglaublich anfällig für Manipulationen, ob diese nun beabsichtigt sind oder nicht. Es stellt sich also immer wieder die Frage, wie wir uns davor schützen können. Man kann es nicht oft genug wiederholen: Die einzige Waffe gegen Manipulationsfallen ist und bleibt unser *Wissen*.

Merke: Lerne so viel du kannst über die menschliche Psyche und die Regeln, nach denen sie funktioniert. Nur so kannst du deine eigenen Denkmuster hinterfragen und Manipulationen erkennen. Wer jedoch faul ist und auf die selbstständige Aneignung von Wissen verzichtet, kann schnell zum Spielball übergeordneter Instanzen werden.

Wir halten fest: Menschen oder Institutionen, die mit Macht ausgestattet sind, genießen beinahe absolute Narrenfreiheit. Sie können in den Köpfen ihres Gegenübers oder ihres »Publikums« fast nach Belieben Glaubenssätze einpflanzen.

Dieser Effekt muss nicht zwingend negativ betrachtet werden, denn er bedeutet auch, dass du selbst einen Machtstatus nutzen kannst, um *deinerseits* mehr Wirkung zu erzielen. Egal, welchen Bereich du dir für deine Laufbahn ausgesucht hast (falls du schon einen gefunden hast) – in diesem Bereich solltest du maximale Expertise und höchstes Knowhow anstreben. »Mächtig« sind nämlich nicht nur Regierungen, Ärzte oder Lehrer. Nein, jeder, der in einem Bereich außergewöhnlich gute Resultate erzielt oder über besonderes Wissen verfügt, verfügt in diesem speziellen Gebiet über

Macht – vorausgesetzt, er zeigt sein Wissen auch nach außen. Gleichgültig, ob du Bundeskanzler, Elektriker, Lehrer oder Fitnesstrainer bist: Je mehr du in deinem Bereich glänzt, desto eher werden dir Menschen zuhören und dir Glauben und Vertrauen schenken. Alles, was dir zu einem »Machtstatus« verhilft, programmiert die Leute in eine positivere Richtung dir gegenüber und bringt dich deinem Erfolg ein Stück näher.

Selbstverständlich sollte bei dem Ganzen auch etwas dahinterstecken, was den Menschen einen *echten Mehrwert* bietet. Denn Autorität bedeutet immer auch, Verantwortung zu übernehmen. Das Ziel aller Menschen mit Einfluss sollte es daher sein, damit gewissenhaft umzugehen und ihre Macht zum Wohl der Mitmenschen einzusetzen.

Also: Glänze durch Fachkompetenz, und werde so selbst zum Experten. Bewegst du dich erst einmal im Glanz der Macht, hast du es in allen Bereichen leichter im Leben. Menschen sind dir gegenüber positiver gestimmt und schenken dir Vertrauen. Sei aber kein Blender – nutze deinen Status nur, um Menschen einen Mehrwert zu bieten. Sobald sie merken, dass dein Machtstatus auf Substanz basiert, schätzen sie deine Ratschläge noch mehr.

GESETZ DER MASSE

Nicht nur Autorität und »Macht« haben auf uns starken Einfluss. Ein weiteres Relikt unserer Evolution ist das *Gesetz der Masse*. Es hat in nahezu jeder Entscheidung, die wir treffen, seine Finger im Spiel und ist einer der gefährlichsten Erfolgshemmer überhaupt. Wenn wir dieses Prinzip nicht kennen, kann es zum größten Feind unserer Eigenverantwortung und Kreativität werden. Wissen wir aber, wie es wirkt, können wir es benutzen, um unsere geschäftlichen und zwischenmenschlichen Erfolge regelrecht zu boosten.

Beginnen wir mit einem simplen Beispiel: den »Lachkonserven«. So heißen die eingespielten Publikumslacher, die jeder aus Sitcoms oder Comedyserien kennt. Sie wirken oft nervig, plump und aufgesetzt. Die meisten Leute mögen sie nicht, und fast jeder weiß, dass sie ein Fake sind. Dennoch wirken sie. Verschiedene Studien haben gezeigt, dass uns die eingespielten Lacher dazu bewegen, die Serie lustiger und unterhaltsamer zu empfinden – ob wir wollen oder nicht. Selbst wenn wir den Gag in der Sitcom eigentlich gar nicht lustig finden oder das eingespielte Gelächter nicht mögen, nimmt unser Gehirn das Signal »viele Menschen lachen darüber« auf und verwertet es, ohne dass wir darauf Einfluss hätten. Weil die Szene scheinbar viele Menschen zum Lachen bringt, wirkt sie auch auf uns lustiger. (Den Unterschied merkst du übrigens dann, wenn du dir auf YouTube »No laugh«-Folgen deiner Lieblingsserien anschaust.)

Denselben Effekt können wir im Theater beobachten: Fangen viele Menschen an zu klatschen, klatschen wir mit. Früher wurden Menschen sogar dafür bezahlt, während der Aufführung zu klatschen und damit das Publikum zum Applaus zu bewegen. Diese sogenannten Claqueure gibt es auch heute noch – in den weltberühmten Keynotes von Apple zum Beispiel. Wenn CEO Tim Cook oder Marketingchef Phil Schiller wieder einmal die Key-Features der neuen iPhones, iPads und Co. vorstellen, sind es oft Mitarbeiter von Apple selbst, die den Applaus initiieren. Das Publikum, bestehend aus Journalisten aus aller Welt, steigt dann mit ein. Diese Taktiken basieren auf dem Gesetz der Masse – einem der stärksten psychologischen Prinzipien überhaupt. Oft wird es auch »*Prinzip der sozialen Bewährtheit*« genannt. Wie man es nennt, ist aber letztlich nicht entscheidend, sondern dass du es verstanden hast. Dann nämlich bist du unabhängiger in deinen Entscheidungen und siehst Möglichkeiten, die du vorher nicht gesehen hast. Dies ist ein wichtiger Schritt zu mehr Erfolg auf jeder Ebene.

Wir begegnen dem Gesetz der Masse täglich. Beispiel: Stell dir vor, du hast an einem heißen Sommertag Lust auf ein Eis. Am Straßenrand siehst du zwei Eisdielen nebeneinander, die von außen beinahe identisch aussehen. Vor der einen hat sich aber eine lange Schlange gebildet, vor der anderen steht keine Menschenseele. Bei welcher Eisdiele würdest du dich anstellen? Natürlich wäre es verlockend, sich bei der zweiten anzustellen, um schneller an das Eis zu kommen. Trotzdem würdest du dich fragen, warum so viele Leute bei der ersten Eisdiele anstehen. Du könntest vermuten, dass bei der leeren Eisdiele was faul ist oder das Eis beim Konkurrenten einfach besser schmeckt. Die Menschenmenge, die davorsteht, muss es schließlich wissen! Letztlich würdest du dich mit hoher Wahrscheinlichkeit in die Schlange stellen und die lange Wartezeit in Kauf nehmen. Deine Wahl basiert höchstwahrscheinlich auf dem *Gesetz der Masse*.

Wenn wir eine Entscheidung treffen, richten wir uns häufig nach dem, was auch andere Menschen für richtig halten. Wir beobachten das Verhalten der Mehrheit und übernehmen ihre Handlungsweisen oder Entscheidungen.

Dieses Verhaltensmuster stammt, wie manch anderes auch, aus unserer evolutionären Vergangenheit und ist Teil des genetischen Codes von Menschen.

Vor mehreren Tausend Jahren konnte ein Fehler oder eine falsche Entscheidung gravierende Folgen haben. »Gegen den Strom zu schwimmen« oder »alternativ zu sein« lag früher nicht im Trend. Wer gegen die Interessen der Gruppe handelte, wurde verstoßen. Wer sich anzupassen vermochte und auf bewährte Muster vertraute, war immer auf der sicheren Seite. Wenn wir nicht wissen, wie wir uns verhalten sollen, suchen wir also auch heute noch nach Vorbildern – getreu dem Motto: *Wenn alle es machen, kann es nicht verkehrt sein.*

Das Gesetz der Masse beschränkt sich aber nicht auf harmlose Alltagsbeispiele. Wie auch das Gesetz der Macht beeinflusst das Gesetz der Masse *aktiv* deine Entscheidungen und kann dich regelrecht zum Fähnchen im Wind machen.

Kommen wir kurz auf die Eisdiele zurück. Wenn du nun in der Menschenschlange weiter nach vorne rückst und schließlich dein Eis in den Händen hältst, haben sich bereits 30 andere Leute hinter DIR angestellt. Jetzt wird es interessant: Für die 30 Leute hinter dir gehörst du ja automatisch auch zu denen, »die es wissen müssen«. Du wusstest es aber gar nicht. Du hattest keinen blassen Schimmer, ob oder warum diese Eisdiele die bessere Wahl war. Genau wie die Leute hinter dir hast du dich einfach angestellt, weil es Teil deines Grund-Codes ist, dich an anderen zu orientieren. Das Paradoxe daran ist: Klar, gut möglich, dass die belebte Eisdiele besseres Eis anbietet als die unbelebte – aber wie viele in der Schlange wissen das aus eigener Erfahrung? Wer von den Schlangestehern hat erst einmal andere in der Schlange gefragt, ob das der Fall ist? Und wenn es keiner bestätigen kann: Wer ist »mutig« genug, dem Sog der Masse zu widerstehen und den Laden nebenan auszuprobieren?

Dieses banale Beispiel lässt sich auf fast alle Lebensbereiche übertragen. Mit Blick auf das Gesetz der Masse sollten wir uns fragen, in welchen »Schlangen« wir womöglich seit Jahren anstehen, nur weil unser Autopilot auf Nummer sicher gehen wollte? Welche Schule wir als Kinder besucht haben, welche berufliche Laufbahn wir einschlagen, wie wir denken, woran wir glauben – all das sind Bereiche, in denen wir uns gerne von der Mehrheit leiten lassen.

Bedenke jedoch: *Mehrheit* ist nicht immer gleich *Wahrheit*. Denke nach, bevor du ihr folgst.

Wenn wir uns unsicher sind, beobachten wir, was andere Menschen machen, und schließen uns ihnen an. Dabei vergessen wir aber, dass unsere Mitmenschen auch nur Menschen sind und nach den gleichen Mustern handeln wie wir. Menschen schließen sich einander oft blindlings in einer Sache an, bis irgendwann niemand mehr weiß, wer überhaupt damit angefangen hat und warum. In der Masse können wir also blind ins Verderben rennen. Der Grundsatz »Safety in Numbers« (»Sicherheit in der Menge«) verliert somit schnell an Überzeugungskraft ...

> *»Auch wenn alle einer Meinung sind,*
> *können alle unrecht haben.«*
> BERTRAND RUSSELL[29]

Ein klassisches Beispiel hierfür ist das »5-Affen-Experiment«. Es wird weltweit immer wieder verwendet, um die Wirkung der Masse zu veranschaulichen. Für das Experiment wurden fünf Affen in einen Käfig gesperrt. Darin befand sich eine Leiter, an deren Spitze Bananen hingen. Immer, wenn einer der Affen die Leiter hinaufkletterte, um an die Bananen zu gelangen, wurden die anderen Affen mit kaltem Wasser bespritzt. Schon nach kurzer Zeit fingen die Affen an, denjenigen zu schlagen, der versuchte, die Leiter hochzuklettern. Als sich schließlich keiner der Affen mehr auf die Leiter traute, tauschten die Forscher einen Affen aus. Der »Neue« versuchte sofort, sich die Bananen zu schnappen, wurde aber von den anderen Affen durch eine Tracht Prügel davon abgehalten. Er lernte schnell, dass die Leiter für ihn tabu war – ohne zu wissen, warum.

Das Szenario wiederholte sich jedes Mal, wenn ein weiterer Affe ausgetauscht wurde. Die neuen Affen beteiligten sich an den Schlägen der alten Affen und verprügelten jeden, der versuchte, an die Bananen zu gelangen. Das Ganze wurde so oft wiederholt, bis alle Affen ausgetauscht waren. Das Ergebnis: fünf Affen, die jeden Artgenossen verprügelten, der die Leiter hochklettern wollte, obwohl sie gar nicht wussten, warum sie dies taten. Keiner von ihnen hatte jemals eine kalte Dusche abbekommen. Hätte man einen der Affen fragen können, warum sie sich so verhielten, hätte er wahrscheinlich gesagt: »Weiß ich auch nicht, die machen das hier immer so.«

Ein Konzept muss also keineswegs logisch oder sinnvoll sein, bloß weil sich alle daran halten.

Werfen wir noch einmal einen Blick auf unser Bildungssystem: Lehrer, Eltern und Schüler bauen noch heute auf ein Konstrukt, welches im 18. Jahrhundert entwickelt wurde. Das war tief in der analogen Zeit, die bis Ende des 20. Jahrhunderts andauerte. Wir haben es aber heute mit Zeiten zu tun, die turbulenter und wechselhafter nicht sein könnten. Die Digitalisierung lässt täglich neue Jobs entstehen. Gleichzeitig kann eine einzige neue App ganze Berufszweige, die es Hunderte Jahre gab, auf einen Schlag dem Erdboden gleichmachen. Wie soll nun ein derart veraltetes und überholtes System aus einer ganz anderen Epoche Kinder auf ein Leben vorbereiten, das sich täglich verändert?

Angesprochen hat dieses Thema auch schon unter anderem der Zukunftsforscher Gerd Leonhard: »Die Hälfte der Berufe, die es im Jahr 2030 geben wird, ist noch nicht erfunden[30].

Traurigerweise scheinen dies aber Bildungsministerien, Bezirksregierungen, Schuldirektoren und Lehrer in den meisten Fällen nicht zu wissen. Diejenigen, die es wissen und ändern wollen, gehen oft in der Masse unter und geben ihre Hoffnungen letztlich auf. Zu groß ist der Druck der Mehrheit, zu klein scheint die Macht eines Einzelnen. Sie orientieren sich letzten Endes ebenfalls an ihren Kollegen und Mitstreitern – die machen es ja schließlich alle so. Ihnen vertrauen die Eltern, die die Zukunft ihrer Kinder in die Hände der Schule legen, die Kinder vertrauen wiederum ihren Eltern, und so weiter. Gerade die Kombination aus dem *Gesetz der Masse* (jeder geht schließlich zur Schule) und dem *Gesetz der Macht* (was der Staat und die Lehrer vorschreiben, muss ja stimmen) ergibt einen heiklen, enorm mächtigen Cocktail, der stärker als jedes logische Argument wirken kann.

Letzten Endes wird das Bildungssystem wie so viele andere gesellschaftliche Ordnungssysteme auch zum realen Abbild des Affenexperiments: eine Spirale, in der sich jeder nach der Mehrheit richtet.

Im Endeffekt werden Kinder also weiterhin jeden Tag aufs Neue mit viel unnützem Wissen vollgepumpt. Würde man einen Schüler fragen, warum genau er nun Gedichtanalyse statt Kommunikation in der Schule lernt, bekäme man vermutlich eine ähnliche Antwort wie die des Affen nach dem Experiment: »Weiß ich auch nicht, die machen das hier alle so.«

Ich möchte dir in diesem Buch Wissen an die Hand geben, mit dem du dir ein kritisches Bild von der Welt um uns herum machen kannst. Und dazu gehört auch zu verstehen, warum bisher *niemand* erfolgreich wurde, *nur* weil er in der Schule gut aufgepasst hat. Ich meine damit nicht, dass niemand erfolgreich wurde, der gut in der Schule war. Ich will damit lediglich ausdrücken, dass Folgsamkeit allein noch nie zu etwas Großem geführt hat. Am Anfang jeder revolutionären Erfindung stand immer eine Idee, etwas zu verbessern, also der

Gedanke, sich nicht mehr mit dem abzufinden, wie es alle machen. Ich kenne keine berühmte Persönlichkeit, »die sich der Mehrheit angepasst« hat.

»Gegen den Strom zu schwimmen ist deshalb so schwer, weil einem so viele entgegenkommen.«

HENRY FORD[31]

Merke: Aus reiner Konformität und Folgsamkeit erwächst nichts, was mit Erfolg zu tun hat. Wahrer Erfolg setzt Veränderung und Fortschritt voraus. Beides entsteht nur durch *Eigenverantwortung* und *eigenständiges Denken*. Würde es uns erfolgreich machen, wenn wir der Masse folgten, wäre ja jeder erfolgreich!

Abgesehen davon machen uns Blindheit und Unwissenheit natürlich auch zur leichten Beute für jene, die sie schamlos ausnutzen. Genießen diese »Ausnutzer« auch noch den »Glanz der Macht« (siehe vorheriges Kapitel), haben sie es unglaublich leicht, uns zu manipulieren. Drückt man nur die richtigen Knöpfe bei den richtigen Menschen, kann man diese (leider) zu den absurdesten Handlungen bewegen.

Ein zugegebenermaßen verstörendes Beispiel für die ungeheure Macht der Kombination »*Masse* und *Macht*« sind Massenselbstmorde von Sektenmitgliedern. Einer der bekanntesten Massensuizide ist das sogenannte Jonestown-Massaker. Im Jahr 1978 nahmen sich dabei über 900 Anhänger der Sekte »Peoples Temple« im Dschungel von Guyana das Leben. »Die

Zeit ist gekommen, dass wir uns an einem anderen Ort treffen«, hatte ihr Sektenführer Jim Jones ihnen verkündet. Hunderte Familien stellten sich brav in Reih und Glied auf, um nacheinander einen Gift-Cocktail aus Limonade, Valium und Zyankali in einem Pappbecher ausgehändigt zu bekommen. Anschließend tranken sie ihn gemeinsam, Eltern flößten ihren Kindern das Gemisch mit Gewalt ein. Fünf Minuten später waren fast tausend Menschen tot, darunter 276 Kinder. Ein irrsinniges Massensterben, das uns jeden Glauben an den gesunden Menschenverstand verlieren lässt.

Was kann Menschen zu solch irrationalen Taten bewegen? Sicherlich trafen in diesem speziellen Fall mehrere Faktoren aufeinander, die zu dem Unglück geführt haben. Dennoch ist es kein Zufall, dass wir es hier mit einer Menge an Menschen (Gesetz der Masse) und einem – laut Berichten – charismatischen und autoritären Anführer (Gesetz der Macht) zu tun haben.

Hieran erkennen wir auch, dass keineswegs eine ganze Gesellschaft nötig ist, um das Gesetz der Masse zu aktivieren. Eine »kleinere« Gruppe in unserem direkten Umfeld reicht vollkommen aus, um uns zu falschen Handlungen zu veranlassen. Zusätzlich potenziert wurde der Effekt durch die gemeinsamen Ansichten und das Wir-Gefühl der Anhänger. Sind unsere Mitmenschen uns ähnlich, neigen wir noch stärker dazu, uns an ihnen zu orientieren. Das ist übrigens einer der Gründe für die enorme Macht unseres *Umfeldes*. In Jonestown haben mehrere Zahnräder der Manipulation ineinandergegriffen. Das Resultat war eine Katastrophe, die zeigt, zu welch drastischen und selbstzerstörerischen Handlungen wir fähig sind, wenn in unserem Kopf nur die »richtigen« Knöpfe gedrückt werden.

Egal, für wie schlau und rational wir uns halten: Was wir tun, ist oft lediglich das Ergebnis von Einflüssen, die unser Gehirn auf seine Weise verwertet hat. Wenn du dir dieser »Schwächen« deines Verstandes (zum Beispiel die unterbewusste Neigung, der Masse zu folgen) nicht bewusst bist, wird dein Erfolgsweg zum reinen Glücksspiel. Bist du dir nicht im Klaren darüber, wann *du* am »Steuer« deiner Handlungen sitzt und wann hingegen dein *Autopilot* übernimmt (oder übernehmen möchte), hast du die Kontrolle über dein Leben verloren. Du gibst das Ruder aus der Hand und übergibst es in die Hände deines Umfeldes.

Wenn du Glück hast, landest du auch auf diese Weise auf der richtigen Spur. Hast du aber Pech, dann führt dich dein Autopilot auf völlig falsche Bahnen. Du kannst nicht gegenlenken, weil dir mangels Wissen gar nicht erst (oder viel zu spät) auffällt, dass du auf dem Holzweg bist. Dein Autopilot kann in gewissen Phasen dein bester Freund sein – sofern du ihn mit den richtigen Koordinaten gefüttert hast. Ohne sie irrt er eher planlos durch die Gegend und orientiert sich am nächstbesten Richtpunkt, den er finden kann. Und das ist oft eine *Machtposition* (Gesetz der Macht) oder die *Mehrheit* (Gesetz der Masse).

Natürlich kann es manchmal hilfreich sein, sich an der Mehrheit zu orientieren. Wie der alternative Name des Gesetzes der Masse (Prinzip der sozialen Bewährtheit) schon sagt, geht es schließlich darum, was sich *sozial bewährt* hat. Verhaltensweisen, Produkte usw., die sich wirklich bewährt haben, bringen mehr Vor- als Nachteile mit sich.

Zudem ist es unsinnig und unmöglich, immun gegen die Kraft der Masse zu sein. Es geht vielmehr darum, sicher unterscheiden zu können, was wirklich bewährt ist und was nicht. Das Gesetz der Masse fungiert nämlich wie ein Gütesiegel, dem wir blind vertrauen. Im Marketing und Vertrieb wird deshalb manipuliert, was das Zeug hält:

- »Millionen sind bereits von dem Album begeistert.«
- »Tausende vertrauen schon auf XYZ – werden Sie der Nächste!«
- »Kunden, die dieses Produkt gekauft haben, kauften auch ...«
- »Bestseller Nr. 1«

Werbeaussagen wie diese sind nichts anderes als geschickte Manipulationen, die sich das Gesetz der Masse zunutze machen, um uns zum Kauf zu bewegen. Die Köpfe hinter solchen Werbesprüchen wissen genau, dass die Kraft der Mehrheit stärker auf unser Verhalten wirkt als jedes rationale Argument. Sie wissen, dass es prinzipiell egal ist, wie gut ein Produkt ist. Wenn keiner es kennt, kann es das beste Produkt auf dem Markt sein – keiner wird es kaufen. Wir kaufen oft nicht, was gut ist, wir kaufen, was andere kaufen.

Testimonials funktionieren übrigens nach demselben Prinzip: Wir lieben es, Produkte zu kaufen, die bereits viele zufriedene Käufer gefunden haben. Das ist auch einer der vielen Gründe für den durchschlagenden Erfolg von Amazon. Die Kundenrezensionen zeigen uns, ob sich das Objekt unserer Begierde bewährt hat oder nicht. Sie zeigen uns, welches Produkt die Masse wählt, und geben uns Sicherheit, das Richtige zu kaufen. Zudem wirken beliebte Produkte mit zahlreichen guten Bewertungen automatisch anziehend und interessant für uns. Wir haben also Spaß beim Shoppen und kaufen dadurch mehr – eine Win-win-Situation.

Übrigens: Amazon-Gründer Jeff Bezos hat sich mit seiner Unternehmensführung *nie* an der Mehrheit orientiert – und doch eines der größten und wertvollsten Unternehmen der Welt aufgebaut. Amazon machte 2019 über 280 Milliarden Dollar Umsatz und hat mehr als 200 Millionen Produkte im Portfolio. Für Bezos stand Profit nie an oberster Stelle – im Unterschied zu vielen anderen Unternehmern zielt er auf Wachstum ab, nicht auf Gewinn. Die Einnahmen investierte er stets in die Vergrößerung seines Unternehmens. Das führte dazu, dass Amazon in den ersten Jahren trotz steigender Umsätze so gut wie nie Gewinn erzielte. Der Shopping-Gigant ging sogar mehrere Jahre hintereinander ins Minus.

Anleger und Investoren waren davon wenig begeistert. Ihre Meinung war für Bezos aber unwichtig. Sein Fokus lag auf zufriedenen Kunden und der größtmöglichen Reichweite. Dafür unterbot Amazon regelmäßig seine Konkurrenten, denen der Gewinn wichtiger war als das Wachstum. Er widersetzte sich den Wünschen der Investoren und Aktionäre und gründete den größten Online-Retail-Shop der Welt. Hätte sich Bezos an der Masse der Unternehmen orientiert, wäre Amazon heute ein Online-Shop unter vielen. Und Bezos wäre nicht der reichste Mann der Welt.

Viele Top-Vertriebler unterscheiden bei Kunden in »Vormacher« und »Nachahmer«. Sie wissen, dass nur ein kleiner Bruchteil von fünf Prozent ihrer Kunden zu den Vormachern gehört. Die restlichen 95 Prozent der Menschen sind Nachahmer. Diese Regel gilt aber nicht nur im Verkauf, sondern für fast alle Lebensbereiche. Welche von beiden Kategorien erfolgreicher durchs Leben geht, kannst du dir vorstellen. Diejenigen, die es wagen, neues Terrain zu betreten, haben es zunächst natürlich schwerer. Sie werden aber auch am meisten belohnt – vorausgesetzt, ihr Vorstoß ist von Erfolg gekrönt. Jeff Bezos ist zwar umstritten – aber ohne Zweifel ein Vormacher.

Das Gesetz der Masse greift übrigens auch in der *zwischenmenschlichen Psychologie*. So wie es beeinflusst, welches Smartphone du kaufst, in welchem Restaurant du isst oder auf welche Schule du dein Kind schickst, so steuert es auch, mit welchen Menschen du dich umgibst, und zum Teil auch, wen du datest oder als Partner wählst. Zu Menschen, die bei anderen beliebt sind, fühlen wir uns automatisch hingezogen. »Der/die wird von so vielen Menschen gemocht und respektiert, bestimmt kann er/sie auch mein Leben bereichern!«, sagt uns unser Unterbewusstsein.

Ob Einzelkämpfer oder Teamplayer – in unserem Innern sind wir alle noch immer Rudeltiere. Und als diese handeln wir auch. Es liegt in unserer Natur, uns an der Masse und den Menschen um uns herum zu orientieren. Das Gesetz der Masse kann unter anderem entscheiden, welche Produkte wir kaufen, mit wem wir Geschäfte machen, welchen Beruf wir wählen, wen wir daten, mit welchen Menschen wir gerne Zeit verbringen, welche Schule wir für unsere Kinder auswählen, welchen Trends wir folgen oder welcher Religion wir angehören.

Wir lassen uns in vielen Lebensbereichen von der Masse steuern und fühlen uns sicher, wenn wir mit dem Strom schwimmen. Dieser Weg führt aber nicht immer zum Erfolg. Du willst schließlich *deinem* vollen Potenzial näher kommen und nicht dem der anderen. Wenn du glücklich und erfüllt leben möchtest, solltest du wissen, in welchen Fällen du das Prinzip der sozialen Bewährtheit geschickt nutzen kannst und wann du dich lieber von der Mehrheit distanzierst.

Ein paar Beispiele:

Du bist Gründer, selbstständig oder hast ein Unternehmen?

Sorge dafür, dass deine zufriedenen Kunden ihre Zufriedenheit auch nach außen tragen! Nutze Kundenrezensionen, Testimonials, und lass deine Produkte oder Dienstleistungen weiterempfehlen. Nichts überzeugt potenzielle Käufer mehr als zufriedene Kunden.

Du hast Kinder?

Sei vorsichtig, von wem du dich beeinflussen lässt. Nur weil beispielsweise deine Freunde und Bekannten ihre Kinder auf eine bestimmte Schule/Uni, in ein Internat, einen Hort oder eine bestimmte Ausbildung schicken, heißt das nicht automatisch, dass dies auch das Richtige für *dein* Kind ist. Wenn dein Kind Probleme hat, lass dich nicht von anderen einschüchtern. Lehrer haben zwar eine Machtposition inne (Gesetz der Macht), aber deshalb noch lange nicht das Recht oder die Kompetenz, final über die Fähigkeiten deines Kindes zu urteilen. Vielleicht hat dein Sohn oder deine Tochter Talente, die in unserem veralteten Bildungssystem gar nicht abgefragt werden. Wenn du blind auf die Aussagen der Lehrer (Gesetz der Macht) oder der anderen Eltern (Gesetz der Masse) vertraust, setzt du dein Kind möglicherweise unter Druck oder begegnest ihm mit Negativität, die es nicht verdient hat, oder steckst es in Schubladen, in die es nicht hineingehört.

Du möchtest abnehmen?

»Kohlenhydrate nach 18 Uhr machen dick – habe ich gelesen, und meine Freunde meinten das auch!« Wissen Kohlenhydrate, wie spät es ist? Wird ein Leistungssportler, der nach drei Stunden Training einen Esslöffel Haferflocken isst, dick, nur weil er bis 18.15 Uhr trainiert hat? Was passiert, wenn wir zwischen 17.55 und 18.05 Uhr eine Portion Pasta essen – macht dann nur die Hälfte der Nudeln dick? Wenn du einem Gefängnisinsassen nur eine Mahlzeit am Tag gibst, die aus drei Scheiben Brot (Kohlenhydrate) besteht und um 19 Uhr gegessen wird, nimmt er dann zu?

Die Antwort: Menschen erzählen verdammt viel Mist, wenn der Tag lang ist. Und häufig reden diejenigen, die keine Ahnung haben, am meisten. Nur, weil alle X sagen, ist X noch lange nicht wahr. Der Mythos von den Kohlenhydraten, die nach 18 Uhr den direkten Weg in die Fettpolster nehmen, ist beispielsweise absoluter Quatsch. Wie soll denn ein vom Menschen erfundenes Konstrukt wie die Uhrzeit bestimmen, was in unserem seit Jahrtausenden von Jahren gleich funktionierenden Körper abläuft? Viel relevanter als Timing und Uhrzeit ist die Menge der Gesamtkalorien, die du über den Tag zu dir nimmst. Natürlich solltest du hierbei auf die richtige Nähr- und Vitalstoffdichte in deinen Lebensmitteln achten – Kalorie ist nicht gleich Kalorie.

Aber nur, weil dir dein gesamtes Umfeld zu Low Carb rät, heißt das noch lange nicht, dass das der richtige Weg für dich ist. Was den einen zum schnellen Erfolg führt, ist im Alltag des anderen vielleicht gar nicht umsetzbar.

Eigne dir besser ein solides Grundwissen darüber an, wie dein Körper und Stoffwechsel funktionieren (etwa mit fundierten Büchern und Experten-YouTube-Videos – nicht vom »Trainings-Bro« aus dem Gym), und beurteile selbst, welche Ernährungsweise die beste für dich ist. Wichtig ist vor allem, dass sie zu dir passt. Verlangt sie von dir direkt zu Beginn, dass du dein ganzes Leben umkrempelst, wirst du diesen Weg mit hoher Wahrscheinlichkeit über kurz oder lang abbrechen und zu alten Gewohnheiten zurückkehren.

Du machst gerade Abi?

Wie viele deiner Mitschüler/innen möchten anschließend BWL studieren? Gefühlt die Hälfte? So ein Zufall, oder? Interessant, dass alle die gleichen Fähigkeiten, Interessen und Ziele im Leben zu haben scheinen. Dabei sagt man doch, jeder Mensch sei anders und einzigartig? Die Studien- und Berufswahl ist ein Paradebeispiel für die Wirkung des Gesetzes der Masse.

Kein Wunder, denn wenn es eine Phase im Leben gibt, in der wir unsicher sind, dann ist es die Zeit nach der Schule. Wenn sie von der Schule abgehen, sind die meisten Schüler in vielerlei Hinsicht orientierungslos. Ihnen wird oft gesagt, sie müssten sich rasch entscheiden – »Lücken im Lebenslauf sieht schließlich kein Arbeitgeber gerne!«. Sie denken, die Entscheidung, die sie dann treffen, gilt für immer. Wer Biologie studiert, wird Biologe. Punkt. Tausende Schüler und ihre Eltern stehen also jedes Jahr vor einer lebensverändernden Entscheidung – die zudem schnell getroffen werden muss. Was liegt also näher, als einfach mal einen Blick auf die anderen zu werfen:

»International Business Administration willst du studieren? Oh, das klingt aber interessant.« Ich bin immer wieder überrascht, mit welcher Kreativität manche Unis neue, größtenteils sinnfreie Studiengänge entwickeln und mit welch verrückten Anglizismen und Bezeichnungen sie diese benennen, um damit ahnungslose Studenten anzulocken. Ich selbst bin Unternehmer und würde (leider) niemals einen Absolventen dieser realitätsfremden Studiengänge einstellen. In meinen Augen machen sie aus den Studenten alles, nur keine Geschäftsleute oder solide Mitarbeiter.

Aber: »Was so viele machen, kann ja nicht verkehrt sein ...« – oder?

»Mit BWL kannst du nichts falsch machen«, hört man von den Lehrern, Eltern oder Berufsberatern. Da verwundert es nicht, dass BWL seit Jahren unangefochtener Spitzenreiter im Ranking der beliebtesten Studiengänge ist. Wer etwas genauer hinschaut, bemerkt jedoch schnell, dass die Sicherheit, die dieser Studiengang verspricht, eine Illusion ist. Gerade *weil* BWL so überlaufen ist, finden die meisten BWLer beispielsweise nur noch schwer Anschluss im Berufsleben. Nur ein Bruchteil der Absolventen wird innerhalb eines Jahres zu einem Vorstellungsgespräch eingeladen. Darüber, dass ein BWL-Studium noch lange keinen guten Unternehmer aus dir macht, brauchen wir gar nicht erst zu reden.

Wer mit der Masse geht, wird selbst zum Massenprodukt. Austauschbar. Nicht exklusiv. Durchschnittlich.

REZI

Erfolg hat immer mit Menschen zu tun. Je besser du mit ihnen umgehen kannst, desto leichter und unbeschwerlicher gehst du durchs Leben. Menschen zu verstehen ist kein Hexenwerk. Wir ticken zwar alle unterschiedlich, haben jedoch einen gemeinsamen Grundcode, in dem viele unserer Verhaltensweisen von Geburt an »vorinstalliert« sind. Jeder trägt sie in sich, und niemand kann sich ihrer Wirkung vollständig entziehen.

Manche dieser Verhaltensweisen können zu tückischen Manipulationsfallen werden, wenn du dich nicht mit ihnen auseinandersetzt – das hast du bereits in den letzten Kapiteln erfahren. Glücklicherweise hat das menschliche Unterbewusstsein aber auch Programme im Portfolio, die unseren Erfolg mit Menschen regelrecht beflügeln können. Das dritte und letzte psychologische Gesetz, dem wir uns hier widmen, ist zugleich eines der stärksten und in seiner Wirkung das mit Abstand positivste. Es ist das wertvollste Kommunikationsinstrument, das du in deinem Arsenal haben kannst. Richtig genutzt, hilft es dir, jede zwischenmenschliche Interaktion positiv zu beeinflussen, und macht dein Leben ein ganzes Stück leichter.

Für den Einstieg nehmen wir ein kurzes Beispiel: In einer Reihe von Restaurants wurde untersucht, wie man Menschen dazu bewegen kann, mehr Trinkgeld zu geben. Die Ergebnisse waren interessant. Schon ein einziges Bonbon, das der Rechnung beilag, erhöhte die Trinkgelder im Schnitt um drei Prozent. Zwei Bonbons konnten das Trinkgeld sogar um 14 Prozent erhöhen. Am erstaunlichsten war aber Folgendes: Gab der Kellner zunächst ein Bonbon, entfernte sich kurz vom Tisch und kehrte dann mit den Worten »ihr seid so nette Gäste, für euch habe ich noch ein Extrabonbon parat« zurück, bekamen die Trinkgelder einen regelrechten Boost: Um satte 23 Prozent stiegen sie im Schnitt an. Wenn wir dabei beispielsweise von durchschnittlich zwei Euro Trinkgeld ausgehen, gaben die Gäste bei der dritten Variante fast 50 Cent mehr. Rechnen wir diesen Faktor von plus 50 Cent auf, sagen wir, 50 Gäste täglich hoch, ergibt sich immerhin ein *täglicher Bonus* von 25 Euro für den Kellner. Das entspräche dem Gegenwert von zwei Stunden Arbeitszeit und könnte dem Kellner hochgerechnet (bei vier Arbeitstagen pro Woche) 400 Euro mehr im Monat einbringen. Eine Menge Geld, wenn man bedenkt, dass er sich diesen Bonus *ausschließlich* durch gezielte Kommunikation und Freundlichkeit verdient hätte.

Nur eine winzig kleine Geste hat in den Köpfen der Gäste anscheinend einen Schalter aktiviert, mehr Trinkgeld zu geben. Ihre Reaktion beruht auf dem *Gesetz der Reziprozität*. Es basiert auf einem simplen Grundprinzip:

Gibt uns jemand ein positives Gefühl,
haben wir das Bedürfnis,
uns dafür erkenntlich zu zeigen.

Dieser Drang ist eines der stärksten Gesetze der menschlichen Natur. Es ist noch tiefer in uns verwurzelt als die Orientierung an Autoritäten oder der Mehrheit.

Reziprozität ist der Fachbegriff für unser kontinuierliches Streben nach Ausgleich. Unabhängig davon, ob es sich um Geschenke, Einladungen, Komplimente oder jede andere Art von »Gefallen« handelt – wer uns Positives gibt, dem möchten wir Positives zurückgeben. Und das, was wir einem Menschen geben, sei es nur ein Lächeln, kommt früher oder später zu uns zurück.

Wir begegnen der Reziprozität fast überall. Hier ein paar Beispiele:

- Wenn du zu einem Geburtstag eingeladen wirst, hast du das Gefühl, denjenigen auch zu deiner Feier einladen zu »müssen«. Selbst wenn du dies nicht tust – gegen das Bedürfnis, die Geste zu erwidern, kannst du dich kaum wehren.

- Bekommen wir in einem Geschäft Gratisproben (etwa an der Käsetheke) oder werden freundlich und zuvorkommend beraten, fühlen wir uns regelrecht verpflichtet, etwas zu kaufen. Tun wir dies nicht, verlassen wir den Laden wahrscheinlich mit einem »schlechten Gewissen«.

- Im Straßenverkehr: Du hast es extrem eilig und wartest Ewigkeiten darauf, endlich abbiegen zu können. Ein Autofahrer hält für dich an und gewährt dir netterweise Vorfahrt. Fünf Minuten später steht derselbe Autofahrer an der Ampel vor dir. Die Ampel wird grün, aber er fährt einfach nicht los. Würdest du hupen und dich ärgern wie sonst auch? Eher nicht. Seine »gute Tat« hat in deinem Unterbewusstsein einen bleibenden Eindruck hinterlassen. Selbst wenn du es eilig hast, das Gesetz der Reziprozität würde es dir instinktiv »verbieten«, wütend auf ihn zu sein. Stattdessen wartest du geduldig, bis er in die Pötte kommt, weil du das Bedürfnis hast, ihm etwas Positives zurückzugeben.

Das Gesetz der Reziprozität erzeugt in uns so etwas wie eine emotionale Befangenheit, bei der wir uns verpflichtet fühlen, eine positive Geste zu erwidern. Diesen Effekt können wir auch gezielt für uns nutzen:

Indem du einem Menschen Positives gibst, bringst du ihn dazu, dir Positives zurückgeben zu wollen.

Damit meine ich nicht, dass wir Menschen mit Gefallen über-häufen sollten, nur um Gegenleistungen zu erhalten. Reziprozität hat nichts mit kalter Berechnung zu tun. Ich rede viel-mehr davon, dass es viele gute Seiten hat, ein positiver und entgegenkommender Mensch zu sein. Selbst kleine Gesten, die du unter den Leuten verteilst, schaffen ein Polster an Menschen, die dir wohlgesonnen sind – ein fruchtbarer Boden für mehr Erfolg in jeglicher Hinsicht.

Menschen Positives zu geben ist einer der wertvollsten Grundsätze, den du in dein Leben integrieren kannst. Hilfe-stellungen, Gefallen, Wertschätzung, qualifizierte Kompli-mente usw. – deine positiven Handlungen werden sich fast immer bezahlt machen.

Dabei gilt die Macht der Reziprozität nicht nur bei Gefällig-keiten und Hilfeleistungen, sondern auch für winzig kleine Nettigkeiten – unter anderem in der Kommunikation. Wir erleben täglich Situationen, in denen schon ein Funke posi-tiver Energie Wunder wirken kann. Stell dir die Einstellung der Menschen, mit denen du kommunizierst, in drei »Farben«

vor: grün und rot und weiß. Jeder Mensch hat einen gewissen Frame, mit dem er dir begegnet. Dieser Frame kann ausgeglichen, unterstützend, zielführend, respektvoll und zugeneigt sein *(positiv – grün)*, wie es oft bei Freunden oder Vertrauten der Fall ist.

Auf der anderen Seite gibt es Situationen, in denen dein Gegenüber von Egoismus, Eigennützigkeit, Neid, Misstrauen oder Vorurteilen geprägt ist *(negativ – rot)*. Gespräche oder Interaktionen mit solchen Menschen beben vor Spannung. Natürlich gibt es auch eine neutrale Ebene *(weiß)* – die Kassiererin im Supermarkt oder der Kellner, mit denen du ins Gespräch kommst, fallen meist in diese Kategorie.

Bei alldem gilt eine Regel: Je mehr dein Gegenüber in die »rote« Richtung tendiert, desto unproduktiver, schwieriger und negativer wird die Interaktion. Dein Ziel sollte es sein, die Menschen, denen du begegnest, soweit du kannst, *grün* zu stimmen. Das gilt ganz besonders für solche Situationen, die von Anfang an negativ behaftet sind, denen wir aber nicht ausweichen können oder sollten. Ihnen »grün« zu begegnen kann uns zumindest etwas Negativität ersparen und »Schlimmeres« verhindern.

Die Kraft der Reziprozität wird besonders wertvoll, wenn wir es mit Menschen zu tun haben, die uns gegenüber von vornherein *rot* gestimmt sind. Menschen mit Vorurteilen oder einer negativen Grundstimmung gibt es überall – sie begegnen dir unausweichlich auf deinem Weg zum Erfolg. Wenn du dich in einer Situation wiederfindest, in der dir gegenüber eine negative Grundeinstellung herrscht, hast du mehrere Optionen. Du kannst ebenfalls mit Abneigung reagieren und voll auf Konfrontationskurs gehen, oder du kapselst dich beleidigt ab. In beiden Fällen würde eine rote Haltung auf eine rote

Haltung treffen. Beides »bestätigt« die Vorurteile und führt zu keinem Ergebnis.

Es gibt jedoch noch eine weitere Möglichkeit: Du zeigst dich von deiner besten Seite und nutzt die entwaffnende Wirkung der Reziprozität. Dafür musst du nicht gleich mit einem Blumenstrauß aufkreuzen. Oft reicht eine positive, offene Art, die du trotz der Negativität deiner Gegenüber beibehältst. Irgendwann brichst du damit ihre Frames, weil sie sich dir gegenüber verpflichtet fühlen können, deine Aufgeschlossenheit zu erwidern.

Zeig dich kommunikativ von deiner besten Seite und pass dich der Situation dynamisch an. Achte immer darauf, wie du im gegenwärtigen Moment auf dein Gegenüber wirkst, und nimm eventuelle Vorurteile vorweg!

Beispiel: »Sorry für die Störung, ich will Sie gar nicht lange aufhalten, aber könnten Sie mir vielleicht helfen bei XYZ.«

(Siehe auch die Beispiele aus dem Kapitel *Kommunikation*.)

Je mehr du Menschen mit »Rezi« befeuerst, desto besser kannst du ihr »Schild« (Vorurteile, schlechte Laune, Negativität etc.) nach und nach brechen. Dieses Prinzip kannst du immer und überall anwenden, beispielsweise bei den Eltern eines Freundes, beim Bewerbungsgespräch, im Meeting, bei Kritikern ... Jede Situation, in die Menschen involviert sind, kann durch geschickte Nutzung der Reziprozitätsregel für alle Beteiligten positiv beeinflusst werden. Entwaffnende Freundlichkeit, Hilfsbereitschaft und Respekt – all das sind Tools, mit denen du jede Voreingenommenheit oder Abneigung geradezu magisch in eine positive Haltung umändern kannst.

Begegnest du Menschen positiv, wertschätzend und hilfsbereit, aktivierst du in ihnen das Bedürfnis, diese Positivität zu erwidern. Auf diese Weise kannst du Interaktionen formen und auch kritische Situationen gewinnbringend nutzen. Das funktioniert übrigens nicht nur, indem du Positives *gibst*, sondern auch, indem du Negativität *fernhältst*. Bist du einem Menschen nicht böse, obwohl er einen Fehler gemacht hat, wird er dir für deine Nachsicht dankbar sein. Du gibst also etwas Positives, indem du etwas Negatives *nicht* gibst.

Die gleiche Wirkung tritt ein, wenn wir es mit Menschen zu tun haben, die von vielen Seiten kritisiert werden oder mit Vorurteilen zu kämpfen haben. Allein dadurch, dass wir ihnen unvoreingenommen und respektvoll entgegentreten, geben wir ihnen ein positives Gefühl, was sie nur selten erleben. Schon haben wir dank Rezi einen fruchtbaren Boden für ein angenehmeres Miteinander geschaffen. Harmonische Interaktionen funktionieren nämlich nur mit »grünen« Menschen.

Also merke: Sorge dafür, dass sich Menschen in deiner Gegenwart wohlfühlen.

Das funktioniert, wie schon im Kapitel *Kommunikation* erwähnt, beispielsweise durch Verständnis, aufmerksames Zuhören und die Wertschätzung deines Gegenübers, aber auch durch kleine Gesten wie ein einfaches Lächeln oder das Aufhalten einer Tür. All diese positiven Momente kommen meist in irgendeiner Form zu uns zurück – auch wenn dies nur bedeutet, dass jemand, dem du am Eingang die Tür aufgehalten hast, dich später an der Kasse vorlässt. Und selbst wenn eine »gute Tat« einmal unerwidert bleibt, haben wir das gute Gefühl, Menschen eine Freude zu machen. Eine klassische Win-win-Situation.

Viele Wissenschaftler sind übrigens der Meinung, dass wir der Reziprozitätsregel große Teile unseres Erfolges als

Spezies zu verdanken haben. Zu Zeiten, als Geld oder sonstige Währungen noch nicht existierten, tauschte man »Wert gegen Gegenwert«. Weil unsere Vorfahren gelernt haben, sich für »Gefallen« zu revanchieren, bekam unsere Entwicklung einen regelrechten Boost. Der Grund dafür ist simpel: Wenn du weißt, dass dein Gegenüber ein Geschenk oder eine positive Geste mit hoher Wahrscheinlichkeit erwidert, bist du viel eher bereit, ihm zu helfen.

Stellen wir uns vor, was wäre, wenn wir diesen Drang zum Ausgleich nicht hätten: Wir würden uns gegenseitig kaum vertrauen und könnten bei Weitem nicht so starke Beziehungen aufbauen, weil die Dynamik des Gebens und Nehmens gar nicht erst aufflammen würde. Im stetigen Kampf ums Überleben waren früher materielle Güter und Hilfeleistungen noch viel wertvoller als heute. Sie »abzugeben«, ohne mit einer Gegenleistung rechnen zu können, wäre vollkommen unsinnig gewesen. Letztlich hätten wir uns vermutlich zu extrem egoistischen und einzelgängerischen Wesen entwickelt. Egoistische Einzelgänger können aber nicht die Welt bewegen. Derartiges Verhalten hätte den Austausch von Wissen und damit auch unseren Fortschritt im Keim erstickt.

Menschen zu helfen, mit ihnen zu teilen oder ihnen einen »Gefallen« zu tun ist bis heute eine der besten Investitionen, die du in deinem Leben tätigen kannst. Jede Form von Positivität, die wir einem Menschen entgegenbringen, ist eine Investition, die sich lohnt – das hat sich Jahrtausende bewährt. Wem wir etwas Positives geben, mit dem gehen wir einen unsichtbaren »Pakt« ein, der besagt, dass er sich mit hoher Wahrscheinlichkeit dafür erkenntlich erweisen möchte. Dabei ist es interessanterweise vollkommen unwichtig, ob dich dein Gegenüber sympathisch findet oder nicht – die Macht der Reziprozität wirkt stärker als Sympathie und kann selbst deinen »Feinden« Gewissensbisse verschaffen. Genau das ist es, warum »Rezi«, wie ich das Phänomen in Kurzform gerne nenne, so wirkungsvoll und vor allem so entwaffnend ist.

Ein schönes Beispiel hierfür ist die Erzählung eines österreichischen Verhaltensforschers, der über einen deutschen Soldaten im Ersten Weltkrieg berichtete. Dieser Deutsche hatte die Aufgabe, feindliche Soldaten aufzuspüren und anschließend zu befragen oder auch hinzurichten. Bei einer seiner (Tötungs-) Missionen entdeckte er einen unbewaffneten gegnerischen Soldaten, der gerade ein Brot aß. Schockiert sah dieser den deutschen Soldaten an und tat etwas, das wahrscheinlich sein Leben rettete: Er streckte die Hand aus und bot ihm ein Stück seines Brotes an.

Stell dir dieses Szenario bildlich vor. Die Geste war dermaßen »entwaffnend«, dass der deutsche Soldat es nicht fertigbrachte, dem gegnerischen Soldaten etwas anzutun. Er zog perplex von dannen und behielt die Geschichte für sich, bis der Krieg beendet war. Die Macht der Reziprozität – ausgelöst durch eine kleine Geste – wirkte so stark, dass er in diesem Moment Vorurteile und Befehle vorübergehend ausblendete und sich entschied, unverrichteter Dinge zu gehen. Die Episode ist geradezu ein Paradebeispiel für eine Situation, in der ein Mensch von Rot zu Grün transformiert wurde – durch die Kraft einer kleinen Geste.

»Freundlichkeit ist eine Sprache,
die Taube hören und Blinde lesen können.«
MARK TWAIN[32]

Ich persönlich mache mir die Kraft der Reziprozität täglich zunutze – zum Beispiel in Restaurants, die ich besuche. Gerade wenn ich weiß, dass ein Großteil der Gäste es nicht für nötig hält, dem Kellner gegenüber freundlich zu sein, schenke ich ihm eine Extraportion Geduld und Wertschätzung. Hier reichen Mikroveränderungen in der Kommunikation. Formuliere beispielsweise deine Bestellung doch mal als Frage (»Könnte ich bitte eine Cola haben?«) anstatt als Aufforderung (»Für mich eine Cola./Mach mir noch zwei Bier.«) – schon hast du beim Kellner einen Funken Reziprozität aktiviert. Beziehst du ihn gar freundlich lächelnd in deine Auswahl mit ein, kann auch das manchmal Wunder wirken: »Ich bin zum ersten Mal hier, können Sie mir etwas empfehlen? Ich vertraue ganz auf Ihre Erfahrung.« Du schenkst ihm damit Vertrauen und zeigst ihm, dass du auf seine Meinung Wert legst.

Ich punkte auch immer damit, dass ich kleine Fehler bei der Bestellung nicht kritisiere oder ganz offen Verständnis zeige, wenn das Essen sich etwas verzögert (solange sich die Verspätung in akzeptablen Grenzen hält). Dadurch, dass ich dem Kellner nicht die übliche »Beschwerde-Packung« gebe, wird er sich mir gegenüber automatisch positiver verhalten. Wir erinnern uns: Indem wir (erwartete) Negativität weglassen, geben wir Positives.

Im Endeffekt hat dies vor allem zur Folge, dass sich der Kellner dein Gesicht einprägen und dich positiv in Erinnerung behalten wird. Er wird dir bei deinem nächsten Besuch von Anfang an aufgeschlossen begegnen.

In den Restaurants, in denen du diese Herangehensweise anwendest, wirst du bei deinem nächsten Besuch wahrscheinlich herzlicher empfangen und hast eine gute Chance, einen der besten Tische zu bekommen. Schnell »abgefrühstückt« wie die anderen Gäste wirst du vermutlich nicht. Im Laufe der Zeit kannst du dir auf diese Weise mit kleinen »Rezi-Investitionen« ein Netzwerk aus Stammlokalen aufbauen, in denen du quasi »VIP-Status« genießt. Die Mitarbeiter freuen sich über die positive Energie, mit der du ihren Arbeitstag bereicherst, und du freust dich über deine Extraportion Kräuterbutter, einen Aperitif aufs Haus oder einen netten Plausch mit dem Restaurantinhaber.

Das Ganze hat noch einen weiteren Effekt, das Sahnehäubchen sozusagen: Durch dein gutes Verhältnis zu den Mitarbeitern genießt du in jedem dieser Lokale *soziale Bewährtheit* par excellence. Weil du wie ein »Freund des Hauses« empfangen und behandelt wirst, wird sich jeder, mit dem du dort aufkreuzt, wohler fühlen – sei es ein Geschäftspartner, eine Gruppe Freunde oder ein Date. Du bereicherst also nicht nur dich selbst, sondern auch deine Mitmenschen, die ebenfalls von deinen »Rezi-Investitionen« profitieren. Dadurch gibst du auch deiner Begleitung ein positives Gefühl – welches sie dir wieder gerne zurückgeben wird. Die Wahrscheinlichkeit, dass beispielsweise der Geschäftspartner in dieser Situation dem Deal zustimmt, steigt ...

Das Restaurant-Beispiel ist gewissermaßen Reziprozität im Miniaturformat. Den exakt gleichen Effekt kannst du prinzipiell auf dein gesamtes Geschäftsleben übertragen. Überall, wo du hingehst, kannst du durch Eigenschaften und Methoden wie Positivität, Verständnis, Hilfsbereitschaft, Wertschätzung usw. gewissermaßen »*Rezi-Samen*« streuen, die passiv im Hintergrund gedeihen und irgendwann ihre Früchte abwerfen werden.

Dies lässt sich auf sämtliche Bereiche adaptieren: Ansprechpartner von Versicherungen, Banken, Polizeibeamte (die einzig legale Form der »Bestechung«: Reziprozität durch

Freundlichkeit und Wertschätzung) usw. Überall dort, wo du wiederkehrend mit Menschen zu tun hast, können dir schon kleine Gesten das Leben langfristig erleichtern.

Das ist übrigens einer der Gründe dafür, warum Menschen gerne behaupten, ich würde aus alltäglichen Situationen immer »mehr rausholen« als andere. Lange vor meinem unternehmerischen Erfolg hat mein Wissen über die menschliche Psyche bereits dafür gesorgt, dass ich mich gewissermaßen »reich« gefühlt habe. Unter anderem durch die gezielte Nutzung der Reziprozität konnte ich mir ein riesiges Umfeld aus mir wohlgesonnenen Menschen aufbauen, durch das ich in den Genuss von Vorteilen kam, die sonst nur gut betuchten oder berühmten Menschen zuteilwerden. Ich konnte mir schon viel »leisten«, bevor ich das Geld dazu hatte, und damit schon früh ein Leben führen, das sich in vielerlei Hinsicht wie das einer reichen Person anfühlte.

Das alles ist keine Zauberei. Ich habe weder irgendeine besondere Gabe, noch hatte ich besonderes Glück. Ich nutze einfach mein Wissen über die Wirkung einer positiven, verständlichen Aura und passe mich jeder Situation und jedem Menschen an.

Genau diese Tendenz zur Achtsamkeit, Wertschätzung und Rücksicht ist es aber, die vielen fehlt. Nur weil sie sich im Recht fühlen, fallen sie gleich mit der Tür ins Haus, frei nach dem Motto: »Ich bleibe ehrlich und verstelle mich für niemanden.« Sie verstehen nicht, dass sie dadurch automatisch Sympathiepunkte verlieren, die sie sich mit Leichtigkeit hätten abholen können. Diese Punkte verlieren sie oft genau bei den Menschen, die zur nächsten Ebene ihres Erfolges hätten beitragen können – beispielsweise bei einem potenziellen Geschäftspartner oder Kunden.

Menschen, die auf Abneigung und Skepsis mit einer riesigen Portion Ego reagieren, können zwar »erfolgreich« werden, sie haben es auf ihrem Weg dahin aber wesentlich schwerer, weil sie erfahrungsgemäß in mehr Konfliktsituationen geraten und sich damit selbst Steine in den Weg legen. So kommen sie niemals über ihr Umfeld und ihr begrenztes Weltbild hinaus.

Hier kommt wieder das Wissen ins Spiel, das ein Mensch sich angeeignet hat. Je mehr du über Menschen weißt, desto mehr Verständnis hast du für ihre Fehler und desto weniger Dinge nimmst du ihnen übel. Wenn du Teile des psychologischen Codes kennst, den jeder Mensch in sich trägt, kannst du Emotionen deiner Mitmenschen vorhersehen und dein Verhalten entsprechend anpassen. Wie schon beschrieben, kannst du beispielsweise Vorurteile mit Wertschätzung und Freundlichkeit »ersticken«. Wenn dir das Wissen oder die Bereitschaft dazu aber von vornherein fehlen, nimmst du dir die Möglichkeit, negative Situationen zu deinem Vorteil zu drehen.

Die meisten erfolglosen Menschen wissen nicht, wann es sinnvoll ist, sich seinem Gegenüber anzupassen, und wann man seinen Frame behalten sollte. Sie sind in immer gleichen Kommunikationsmustern festgefahren. Der Einstellung, sich nicht verstellen zu wollen, liegt aber ein großer Irrtum zugrunde: der Irrtum, dass es irgendjemanden interessiert, wer du bist und wie du dich gibst. Aufgepasst: *Die Welt hört dir nicht zu.* Du musst Informationen sammeln, um dich besser anzupassen, nicht umgekehrt. Die Reziprozitätsregel hat übrigens nichts mit »Verstellen« zu tun. Sie ist vielmehr ein effektives Instrument, das dir jeglichen Umgang mit Menschen erleichtert.

Merke: Je mehr Menschen du Positives gibst, desto angenehmer ist dein Leben. Dein Weg birgt weniger Konfliktpotenzial, und die Dankbarkeit deiner Mitmenschen spendet auch dir selbst positive Energie und Lebensfreude.

Diese wunderbare Wirkung geht sogar über dich hinaus. Sie überträgt sich auch auf die Menschen, die dir nahestehen (Verwandte, Freunde, Partner etc.). Durch die Kraft der Reziprozität schaffst du ein Feld an Positivität um dich herum, von dem auch sie profitieren. Dies wirkt sich wiederum positiv auf dich aus, da du so »anziehender« auf andere Menschen wirkst und diese dir ebenfalls Gutes tun möchten.

Das Ganze funktioniert aber nur, wenn du das Prinzip tief verinnerlichst. Die meisten Menschen mit Einfluss und (echtem) Erfolg haben die Eigenschaft, mehr zu geben, als sie nehmen. Das tun sie aber keineswegs nur aus kalter Berechnung, sondern auch aus tiefer Überzeugung. Wann immer du Menschen begegnest, auf die du (in positiver Weise) Einfluss nehmen möchtest, frage dich, »Was kann *ich* diesen Menschen geben?«, anstatt »Was können *mir* diese Menschen geben?«. Lebe nach dem *Give-to-give-Prinzip*. Übersetzt: »Gib, um zu geben, nicht, um zu bekommen.«

Wir alle kennen Menschen, die jede Hilfsbereitschaft oder Großzügigkeit penibel kalkulieren. Ist die Wahrscheinlichkeit gering, dass sie in naher Zukunft eine Gegenleistung erhalten, kann man von ihnen nichts erwarten. Von so einem Menschen einen »Gefallen« zu erhalten hat nichts mit Reziprozität zu tun. Wir revanchieren uns bei ihnen nicht, weil wir möchten, sondern weil wir müssen und uns dazu verpflichtet fühlen. Ihre Gesten kommen nicht von Herzen, sondern sind kalt und berechnend. Die Macht der Reziprozität verpufft.

Ihre Herangehensweise hat einen weiteren entscheidenden Nachteil: Wer für seine Mühen immer eine Gegenleistung oder ein Ergebnis verlangt, stellt unterbewusst Erwartungen an andere Menschen und an das Leben. Erwartungen haben es aber an sich, dass sie oft nicht erfüllt werden.

Viele Erwartungen sind nichts anderes als Enttäuschungen, die man sich für später aufbewahrt. Jede Erwartung, die du heute an einen Menschen oder an das Leben stellst, kann zu einer Falle werden, in die du in der Zukunft tappst – nämlich dann, wenn diese Erwartung nicht erfüllt wird.

Dieses Problem lässt sich aber ganz leicht umgehen, indem du von vornherein gar keine Erwartungen stellst. Hast du das Give-to-give-Prinzip erst einmal verinnerlicht, fühlst du dich freier und glücklicher. Und nur dann, wenn du gibst, um zu geben, werden dich deine Mitmenschen mit der ganzen Kraft der Reziprozität belohnen.

Wie so oft, handelt es sich auch bei der Reziprozität um ein zweischneidiges Schwert. Nicht nur deine Mitmenschen sind anfällig für das Gefühl, etwas zurückgeben zu wollen. Du selbst bist es natürlich auch. Es gleicht einem ungeschriebenen Gesetz, dass wir dazu verpflichtet sind, Gegenleistungen zu erbringen. Alles andere gehört sich nicht und macht uns über kurz oder lang zum ungeliebten Parasiten. Immer, wenn ein Gefallen erwiesen wird, ist der Empfänger in einer gewissen »Zwickmühle«: Er hat zunächst fast keine andere Wahl, als den Gefallen anzunehmen, und verspürt nun ein Ungleichgewicht, das er gerne ausgleichen möchte. Seine Entscheidungsfreiheit wird zumindest teilweise beeinflusst.

Der Gebende ist von vornherein in einer mächtigeren Position. Er kann frei entscheiden: was er gibt und was er dafür will. Danach kann er sich erst einmal zurücklehnen und dabei zusehen, wie das Prinzip der Reziprozität seine Arbeit verrichtet. Irgendwann wird das Pendel zurückschlagen.

Dieser Umstand verleiht dem Gebenden eine beträchtliche Machtposition. Nicht umsonst reden mächtige Menschen davon, jemanden zu »kaufen«. Damit ist nämlich nicht nur die Einflussnahme durch Geld gemeint, auch die Reziprozität spielt hierbei eine große Rolle. Menschen werden »gekauft«, indem ihnen mehr gegeben wird, als sie verdienen. Man bürdet ihnen so viel »Reziprozitätsballast« auf, dass sie sich teilweise jahrelang verpflichtet fühlen, diesen zu begleichen. Das funktioniert beispielsweise, indem man Mitarbeitern einen überproportional hohen Bonus zahlt, den sie eigentlich nicht verdient haben. Insgeheim wissen die Mitarbeiter das und fühlen das konkrete Bedürfnis, sich dafür mit besserer Arbeit (und womöglich langfristig geringerem Lohn ...) zu revanchieren. Auf lange Sicht ist das also ein gutes Geschäft für den Arbeitgeber ...

Meine jahrelange Erfahrung als Beziehungscoach hat gezeigt, dass dieser Reziprozitätsballast leider auch in Beziehungen eine große Rolle spielen kann. Insbesondere Frauen bringen es aufgrund dieses Ballastes oft nicht übers Herz, mit ihrem Freund Schluss zu machen – obwohl sie schon lange keine romantischen und/oder sexuellen Gefühle mehr für ihn haben. In den meisten dieser Fälle ist der Mann emotional extrem abhängig von der Frau, was dazu führt, dass er sie mit »Gefallen« geradezu überhäuft. Die Frau kann dadurch nach und nach die Anziehung zu ihm verlieren, weil er sie immer mehr einengt. Sie kann ihm das jedoch nicht zeigen, weil sie sich emotional verpflichtet fühlt, seine Nettigkeit zu erwidern. Die Beendigung der Beziehung würde ein derart starkes Schuldgefühl in ihr auslösen, dass sie diesen Schritt einfach nicht übers Herz bringt.

Da diese ungute Situation mit der Zeit aber keinesfalls einfacher, sondern eher komplizierter wird, schiebt die Reziprozität das Ende einer solchen Beziehung einfach nur etwas weiter auf. Aus diesem Grund sage ich immer wieder: Eine Beziehung endet in Wahrheit meist lange vor dem Tag, an dem »Schluss« gemacht wird. Derjenige, der sich aus Schuldgefühlen dazu verpflichtet fühlt, das Ganze künstlich aufrechtzuerhalten, sollte deshalb umdenken. Ihm muss bewusst werden, dass er seine »Schulden« bereits abgezahlt hat und dem Partner keinen Gefallen damit tut, wenn er die Beziehung in die Länge zieht.

Manchmal sollte man sich also vor der Reziprozität von anderen schützen. Richtig angewendet, kann dich das zu einem sehr soliden Geschäftsmann oder Geschäftspartner machen. Je selbstorganisierter und selbstständiger du bist, desto weniger bist du auf die Gefallen anderer angewiesen. Je weniger unnötige Gefallen du von anderen bekommst, desto freier und weniger abhängig bist du. Du bist ihnen keine Gefallen schuldig, und sie haben auch nichts gut bei dir. So kannst du gezielt und sauber voranschreiten, und deine Verhandlungsposition ist nicht dadurch geschwächt, dass du noch eine Rezi-Rechnung offen hast. Du bleibst als angenehme Person in Erinnerung, und man verbindet dich nicht mit Komplikationen oder Stress.

Erledige daher so viel wie möglich »selbst«, um nicht unnötig die Rezi-Punkte bei jemandem zu verspielen. Die solltest du besser für den Moment aufbewahren, wenn du sie wirklich benötigst. Dann lohnt sich das Revanchieren für diesen Gefallen auch viel mehr. Bedenke: Jeden Gefallen kann man dir emotional in Rechnung stellen. Aber nicht jeder Gefallen ist notwendig.

Dennoch halten sich die Nachteile, einen Gefallen zu erhalten, in Grenzen. Stichwort Trinkgeld-Experiment: Werden wir nun »manipuliert«, wenn uns im China-Restaurant zusammen mit der Rechnung ein Glückskeks überreicht wird? Natürlich. Aber »Manipulation« muss keinesfalls immer etwas Schlimmes oder Schädliches bedeuten. Fühlst du dich schlecht und ausgenutzt, wenn du dem Kellner einen Euro Extratrinkgeld für seine kleine Aufmerksamkeit gegeben hast? Nein. Wir fühlen uns sogar gut, wenn wir ein entstandenes Ungleichgewicht direkt wieder ausgleichen können.

Das Gesetz der Reziprozität ist eine wunderschöne Sache, die in den meisten Fällen für eine Win-win-Situation sorgt. Stell dir vor, wie viel angenehmer du durchs Leben gehen würdest, wenn du möglichst viele Interaktionen zu einer Win-win-Situation machen könntest. Du könntest, nein, du *kannst* auf diese Weise ab sofort fast jede Situation für alle Beteiligten bereichern und so deinen eigenen Erfolg beflügeln.

Wichtig: Wenn du dieses Werkzeug in dein Leben integrierst, darfst du eins niemals vergessen: Nettigkeit und Positivität wirken da Wunder, wo sie hingehören. Wir sollten dennoch kritisch genug sein, um zu wissen, dass die Welt nicht immer so friedlich und herzlich ist, wie wir sie gerne hätten. Menschen können hart sein. Und naive Gutherzigkeit wird oft bestraft.

Die etwa 250 000 Kinder, die gerade in diesem Moment in verschiedenen Ländern als Soldaten missbraucht werden und um ihr Leben kämpfen müssen, würden das Give-to-give-Prinzip zum Beispiel nicht verstehen. Bei ihren Einsätzen heißt es: »Töten oder getötet werden.« Güte und Großherzigkeit würde sie das Leben kosten. Wenn sie älter werden, wird es ihnen deswegen wahrscheinlich schwerfallen, Herzlichkeit zu zeigen oder Menschen zu vertrauen. Dazu haben sie zu früh zu viele menschliche Abgründe miterlebt. In einer Welt, in der Kinder derartige Dinge erleiden müssen, ist Naivität fehl am Platz.

Glücklicherweise leben die meisten von uns in einem Teil der Welt, wo ihnen derartige Missstände erspart bleiben. Dennoch müssen auch wir dazu in der Lage sein, uns zu behaupten. Die wahre Kunst besteht darin, ein guter und warmherziger Mensch zu sein, ohne zum Spielball anderer zu werden. Ein Sprichwort rufe ich mir dafür immer wieder ins Gedächtnis:

»Do no harm – but take no shit.« In diesen paar Worten steckt eine ganze Lebenseinstellung. Egal, was du im Leben tust: Sei ein guter Mensch und füge niemandem Schaden zu – aber lass dir niemals alles gefallen.

Im Leben geht es um Balance. Positivität, Offenheit, Warmherzigkeit und frei von einem übersteigerten Ego zu sein gehören zu den wertvollsten Eigenschaften, die du haben kannst. Aber all das hat Grenzen. Zu viel Nettigkeit ist manchmal das Schlimmste, was du aussenden kannst. Beispielsweise wenn jemand deine Gutherzigkeit schamlos ausnutzt, dir am laufenden Band ein schlechtes Gewissen macht oder dich emotional erpresst. Bleibst du dann weiterhin »nett« (beispielsweise aus Angst vor der emotionalen Reaktion des anderen), verlierst du pausenlos Energie – und das ohne Ergebnis!

Viele Menschen leiden unter ihrer eigenen Herzensgüte. Wie eine Batterie lassen sie sich von anderen energetisch »aussaugen« – bis sie irgendwann »leer« sind. Oftmals fehlt ihnen dann sogar die Kraft, um sich aus ihrer emotionalen Lage zu befreien.

Leider nimmt das Leben auf solche Menschen keine Rücksicht. Nur Frau Kappes hört ihnen zu. Sie können dem nur entgegenwirken, indem sie ihrer eigenen Güte Grenzen setzen.

»Take no shit« heißt übrigens nicht »do harm«. Bleibe ein hilfsbereiter und nachsichtiger Mensch. Lass dir nur nicht auf der Nase herumtanzen. Das gilt ganz besonders im Business. Hier gilt leider oft »fressen oder gefressen werden«. Das habe ich unzählige Male selbst zu spüren bekommen. Meine Nettigkeit wurde immer wieder bestraft. Ich wurde ausgenutzt, verarscht und belächelt, weil ich naiv genug war, immer nur das Beste in den Menschen zu sehen. Durch diese Erfahrungen habe ich gelernt, präzise zu unterscheiden, wo Freundlichkeit und Nachsicht angebracht sind und wann es besser ist, Grenzen zu setzen. Mit reiner Nettigkeit kommt man in den meisten Fällen nicht weit.

Darüber kann man sich entweder beschweren, oder man nimmt die Tatsache so hin, wie sie ist, und passt sich entsprechend an. Du wirst keinen Menschen finden, der erfolgreich wurde, weil er es jedem recht gemacht hat. Entscheidend ist die Balance.

Do no harm – but take no shit.

ACHTSAMKEIT

Ein großer Teil der Fragen, die mich täglich erreichen, dreht sich um negative Gedanken. Oft geht es um Ängste, innere Blockaden, Selbstzweifel und Sorgen. Sehr viele Menschen scheitern an ihren eigenen Gedanken. All unsere Träume, Ziele, Talente und unser Wissen verlieren an Wert, wenn es uns mental nicht gut geht und wir in unserem eigenen Kopf gefangen sind.

Unser Bewusstsein ist Meister darin, sich selbst zu sabotieren. Damit meine ich nicht nur Angststörungen oder Depressionen. Ich rede von den kleinen Sorgen des Alltags, negativen Emotionen, die wir nicht so richtig loswerden, oder der inneren Stimme in unserem Kopf, die uns pausenlos sagt, was wir nicht können, wer besser ist als wir und was alles schiefgehen könnte.

Das Gedankenchaos, das daraus entsteht, ist eine der größten Gefahren für unseren Erfolg. Es blockiert unsere Kreativität, macht uns unglücklich und sabotiert unsere Entscheidungen. Und es macht vor niemandem halt.

Das habe ich selbst immer wieder erfahren. Die größten Gefahren für mein Unternehmen und meinen Erfolgsweg kamen nicht durch die Außenwelt, sondern durch meine eigenen Gedanken, Ängste und Zweifel. Trotz meiner Kenntnisse in Sachen Psychologie und Mindset hat mich mein eigener Kopf häufig auf die Probe gestellt. Sicherlich ist jeder Weg unterschiedlich, manche haben es mental leichter, andere schwerer. Wie du dem Intro entnehmen kannst, hatte ich mit mehr emotionalem Ballast zu kämpfen als so manch anderer. Und ich kann dir garantieren, dass dein eigener Verstand nicht nur dein bester Freund, sondern auch dein schlimmster Feind werden kann, wenn du nicht weißt, wie du richtig mit ihm umgehst. Andererseits können wir jede Form von Glück, Erfüllung oder Erfolg multiplizieren, wenn wir lernen, wie wir richtig mit ihm umgehen.

Ein Thema hat mir in diesem Bereich besonders die Augen geöffnet. Es hat mich oft vor impulsiven Entscheidungen bewahrt und einen großen Teil meines Erfolges ermöglicht. Ich rede von *Achtsamkeit*.

Wenn wir an unsere Kindheit denken, blicken wir oft auf eine unbeschwerte und glückliche Zeit zurück. Negative Emotionen kannten wir auch damals schon, sie haben uns aber nicht so sehr tangiert wie heute. Wir haben sie nie lange mit uns herumgeschleppt. Gefühle wie Wut oder Traurigkeit haben wir ruckzuck überwunden. Wurde uns unser Spielzeug weggenommen, haben wir vielleicht einen Wutanfall bekommen, aber nur so lange, bis wir das nächste interessante Spielobjekt entdeckt haben.

Kinder schmollen zwar, sie zermartern sich aber nicht ihren Kopf. Vor allem verschwenden sie nicht zu viele Gedanken an die *Vergangenheit* oder die *Zukunft*. Selbst wenn am nächsten Tag eine wichtige Klassenarbeit anstand, waren wir in der Lage, alles auszublenden und die zwei Stunden Spiel mit unseren Freunden in vollen Zügen zu genießen. Wir konnten uns komplett in einer Beschäftigung verlieren und dabei alles andere vergessen. Wir konnten in einer Sekunde maximal glücklich und in der nächsten todtraurig sein. Wir haben im Moment gelebt und unsere Emotionen nicht verschleppt.

Heute sieht das anders aus. Wenn wir erwachsen werden, scheint so etwas wie der »Ernst des Lebens« eine immer größere Rolle zu spielen. Von Jahr zu Jahr werden wir mit immer mehr Problemen konfrontiert, und ohne es zu merken, haben wir die Unbekümmertheit unserer Kindheit verloren. Wir leben in stetiger Auseinandersetzung mit dem, was morgen passieren könnte, und dem, was gestern war. Während wir gedanklich mit einem Bein in der Zukunft und einem Bein in der Vergangenheit stehen, verlieren wir den Fokus auf den gegenwärtigen Moment. Es entsteht ein Cocktail aus emotionalen Achterbahnfahrten, Zweifeln, Sorgen und Ängsten, dem jeder von uns mehr oder weniger stark ausgeliefert zu sein scheint.

Das ist prinzipiell völlig normal und gehört quasi zu den Nachteilen unserer Spezies. Problematisch wird es, wenn negative Gedanken und Emotionen überhandnehmen. Lassen wir ihnen einfach freien Lauf, entstehen mentale Muster, denen wir immer wieder folgen. Ehe man sich versieht, befindet man sich in einer Negativitätsspirale, aus der man nur schwer wieder herausfindet. Schon ein einziger negativer Gedanke, den wir ungehindert gedeihen lassen, reicht aus, um uns in eine negative Grundstimmung zu versetzen. Und diese vergeht nicht einfach von selbst.

So wie du dich fühlst, nimmst du auch die Welt um dich herum wahr. Ist deine Stimmung durch Emotionen wie Reue, Wut, Eifersucht, Zweifel oder Angst getrübt, sieht dein Gehirn vor allem die Dinge, die diese Emotionen bestätigen und verstärken. Es beurteilt ein und dieselbe Information völlig anders, als wenn du neutral oder positiv gestimmt bist. Positives wird einfach uminterpretiert und in ein negatives Licht gerückt. Wir deuten die Worte anderer Menschen falsch und werden schlampig in unserer Kommunikation. Die Brille, durch die wir die Welt betrachten, wird immer düsterer.

Das färbt natürlich auch auf unsere Entscheidungen ab. Wenn wir von unseren Emotionen gesteuert werden, handeln wir oft blind und impulsiv. Darüber, dass dabei nicht gerade die besten Entscheidungen herauskommen, brauchen wir nicht zu reden. Insbesondere negative Emotionen lassen uns unachtsam werden und machen wohlüberlegte Entscheidungen fast unmöglich. Wenn sie überhandnehmen, können sie zu einer der größten Gefahren für unseren Erfolg werden.

Eine der wichtigsten Voraussetzungen für mehr Erfolg im Leben ist ein Mindestmaß an Kontrolle – zum Beispiel über unsere Routinen oder darüber, mit welchen Menschen wir uns umgeben. Viele Menschen vergessen aber, dass der mit Abstand wichtigste Erfolgsfaktor die *Kontrolle unserer eigenen Gedanken und Emotionen* ist. Sie entwickeln sonst ein Eigenleben, das uns ganz schnell den Wind aus den Segeln nehmen kann. Sobald wir uns jedoch darin üben, unseren Verstand gezielt in die richtigen Bahnen zu lenken, setzen wir nie gekannte Kräfte und Potenziale frei. Wege dahin gibt es unzählige. Fast alle haben mit dem Thema Achtsamkeit zu tun.

Wir haben verlernt, was es heißt, achtsam zu leben. Laut einer Studie der Harvard University in den USA sind wir fast die Hälfte unseres Lebens mental »abwesend«. Etwa 47 Prozent unserer wachen Lebenszeit verbringen wir damit, an Dinge zu denken, die nichts mit dem zu tun haben, was wir gerade tun oder was um uns herum passiert. Anstatt uns auf den gegenwärtigen Moment zu konzentrieren, befinden sich unsere Gedanken ständig auf Wanderschaft.

An sich ist das nicht unbedingt eine schlechte Nachricht. Immerhin sind wir fähig, in die Zukunft zu denken, was uns beispielsweise ermöglicht, einen guten Plan auszutüfteln. Und auch Analysen der Vergangenheit können wichtig sein, um zu rekapitulieren und aus unseren Fehlern zu lernen. Aus Tagträumen und Gedanken können neue Ideen und kreative Denkprozesse entstehen. Die Realität ist aber oft nicht so rosig. Meist gehen wir im Autopilot-Modus durch den Tag. Aufstehen, fertig machen, zur Arbeit/Schule/Uni fahren, arbeiten oder lernen, soziale Medien konsumieren, essen, Serien gucken, einschlafen usw. – unser halbes Leben läuft in Automatismen ab. Auch in unserem Kopf spulen wir oft immer wieder die gleichen Gedankenmuster ab. Ganz vorne mit dabei sind Sorgen und Zweifel – lauter »Wenns« und »Abers«, die unsere Gedanken auf Wanderschaft schicken und uns aus der Gegenwart reißen.

All das sorgt dafür, dass wir (oftmals ohne es zu bemerken) einen großen Teil unseres Lebens »woanders« verbringen. 47 Prozent, das ist zum Beispiel knapp die Hälfte unserer Arbeitszeit, die wir unfokussiert verbringen. Oder 47 Prozent der kostbaren Zeit mit Freunden und Familie, in der wir nicht so präsent sind, wie wir es sein sollten. 47 Prozent sind beinahe unser halbes Leben, das wir einfach »verpassen«.

Menschen kämpfen jahrelang dafür, durch kürzere Arbeitszeiten zehn Prozent mehr Zeit zu haben – aber wofür, wenn sie die gewonnene Zeit gar nicht achtsam nutzen?

Wir versäumen es, im Moment zu leben. Das macht uns unglücklicher. Laut der oben genannten Harvard-Studie fühlen wir uns oft unzufriedener, wenn wir unseren Gedanken freien Lauf lassen – erstaunlicherweise sogar weitgehend unabhängig davon, ob es sich um positive oder negative Gedanken handelt.

Dieser Zustand muss aber nicht sein. Wir können gegensteuern. Es macht schon eine Menge aus, zumindest ein bisschen Kontrolle darüber zu haben, was mit unseren Gedanken passiert und wie wir das Hier und Jetzt wahrnehmen. Genau an diesem Punkt setzt Achtsamkeit an.

Achtsamkeit ist das bewusste Wahrnehmen des gegenwärtigen Moments. Achtsam zu sein bedeutet, bewusst darauf zu achten, was in dir und um dich herum passiert. Dazu gehört zum Beispiel das Spüren deines Körpers, die Wahrnehmung deiner Emotionen und Gedanken und das bewusste Erleben deiner Umgebung. Ziel ist es, all das auf sich wirken zu lassen – es aber nicht zu bewerten.

Achtsamkeit hilft uns, unsere innere Stimme einfach mal auf Stand-by zu schalten und uns von unserem Gedankenchaos zu lösen. Wer Achtsamkeit in seinen Alltag integriert, ist psychisch stabiler, kann Aufgaben fokussierter erledigen und verarbeitet Stress besser als andere. Achtsamkeit bewirkt, dass wir das Leben ganz anders genießen können, weil wir jeden einzelnen Moment bewusst wahrnehmen. Ein ebenfalls schöner Begriff für diesen Zustand ist »Präsenz«.

Das Prinzip dahinter ist wesentlicher Bestandteil fast aller Religionen und vieler Formen von Spiritualität. Besonders der Buddhismus hat unser heutiges Verständnis von Achtsamkeit geprägt. Buddhisten reden im Zusammenhang mit Achtsamkeit gerne von einem »Monkeymind«. Dieser

»Affenverstand« steckt in jedem von uns und plappert durchgängig vor sich hin. Es ist die Stimme, die sich beschwert, wenn wir mal unrecht haben, die alles persönlich nimmt und die uns aus der Gegenwart reißt, weil sie über die Vergangenheit grollt oder sich über die Zukunft sorgt. Viele nennen diese innere Stimme auch das »Ego«.

Das Tückische daran: Wir glauben, diese Stimme seien wir selbst. Wir identifizieren uns mit unseren Gedanken. Wenn wir Angst spüren, glauben wir, dass *wir* ängstlich sind. Wenn die Stimme wütend ist, glauben wir, dass *wir* wütend sind. Anstatt zu sagen »ich spüre Wut«, sagen wir »ich bin wütend«.

Wenn wir aber wirklich diese Stimme wären, wer ist dann der, der diese Stimme *wahrnimmt*?

Denke immer daran: *Du bist nicht du, du bist ihr!* Ein Mix verschiedener »Persönlichkeiten«, die abhängig von deinen gegenwärtigen Emotionen, deinen Erfahrungen und deinem Wissen abwechselnd das Ruder übernehmen.

Unser Ego ist trügerisch. Es will uns weismachen, dass unser »Ich« aus einem Konstrukt aus Gedanken, Besitztümern, Titeln, Status oder Fähigkeiten besteht. Sobald etwas davon »beschädigt« wird, leiden wir. Identifizieren wir uns mit Geld, leiden wir beispielsweise, wenn unser Kontostand sinkt. Fängt etwas von dem, womit wir uns identifizieren, an zu bröckeln (beispielsweise unser Status), werden wir unglücklich. Unser Ego macht unseren mentalen Zustand abhängig von äußeren Faktoren und unseren Gedanken.

Unser Ego ist jedoch nur ein trügerisches Selbstbild, das wir von uns selbst haben – es ist nicht wirklich wir. Immer wenn wir unsere Gedanken für wahr halten, laufen wir Gefahr, unglücklich zu werden. Einer der wichtigsten Grundsätze ist deshalb: »Glaube nicht alles, was du denkst.«

Achtsamkeit bedeutet auch, seine Gedanken und Emotionen sozusagen von außen betrachten zu können, *ohne* sie direkt zu bewerten. Sie hilft uns, uns immer wieder zu zentrieren und falsche, durch Emotionen getrübte Entscheidungen zu vermeiden. Wenn wir unsere innere Stimme ab und zu durch Achtsamkeit zur Ruhe bringen, werden wir glücklicher.

Dass Menschen, die sich in Achtsamkeit üben, meist erfüllter und auch erfolgreicher sind, ist schon lange kein Geheimnis mehr. Gerade im amerikanischen Raum gehört »Mindfulness« seit Jahren zu den wichtigsten Routinen von Spitzensportlern, Top-CEOs, Künstlern oder Unternehmern. Leider haben Themen wie Achtsamkeit und Meditation hierzulande teilweise noch einen falschen oder »uncoolen« Ruf. Viele verbinden damit esoterische Praktiken. Ich berate seit Jahren Mitarbeiter und Führungskräfte zum Thema Achtsamkeit und kann aus Erfahrung sagen, dass mit zunehmender Achtsamkeit nicht nur deren Produktivität steigt, sondern sich auch das gesamte Arbeitsklima und selbst das Privatleben immens verbessern.

Bist du achtsam in deinem Denken und Handeln, kannst du dich beispielsweise voll und ganz auf die Aufgabe konzentrieren, die vor dir liegt – ohne dich von den üblichen Störfaktoren ablenken zu lassen. Achtsamkeit bedeutet auch, dass du dich bei einem Gespräch ganz auf dein Gegenüber konzentrierst. Oder dass du voll in einer Tätigkeit aufgehst, die du liebst, und dabei alles ausblendest. Achtsamkeit führt dich dahin, wo du direkten Einfluss auf dein Leben nehmen kannst: in den *gegenwärtigen Moment*.

> *»Denke daran, dass die Gegenwart*
> *alles ist, was du hast. Mache das Jetzt zum*
> *Mittelpunkt deines Lebens.«*
>
> ECKHART TOLLE[33]

Achtsamkeit ist eine der wertvollsten Routinen, die wir in unser Leben implementieren können. Sie hebt alles, was wir tun, auf eine neue Ebene. Wenn du achtsam und präsent bist, triffst du bessere Entscheidungen, kommunizierst besser, führst bessere Beziehungen, leidest weniger unter emotionalem Stress und kannst besser mit Ängsten und Zweifeln umgehen. Du lebst de facto glücklicher und hast mehr vom Leben. Darüber hinaus fördert Achtsamkeit auch deine Gesundheit. Meditation kann beispielsweise Stresshormone reduzieren, den Blutdruck senken und dein Immunsystem stärken.

Keine Sorge: Für all das muss niemand zum buddhistischen Mönch mutieren. Es gibt viele einfache Wege, die dir zu mehr Achtsamkeit im Alltag verhelfen. Eine der einfachsten Methoden, mehr Achtsamkeit in sein Leben zu integrieren, ist *Dankbarkeit*. Damit ist nicht die Dankbarkeit für ein neues iPhone zu Weihnachten gemeint. Wir leben in einem derartigen Überfluss, dass wir vieles in unserem Leben als selbstverständlich betrachten. Ein Dach über dem Kopf, medizinische Versorgung und einen vollen Kühlschrank zum Beispiel. Wenn du in Deutschland, der Schweiz oder in Österreich lebst, gehörst du mit hoher Wahrscheinlichkeit zu den bestverdienenden ein bis zwei Prozent der Weltbevölkerung! Wenn du dir regelmäßig (routiniert!) bewusst machst, was in deinem Leben nicht selbstverständlich ist und wofür du dankbar bist, wirst du dein Leben und deine Mitmenschen mehr zu schätzen wissen. Das sorgt dafür, dass du achtsamer mit deiner Gesundheit, deiner Zeit und deinen Mitmenschen umgehst. Du spendest dir und deinem Umfeld damit Positivität und wirst glücklicher.

Die energiespendende Wirkung von Dankbarkeit kennen wir eigentlich seit Jahrtausenden – wir haben sie nur vergessen. In fast allen Kulturen und Religionen sind Dankbarkeitsrituale tief verankert. Das Beten gehört beispielsweise dazu. Viele Gebete basieren auf Dankbarkeit für das, was man hat. Sie sind angewandte Achtsamkeit. Vielen gläubigen Menschen ist vermutlich gar nicht bewusst, dass es zu großen Teilen Achtsamkeit in Form von tiefer Dankbarkeit ist, durch die ihre Gebete ihnen Kraft spenden.

Dankbarkeit heißt auch, dass du zwischendurch einfach mal innehälst, um einen schönen Moment wirklich adäquat zu genießen. Sei es, dass man sich die Zeit nimmt, um ein intensives Gespräch mit einem engen Vertrauten zu führen, dass man einen Spaziergang in der Natur macht oder sich bewusst vor Augen führt, wie dankbar man für die Gesellschaft seiner Mitmenschen ist.

Gerade Menschen, die sehr ehrgeizig sind und hohe Ansprüche an sich selbst stellen, neigen dazu, ihre Erfolge als selbstverständlich und »verdient« zu betrachten. Das ist grundsätzlich ein starkes Mindset – aber ist es deshalb ein Grund, diese Erfolge nicht wertzuschätzen? Wer sich ständig in Bewegung befindet, sollte sich die Zeit nehmen, gelegentlich zu »entschleunigen«. Wozu dient der ganze Aufwand, wenn wir uns keine Zeit nehmen, um die Früchte unserer Arbeit zu genießen?

Natürlich kann man nicht über Achtsamkeit reden, ohne auf *Meditation* einzugehen. Ihre Kraft wird von vielen Menschen – besonders in Deutschland – noch immer extrem unterschätzt. Meist liegt das einfach nur an einem falschen Bild, das viele Menschen von ihr haben. Viele denken, Meditation sei anstrengend und schwer zu erlernen. Man verbindet sie mit absoluter Konzentration, gedanklicher Leere oder einem trance-ähnlichen Zustand. »Das ist vielleicht was für Mönche oder Yogis, aber nichts für mich – dafür habe ich keine Zeit.« So könnte man denken.

Tatsächlich ist Meditation nur so kompliziert, wie man sie sich selbst macht. Und vor allem ist sie *gerade* für diejenigen wichtig, die eigentlich »keine Zeit« dafür haben. In meinen Augen gibt es fast nichts, was unser Leben mit so wenig Aufwand so radikal zum Positiven verändern kann. Sieh dir die Routinen der erfolgreichsten Menschen an. Du wirst sehen, dass fast alle Top-Performer (auch die, bei denen man es am wenigsten vermutet) täglich meditieren oder sich anderweitig in Achtsamkeit üben – darunter beispielsweise Oprah Winfrey, Michael Jordan und, zu Lebzeiten, Steve Jobs.

Meditation ist angewandte Achtsamkeit in Reinform. Es gibt unzählige Arten, wie du meditieren kannst, und genauso viele, um Meditation zu erlernen. Letztlich laufen die meisten auf das Gleiche hinaus: *die achtsame Wahrnehmung des gegenwärtigen Moments – beispielsweise durch bewusste Atmung.*

Bewusste Atmung ist die Basis, auf der viele Meditationsformen aufbauen. Wer meditiert, nimmt seine Atmung bewusst wahr und schenkt ihr seine volle Aufmerksamkeit. Dabei schweifen die Gedanken immer wieder ab – das ist gerade zu Anfang völlig normal und kein Grund, eine Meditation abzubrechen. Die Kunst besteht darin, seiner inneren Stimme so wenig Aufmerksamkeit wie möglich zu schenken und den Fokus immer wieder zurück auf die Atmung zu lenken.

Meditation will geübt sein. Niemand wird von heute auf morgen zum »Zen-Meister«. Wenn du dich jedoch auf das Thema einlässt und ihm täglich ein paar Minuten Übung schenkst, wirst du nach kurzer Zeit völlig anders durch dein Leben gehen. Anstatt dich mit deinem Monkeymind anzulegen, »freundest« du dich einfach mit ihm an. Mithilfe von Meditation gibst du ihm eine Aufgabe. Diese kann zum Beispiel lauten: »Achte auf meine Atmung!«

Natürlich wirst du dadurch nicht plötzlich frei von jeglichem Gedankenchaos. Meditation hat nichts mit der Abwesenheit von Gedanken zu tun. Dein Verstand wird mit immer neuen Ideen um die Ecke kommen, um dich abzulenken.

Das ist vollkommen normal. Die Hauptsache ist, dass du deinen Fokus immer wieder auf die bewusste Wahrnehmung deines Köpers und deiner Atmung lenkst. Nimm deine Gedanken wahr und lass sie wieder vorüberziehen. Meditation ist ein Lernprozess. Dein Verstand ist wie ein Muskel, den du darin trainieren kannst, sich in die Gegenwart zurückzuleiten und sich voll und ganz auf eine Sache zu fokussieren. Mit Meditation kannst du diesen Muskel gezielt trainieren. Je stärker er wird, desto besser gehst du durchs Leben.

Die Fähigkeit, dich in jeglicher Situation bewusst in den Moment zu holen und deinen Geist zur Ruhe zu bringen, gleicht einer Superkraft. Wenn du erst einmal geübt darin bist, kannst du deinen Fokus leichter bewusst auf die Gegenwart lenken und immer wieder Abstand von deiner inneren Stimme gewinnen.

Dich plagen Ängste oder Zweifel? Nach zwei Minuten bewusster Atmung wirst du rationaler und lösungsorientierter.

Eine Deadline für ein wichtiges Projekt rückt näher, und du fühlst dich unkonzentriert? Eine Meditationspause bringt deinen Fokus zurück und boostet deine Kreativität.

Du hattest einen stressigen Tag, und die Chipstüte im Schrank sieht verlockend aus? Durch Meditation senkst du dein Stresslevel auf gesunde Art und Weise und minderst dein Verlangen nach ungesunder Kompensation wie Junkfood oder stundenlangem Social-Media-Konsum.

Die Liste ließe sich lange fortführen. Durch Meditation kannst du die Kraft der Achtsamkeit in jeder Situation nutzen, in der du atmen kannst.

Doch die Wirkung von bewusster Atmung beschränkt sich nicht nur auf Achtsamkeit und den Fokus auf das Hier und Jetzt. Sie wirkt auch auf physischer Ebene. Sauerstoff ist der wichtigste Input für deinen Körper. Ohne Nahrung kommen wir je nach Konstitution mehrere Wochen aus, ohne Wasser vielleicht ein paar Tage – aber ohne Sauerstoff? Ohne den sind wir nach wenigen Minuten tot.

Sauerstoff ist unsere wichtigste Energiequelle. Es gibt daher nichts, womit wir unser Energielevel so direkt beeinflussen können wie mit unserer Atmung. Wer weiß, wie es sich anfühlt, zu hyperventilieren, hat einen kleinen Eindruck davon, was unsere Atmung mit uns anrichten kann. Sie ist ein unglaublich starkes Werkzeug, mit dem wir unmittelbar beeinflussen können, wie wir uns fühlen.

Die Forschung weist aktuell immer wieder neue Ergebnisse vor, die zeigen, wie stark das Sauerstofflevel in unserem Körper unser körperliches und mentales Befinden beeinflusst. Das Thema ist sehr faszinierend, aber zu komplex, um hier tiefer darauf einzugehen. Glücklicherweise muss heute niemand mehr selbst recherchieren, wie man richtig meditiert oder atmet, um sein Befinden zu verbessern. Der Markt ist voll von Videos und Apps, die dich Schritt für Schritt durch geleitete Meditationen oder Atemübungen an das Thema heranführen. Das Einzige, was heutzutage nötig ist, um diese Dinge zu erlernen, ist ein kleiner Funken Motivation und Eigeninitiative.

Wenn du dich fragst, wie sich Achtsamkeit, Präsenz und Mindfulness eigentlich anfühlen, kann ich dir eins sagen: Du kennst dieses Gefühl schon. Achtsamkeit ist kein Mysterium, das wir uns jahrelang antrainieren müssen. Wenn es eine Tätigkeit gibt, die du liebst und in der du aufgehst, dann warst du in deinem Leben schon sehr oft achtsam, ohne es zu merken.

Jeder von uns kennt Tätigkeiten, die uns glücklich machen – Beschäftigungen, die uns bereits mit Freude erfüllen, wenn wir nur an sie denken. Bei vielen Menschen sind das ihre Hobbys, einige wenige (und dadurch sehr erfolgreiche) Menschen haben sogar das Glück, mit diesen Tätigkeiten ihr Geld zu verdienen. Dazu zählen beispielsweise Sportarten, künstlerische Tätigkeiten wie Musik, kreatives Schreiben oder Malen, aber auch Lesen, Angeln, Wandern, Schach, Kämpfen und vieles mehr.

Der Grund dafür, dass wir solche Tätigkeiten so lieben, ist simpel: Unsere Hobbys und Leidenschaften lassen uns alles andere vergessen und bringen uns in den Moment. Wer ein Instrument spielt, konzentriert sich nur auf sich und die Musik. Wer Fußball spielt, boxt, ringt oder Tennis spielt, fokussiert sich auf das Zusammenspiel von seinem Kopf und seinem Körper. Er achtet auf seine Koordination und Taktik, anstatt an den Streit mit dem Partner oder den Stress im Job zu denken. Und wer jagt oder angelt, wechselt zwischen absoluter Fokussierung und gedanklicher Ruhe in der Natur. All das ist Achtsamkeit pur. Wenn du einem geliebten Hobby nachgehst oder etwas tust, bei dem du alles um dich herum vergisst, dann bist du *achtsam*.

Regelmäßige Routinen, die dich in diesen Zustand bringen, solltest du fördern und beibehalten. Das heißt nicht, dass du den ganzen Tag Videospiele spielen sollst, nur weil du dabei alles um dich herum vergisst. Aber jede Routine, die dich darin trainiert, in den Moment zu kommen, kannst du gezielt nutzen, um deine Batterien in stressigen Phasen wieder aufzuladen, dich zu resetten und einen klareren Kopf zu bekommen. Frage dich also immer wieder: *Wie achtsamkeitsfördernd sind meine Routinen – also die Dinge, die ich regelmäßig wiederkehrend tue?*

Passives Konsumieren von inhaltsleeren Medien (zu viel Social Media, TV) lässt dich vielleicht auch ein bisschen von der Außenwelt vergessen. Aber es macht deinen Verstand träge und trübt deine Wahrnehmung. Gute, achtsamkeitssteigernde Routinen fördern dich. Sie bringen dich in einen Flow-Zustand, bei dem du ganz in deinem Tun aufgehst.

Dieser Zustand ist sogar Gegenstand verschiedener psychologischer Forschungen. Insbesondere Mihály Csíkszentmihály, ein Psychologie-Professor aus Chicago, dessen Namen ich zum Glück nur schreiben und nicht aussprechen muss, hat die Flow-Theorie geprägt. Er stellte fest, dass wir immer dann einen Zustand völliger Vertiefung und Konzentration (»Flow«) erreichen, wenn die *Anforderungen* einer Tätigkeit auch unseren *Fähigkeiten* entsprechen. Sind wir überfordert, spüren wir Angst und Stress, bei Unterforderung kommt Langeweile und Desinteresse auf. Genau dazwischen liegt der *Flow*. Er gleicht einem Rauschgefühl, das uns zu Höchstleistungen bringt – ganz ohne Zwang oder Disziplin.

Das zeigt auch wieder, dass wir Herausforderungen brauchen, um unser volles Potenzial zu entfalten. Je mehr Aufgaben und Tätigkeiten du nachgehst, die dich in einen Flow-Zustand bringen, desto produktiver und gleichzeitig erfüllter wirst du. Flow ist der Inbegriff von Achtsamkeit, du gehst dabei ganz im gegenwärtigen Moment auf.

»Eins nach dem anderen zu tun, heißt, voll bei der Sache zu sein und dem, was man tut, seine gesammelte Aufmerksamkeit zu widmen. Das ist hingebungsvolles Tun – kraftvolles Handeln.«

ECKHART TOLLE[34]

Genauso wunderschön wie die Folgen eines achtsameren Lebensstils sind, so unberechenbar und drastisch können die Folgen von stetiger Unachtsamkeit sein. Entscheidungen, die du unachtsam getroffen hast, oder Worte, die du unachtsam gesagt hast, können Butterfly-Effekte nach sich ziehen, die dich noch Jahre später einholen. Du hast auch gesehen, wie leicht unser Unterbewusstsein durch allerhand psychologische Gesetze beeinflusst werden kann. Je unachtsamer du bist, desto anfälliger bist du beispielsweise für das Gesetz der *Macht* oder das Gesetz der *Masse*.

Die Ursachen für Unachtsamkeit sind häufig die vollständige Identifikation mit unseren Gedanken und starke negative Emotionen wie Ängste, Zweifel und Sorgen. Ängste ersticken deine Kreativität und trüben dein Urteilsvermögen. Je ängstlicher du bist, desto anfälliger bist du beispielsweise für falsche Informationen und Manipulationen. Angst sorgt dafür, dass unser Wahrnehmungsfilter durchlässig wird. Nicht umsonst ist sie ein gängiges Instrument totalitärer Regime, wenn es darum geht, Menschen gefügig zu machen. Seit Jahrtausenden schüren Machthaber durch gezielte Taktiken Angst unter ihren Bürgern und machen sie so kontrollierbar.

Eine der wichtigsten Voraussetzungen, damit das gelingt, ist übrigens fehlendes Wissen seitens der Bevölkerung. Informationsentzug und Angst – viel mehr braucht es nicht, um ganze Völker zu unterdrücken. Das hat die Geschichte immer wieder bewiesen. Umgekehrt gilt: Gib einem Menschen Wissen, und du tötest seine Angst.

Angst hat oft mit Unwissenheit, Ungewissheit oder Kontrollverlust zu tun. Sehen wir eine Gefahr und können die Situation nicht kontrollieren, kommt Angst in uns auf. Das Gleiche passiert, wenn wir aufgrund mangelnder Informationen nicht wissen, was auf uns zukommt. Wenn uns beispielsweise eine wichtige Prüfung bevorsteht und wir nicht wissen, ob wir sie meistern, entstehen Ängste und Sorgen. Diese können berechtigt oder vollkommen irrational sein.

Eine gesunde Portion Angst ist durchaus wichtig. Sie wirkt wie ein Tritt in den Hintern, der manchmal dringend vonnöten ist, damit wir eine Deadline einhalten oder bei einer wichtigen Aufgabe unser Bestes geben. Ein Leben ohne Angst ist nicht nur unmöglich, sondern auch nicht zielführend. Es ist die Angst vor dem Scheitern, die viele Menschen überhaupt erst dazu bringt, sich für etwas Mühe zu geben.

Dennoch darf sie nicht überhandnehmen. Die Angst vor dem Scheitern sollte beispielsweise nicht so groß werden, dass wir etwas erst gar nicht versuchen. Vor allem aber sind wir Profis darin, uns die Zukunft so negativ auszumalen, wie es nur geht.

»Ich hatte in meinem Leben
sehr viele Sorgen, wovon die meisten
niemals eingetroffen sind.«
MARK TWAIN[35]

Auch ich habe in meinem Leben viele schreckliche Dinge erlebt – aber zum Glück sind die meisten davon nicht eingetreten ...

Ängste und Zweifel lähmen uns. Und sie rauben uns mentale Energie. Egal, um welche Angst es sich handelt, am besten können wir sie durch drei Dinge besiegen: durch Achtsamkeit, durch Handlung und durch Wissen. Je achtsamer wir sind, desto rationaler und vernünftiger können wir uns einer Situation stellen. Wenn wir dann auch noch über genügend Wissen und Erfahrung verfügen, können wir umso besser erahnen oder abschätzen, welchen Verlauf eine Situation nehmen wird.

Wissen schafft Sicherheit. Vor allem aber müssen wir verstehen, dass wir die Zukunft nur beeinflussen können, wenn wir in der Gegenwart handeln.

Angst an sich hat kein Ergebnis. Nur durch
Handlung können wir sie bekämpfen.

Wenn wir Angst vor etwas haben, das wir beeinflussen können, kann nur unsere Handlung diese Angst besiegen. Ängste und Sorgen machen daher überhaupt nur Sinn, wenn wir den Ursprung kennen und dementsprechend handeln können. Alles andere ist verschwendete Energie.

Das Gleiche gilt für Zweifel oder zu viel Reue. Sie entstehen, wenn wir mit unserem Kopf in der *Vergangenheit* sind und Vergangenes auf die Zukunft übertragen. Bedenke immer: *Die Vergangenheit war eine Lehrstunde und keine Verurteilung.*

Ob wir an Streitgespräche, getroffene Entscheidungen oder traumatische Erlebnisse denken – Zweifel entstehen immer dann, wenn wir gedanklich in der Vergangenheit leben. Ängste wiederum entstehen, wenn wir uns mit unseren Gedanken in der Zukunft befinden.

Halten wir also fest: Ängste, Zweifel und Sorgen treten immer dann zutage, wenn wir uns mit unserer Aufmerksamkeit und unseren Gedanken aus dem gegenwärtigen Moment herausbewegen. In solch einem Fall musst du handeln. Mit achtsamen Routinen zum Beispiel oder mit täglichen Achtsamkeitsübungen wie Meditation. Sie befreien dich aus dem Nebel zwischen Vergangenheit (Zweifel) und Zukunft (Angst, Sorgen) und bringen dich immer wieder ins Hier und Jetzt zurück.

Die Idealvorstellung eines achtsamen Lebensstils wäre also ein Leben, in dem wir den Moment genießen, morgen und gestern weitestgehend ausblenden und uns durch nichts aus der Ruhe bringen lassen; in dem Ängste und Zweifel für uns Fremdwörter sind und wir ausschließlich positiv denken. Kurz gesagt: absolute Utopie.

Manchmal sind die Dinge nämlich einfach scheiße. Dennoch kannst du beeinflussen, wie sehr dich dieser Scheiß tangiert und wie sehr er deine Entscheidungen beeinflusst.

Sei aufmerksam. Versuche, deine Emotionen,
so oft du kannst, zu beobachten und
aus einer höheren Perspektive zu betrachten.
Handle bewusst. Sei achtsam.

Je achtsamer du bist, desto freier lebst du. Achtsamkeit ist der Feind deines Autopiloten. Sie gibt dir das Ruder über deine eigenen Entscheidungen zurück und schafft einen Raum, in dem du frei entscheiden kannst, wie du auf das Leben reagierst.

»Zwischen Reiz und Reaktion liegt ein Raum.
In diesem Raum liegt unsere Macht zur
Wahl unserer Reaktion. In unserer Reaktion liegen
unsere Entwicklung und unsere Freiheit.«
VIKTOR FRANKL[36]

EPILOG

Nicht »Wissen ist Macht« – *angewandtes* Wissen ist Macht. Und Anwendung bedeutet wiederum nichts anderes als Handlung.

Wir sprechen somit von zwei Kernelementen des Erfolgs: *Wissen* und *Handlung*.

Um erfolgreicher zu werden, musst du diese beiden Stellschrauben aktiv managen und perfekt aufeinander abstimmen. Du musst Experte deines eigenen »Erfolgsmanagements« werden.

Das ist gar nicht so einfach, denn Wissen ist nicht immer umfassend genug, und vor allem ist nicht jede Handlung richtig, nötig oder zielführend. Aus der Kombination von Wissen und Handlung ergeben sich verschiedene Möglichkeiten, wie beide Faktoren aufeinandertreffen können.

Im Idealfall führt angeeignetes Wissen zu einer richtigen, sprich zielführenden Handlung. Leider ist dies eher die Ausnahme. Denn bevor dies eintritt, muss viel experimentiert, recherchiert und probiert werden – auch häufiges Scheitern gehört dazu. Werden diese Voraussetzungen jedoch erfüllt, fördert dies die besten Ergebnisse und schönsten Gefühle zutage. Je treffsicherer du durch fundiertes Wissen und effizientes Handeln bist, desto geschmeidiger und müheloser gehst du durchs Leben.

Aber um müheloser leben zu können, musst du erst einmal mühevoll herausfinden und lernen, wie du zwischen Richtig und Falsch unterscheidest. Darum kommst du nicht herum. Das macht Erfolg so schwierig.

Treffen falsche Informationen auf richtiges Handeln, kannst du noch so ambitioniert agieren – aus einem Fundament an falschen Glaubenssätzen und Informationen wächst meist nichts Großes, im Gegenteil, du wunderst dich, dass manche Ergebnisse und Gefühle auf sich warten lassen, obwohl du »doch so fleißig« bist, und merkst gar nicht, dass daran deine falschen oder fehlenden Kenntnisse schuld sind und dass du daran erst einmal etwas ändern musst.

Selbst wenn sich dein Wissen aus zutreffenden Informationen speist, kannst du immer noch falsch, ineffizient oder zu kompliziert handeln. Hieraus ergibt sich für dich ein harter und steiniger Weg, den du so lange durchläufst, bis du nach und nach den Ansatz anpasst oder wechselst, um immer zielführender zu handeln. Wer beispielsweise immer nur einfach »handelt«, ohne den Faktor Effizienz in Betracht zu ziehen, wird irgendwann müde – auch wenn er liebt, was er tut! Hinterfrage Ergebnisse, und strebe nach effizienten Handlungsmustern, bevor es mühselig wird.

Davon, was passiert, wenn *falsches Wissen* auf *falsche Handlung* trifft, brauchen wir gar nicht erst zu reden.

Kaum etwas ist aber so fatal wie Wissen ohne Handlung – denn selbst falsches Handeln kann durch harte Arbeit nach und nach besser werden. Um überhaupt besser handeln zu können, musst du erst einmal überhaupt handeln.

Genau das trauen sich die meisten jedoch nicht, da sie Angst vorm Scheitern haben. Absolut verrückt, denn du *wirst* scheitern. Anders kannst du nämlich nicht erfahren, was richtig und falsch ist. Viele malen sich die negativen Ergebnisse schon vorher im Kopf aus und versuchen es erst gar nicht. Solche Hirngespinste musst du durch neue, frische Handlungen durchbrechen! Deine Unsicherheit ist nicht nur normal – sie ist der Preis für deinen Weg zum Erfolg!

Einige Menschen haben ein riesiges Wissensportfolio, aber wollen einfach nicht in die Umsetzung gehen. Diese Kombination bietet den Nährboden für Gedankenchaos, Unruhe, Monkeymind und falsches Selbstbewusstsein. Je weniger du handelst, desto mehr fütterst du deine Ängste, Zweifel und Sorgen. Wer viel weiß, aber wenig tut, gerät in eine Spirale von Gedanken und Grundannahmen, die im Kopf herumschwirren, aber nicht zugeordnet werden können, weil sie keine Verwendung finden.

Viele Menschen sind beispielsweise wahre Experten im Bereich Ernährung und haben von Low Carb über High Carb bis hin zu Paleo, Vegan oder Basenfasten so ziemlich jede Ernährungsweise studiert. Sie kennen jede Studie und können dir im Schlaf Hunderte Vor- und Nachteile dieser Diäten aufzählen. Aber wenn es darum geht, ihre eigene Ernährung und Gesundheit in Angriff zu nehmen, verlieren sie sich in ihrer gedanklichen Flut an Informationen und wissen selber nicht, wo sie anfangen sollen. Sie haben so viel ungenutztes Wissen, dass sie sich mit diesem Übermaß an Theorie die praktische Anwendung erschweren. Ich bezeichne das gerne als *Theoriestau.*

Wissen ohne Handlung führt auch oft zu *falschem Selbstbewusstsein.* Viele denken fälschlicherweise, dass sie im Leben durch reines Wissen glänzen können. Und weil sie zu faul oder mental festgefahren sind, um es tätig anzuwenden, ersparen sie sich nebenbei all die Niederschläge, Fehler und Probleme, denen man als handelnder Mensch im Leben begegnet, selbst wenn man sich noch so gut vorbereitet hat. Sie halten ihr Ego also schön frei von jeglichen Kratzern und bilden eine Blase aus falschem Selbstbewusstsein und einem verzerrten Selbstbild. Dass sie damit im Leben kaum weiterkommen, merken sie meist erst, wenn es schon zu spät ist oder sie (im Endeffekt zu ihrem Glück) aus irgendeinem Grund doch einmal auf die Fresse fliegen.

Wissen allein nützt dir also rein gar nichts. Du musst es anwenden – und handeln!

Ob eine Handlung richtig oder falsch war, stellt sich oft erst verzögert heraus. Das Leben besteht aus stetiger *Neuausrichtung*. Man muss sich regelmäßig an neue oder veränderte Gegebenheiten anpassen. Sich nicht zu verändern, obwohl sich die Gegebenheiten ändern, führt zur Selbstaufgabe.

Vergiss nicht: All die Probleme oder Hindernisse, denen du momentan gegenüberstehst, stellen dich nur *bis jetzt* vor eine Herausforderung. Dir fehlt lediglich *Wissen* darüber, wie du mit diesen Problemen *umgehen* kannst. Du weißt schlichtweg *noch nicht,* was du anders machen solltest, um sie zu meistern. Auch wenn sie unlösbar oder ausweglos erscheinen – ausweglos sind sie nur *bis jetzt!*

Das Größte, was dir aber bei diesem Erfolgsprozess im Wege stehen kann, sind deine Ignoranz und dein Ego. Niemand gesteht sich gerne ein, dass er falschlag. Oder dass er falsch gehandelt hat. Viele möchten ihren Frame um alles in der Welt halten – und schaufeln sich damit ihr eigenes Grab. Sie beharren beispielsweise auf veraltetem Wissen, nur um ihr jahrelanges Denken, Lernen oder die Meinung ihres Umfelds zu rechtfertigen. Ihr Aufwand muss sich ja schließlich gelohnt haben ...

Dabei können wir gar nicht bestimmen, was richtig oder falsch ist, sondern nur das Leben selbst mit seinem Feedback und seinen Resultaten, die es uns gibt. Schalte dein Ego aus. Es verklebt deine Sicht. Sei nicht ignorant. Und versuche niemals, aus Prinzip recht zu behalten. Das führt zu nichts. Sei offen für neue Denkweisen. Und sei *zielführend*.

Noch nie war es für uns so leicht, uns neues Wissen anzueignen, wie heute. Wir vergessen viel zu oft, dass wir zu den ersten Generationen in der Geschichte der Menschheit gehören, die sich theoretisch komplett autonom Wissen zuführen können und sich ihr Leben mit einer Freiheit gestalten dürfen, die es vorher nie gegeben hat. Es gibt unendlich viele Quellen und Möglichkeiten: Internet, Bücher, Videos, Podcasts, Vorträge, Kurse, Mentoren etc.

Hör niemals auf, dir Wissen anzueignen – egal, in welchem Bereich. Die Welt bleibt nämlich nicht stehen, sie verändert sich stetig. Sie schafft neue Möglichkeiten, lässt Chancen verfliegen, eröffnet neue Branchen oder macht andere dem Erdboden gleich. Auch deine Konkurrenz schläft nicht. Irgendwo gibt es immer jemanden, der noch ein Stück weitergräbt, der noch tiefer recherchiert, wo du vielleicht denkst, schon alles zu wissen.

Natürlich sollst du dein Leben nicht nur mit Arbeit und Lernen verbringen – gönn dir Auszeiten, genieß und feier deine Errungenschaften. Aber lass dich verdammt noch mal nie abhängen. Geh stets weiter und suche nach Wissen und neuen Impulsen – verändere dich. Trainiere regelmäßig, lerne Softskills fürs Leben. Und frage dich, was du wissen könntest, das dich besser macht – egal ob über Psychologie, Kommunikation, Gesundheit, Digitalisierung, Bewegung, Ernährung, Beauty, Sprache, Verhalten, Marketing, Vertrieb, Geldanlagen, Führung oder Effizienz. Was auch immer es gerade ist, was dir Probleme bereitet – suche nach Informationen zu diesem Thema von Menschen, die das Problem schon erfolgreich bewältigen konnten! Eigne dir Wissen an und installiere es in dein tätiges Leben!

Ich für meinen Part tue dasselbe – wenn möglich täglich. Während du diese Zeilen liest, bin ich vielleicht gerade wieder dabei, neue Dinge zu lernen – nicht nur, um sie selbst anzuwenden, sondern vor allem auch, um sie zu filtern und anschließend die gewonnenen Kenntnisse auf verständliche Weise an euch weiterzugeben. Ich liebe es, den Code des Lebens immer weiter zu knacken und Menschen dabei nützliches oder interessantes Wissen zu vermitteln. Mein Wissensdurst ist mein bestes Erfolgsrezept.

Ich bleibe notorisch neugierig. Und da ich diesem Wissensdurst durchgehend nachgehe, entstehen in meinem Leben immer weitere neue interessante Themengebiete oder Geschäftsfelder, von denen ich jedes möglichst umfassend verstehen und anschließend weitervermitteln will.

Dabei fallen mir immer wieder »Fehler« oder Knoten auf, die andere Menschen verwirren. Das führt schließlich dazu, dass ich selbst neue Lösungen oder Herangehensweisen für Probleme finde, mit denen viele zu kämpfen haben. Oder ich stoße zufällig auf Bereiche, in denen Menschen aufgeklärt oder beraten werden möchten. In beiden Fällen sehe ich es als meine Aufgabe, Wissen an andere weiterzugeben, um sie vor dem zu bewahren, an dem ich schon oft genug gescheitert bin. Und da ich aus eigener Erfahrung weiß, welchen Schaden falsche oder falsch vermittelte Informationen anrichten können, versuche ich, bei all dem möglichst nur verlässliche, gültige Informationen zu vermitteln.

Ich freue mich dafür umso mehr darauf, euch diese und viele weitere Themen in zahlreichen kommenden Projekten und Formaten zu vermitteln, darunter Live-Touren, Videos, weitere Bücher und vieles mehr! Darüber hinaus bin ich sehr gespannt, in welchen weiteren Städten ich das PHP-Konzept künftig eröffnen werde. Mein Team und ich freuen uns schon darauf, euch allen und auch sämtlichen Firmen bei allem rund um die Bereiche *Bildung*, *Sport* und *Gesundheit* behilflich sein zu können – mit viel Leidenschaft und ausschließlich praxisorientiertem Wissen.

Ich liebe es, Menschen aufzuklären und von dem zu befreien, was sie gerade aufhält. Auch du, der das hier gerade liest, bist ein wundervoller Mensch mit unglaublichen, einzigartigen Fertigkeiten. Sie wurden von der Welt und dir vielleicht nur *noch nicht* gesehen oder bestätigt, weil innere und äußere Blockaden des Lebens dir dabei im Weg stehen – *bis jetzt!*

Denn du kannst das ändern. Geh den Weg, der sich für dich gut anfühlt – kritisiert wirst du so oder so. Hör nie auf, zu lernen, und sei immer mutig, zu handeln. Das bist du dir und deinem Potenzial schuldig.

DANKSAGUNG

Ich bin mittlerweile von so vielen wunderbaren Menschen umgeben, dass es unmöglich ist, an dieser Stelle jedem den Dank zukommen zu lassen, der ihm gebührt. Jedem Menschen, der mein Team, mein Unternehmen oder mich in irgendeiner Weise unterstützt hat oder weiter wachsen sehen möchte, bin ich zu tiefstem Dank verpflichtet.

Um das Ganze kurz zu halten, reduziere ich mich hier auf die wichtigsten Personen, die an diesem Buch direkt mitgewirkt haben oder aus anderen Gründen maßgeblich dazu und zu meinem Erfolg an sich beigetragen haben.

Ich beginne mit meinem Team und runde das Buch schließlich mit den Menschen ab, denen ich alles zu verdanken habe und ohne deren Liebe und Hingabe nichts von all dem hier möglich gewesen wäre: meiner Familie.

Bei *Leonard Bauer* bedanke ich mich für all die intensiven Stunden gemeinsamer Arbeit an diesem Buch, bei denen er mir half, meine Gedanken zu ordnen und diese gemeinsam mit mir zu verschriftlichen.

Ein besonderer Dank gilt *Azad Rashid*, der als Erster meinen Worten schon vertraute, als es noch keiner tat. Ohne dich gäbe es das alles nicht.

Ich danke meinem gesamten Team bei PHOENIX HUMAN PRIME, das täglich an meiner Seite ist und für mich jeden Tag die Stellung hält (egal, ob in der Base, Academy, im Gym, bei Corporates oder in sonstigen Situationen) und mir starken Rückenwind gibt. Dabei danke ich insbesondere *Philip*, *Hanan*, *Vincent* und *Micha* welche mich gerade in der letzten Phase der Fertigstellung dieses Buches intensiv und mit vollem Einsatz unterstützt haben.

Ich danke jedem einzelnen Mitglied und Kunden von PHP – ohne euch wäre dieses Unternehmen nicht das, was es heute ist. Ihr seid eine unfassbare Inspiration.

Ich bedanke mich bei meinen Fimenkunden und Partnern für ihr Vertrauen und freue mich auf eine weiterhin tolle Zusammenarbeit.

Ich danke besonders meinem Bruder *André Rouzbeh*, *Dallan Sam* und *Rooz* – ohne euch würde ich immer noch mein Wissen nicht mit so vielen Menschen teilen können.

Ich danke auch meinen anderen kleinen Geschwistern *Antony* und *Amelie* – für ihre bedingungslose Liebe und dafür, dass sie mich mit ihrer Positivität und Herzenswärme immer wieder resetten, wenn es mal stressig um mich herum wird. Auf dass sie sich auf ihrem Weg niemals unterkriegen und verwirren lassen.

Ich danke meinem *Vater*, der, seit ich denken kann, tagtäglich dafür geschuftet hat, für uns Kinder eine heile Welt zu wahren und uns ein wundervolles Leben zu ermöglichen – auch wenn es bedeutete, dass er selbst oft genau auf das verzichten musste.

Ich danke vor allem meiner *Mutter*, welche Stirn an Stirn mit jeglichen Instanzen, Menschen oder Institutionen ging, um zu beweisen, dass ihr Sohn zu etwas Besonderem imstande ist. Meine Beharrlichkeit und mein Durchhaltevermögen habe ich definitiv von ihr.

Ich danke jedem Menschen, der seine Ignoranz und sein Ego besiegt und an sich arbeiten möchte. Je mehr Menschen sich der Persönlichkeitsentwicklung und Selbstverwirklichung widmen, desto anerkannter wird es, kein Massenprodukt mehr sein zu wollen.

Und natürlich danke ich jedem meiner treuen Fans, die mich mit ihrer Energie unterstützen und dazu beitragen, dass ich mehr Menschen für ihren eigenen Erfolg begeistern kann.

Ich liebe euch alle sehr.

PS: Wir hatten recht, Mama.

1   Zit n. Neubeck, Klaus: *Atem und Glück*, BoD – Books on Demand 2003, S. 292

2   Zit. n. *Janesville Daily Gazette* (1947), »Editorial Panorama«, S. 6

3   Zit. n. Mörtenhummer, Monika & Harald: *Zitate im Management*, Linde, Wien 2008, S. 177

4   Zit. n. Hermann, Simon: *Geistreiches für Manager*, Campus, Frankfurt/M. 2000, S. 63

5   Tucholsky, Kurt: »Schnipsel«, *Die Weltbühne*, 10, 1932 (als Peter Panter)

6   Zit. n. *Reader's Digest*, 2/2009, S. 49

7   psychologie-einfach.de/die-besten-zitate-von-marcus-aurelius/

8   Zit. n. www.forbes.com/sites/erikaandersen/2013/05/31/ 21-quotes-from-henry-ford-on-business-leadership-and-life/

9   Kipling, Joseph Rudyard: *A Book of Words*, Macmillan, New York 1928, S. 199

10 Goethe, Johann Wolfgang von: *Poetische und prosaische Werke,* Band 1, Teil 1, J.G. Cotta, Tübingen 1836, S. 457

11 Zit. n. Knischek, Stefan: *Lebensweisheiten berühmter Philosophen*, Schlütersche, Hannover 2008, S. 377

12 Hauptmann, Gerhart: *Aufzeichnungen. Erzählendes. Gedichte. Dramatisches*, S. Fischer, Frankfurt/M. 1922, S. 63

13 Mörtenhummer, a.a.O., S. 163

14 Zit. n. *Klages Weltweisheitenkalender*, 9. November 2009, Klages Kalender Verlag AG, Weyarn 2009

15 Zit. n. www.forbes.com/quotes/4028/?utm_campaign= Forbes&utm_source=TWITTER&utm_medium=social &linkId=13944099

16 Zit. n. Jones, Francis Arthur: *Thomas Alva Edison. Sixty Years of an Inventor's Life*, Crowell & Co., New York 1908, S. 14

17 Zit. n. Draksal, Michael: *Psychologie der Höchstleistung*, Draksal Fachverlag, Leipzig 2005, S. 51

18 Drucker, Peter: *Managing for Business Effectiveness*, in: *Harvard Business Review*, Mai 1963

19 Drucker, Peter: *Managing for Business Effectiveness*, in: *Harvard Business Review*, Mai 1963

20 Zit. n. Drosdek, Andreas: *Die Liebe zur Weisheit*, Campus, Frankfurt/M. 2003, S. 81

21 Zit. n. www.facebook.com/TonyRobbins/photos/a.444 057769059/10158234115434060/?type=3&comment_ id=10158237775214060

22 Freedman, Jim: *Well-trained Workers Crucial to US,* in: *Jim Freedman of Providence Journal*, Scripps Howard News Service, Salt Lake City/Utah 1991, S. A28

23 Zit. n. Durant, Will: *The Story of Philosophy. The Lives and Opinions of the World's Greatest Philosophers*, Simon & Schuster, New York 1926, S. 87

24 Zit. n. Korduan, Anton: *Der Gedankenspaziergang*, BoD – Books on Demand 2001, S. 31

25 Zit. n. Stritzelberger, Reinhold: *Auf Dauer erfolgreich. Wie Sie langfristig Spitzenleistungen erbringen*, Haufe, Freiburg i.Br. 2017, S. 31

26 Zit. n. www.forbes.com/pictures/fljl45lkm/michael-dell-never-be-the-smartest-person-in-the-room/#6897a2c07d6e

27 Friedell, Egon: *Kulturgeschichte der Neuzeit. Die Krisis der europäischen Seele von der Schwarzen Pest bis zum ersten Weltkrieg*, C.H. Beck, München 1960, S. 847

28 Zit.n. *Allgemeine schweizerische Militärzeitschrift*, 1981, Bd. 147, Huber, Frauenfeld 1981, S. 139

29 Quadbeck-Seeger, Hans-Jürgen: *Der Wechsel allein ist das Beständige*, Wiley-VCH, Weinheim 2007, S. 198

30 Zit. n. www.handelszeitung.ch/unternehmen/die-haelfte-der-berufe-ist-noch-nicht-erfunden-660100

31 Zit. n. gutezitate.com/zitat/178739

32 Zit. n. »*Thoughts on the Business of Life*« (FN S. 849), *Forbes*, 114 (1974)

33 Tolle, Eckhart: *Jetzt! Das Journal*, Klappentext, Knaus, München 2020

34 Tolle, Eckhart: *Stille spricht. Wahres Sein berühren*, Arkana, München 2003, S. 68

35 Zit. n. *Business Women's Herald*, Official Publication of the Business and Professional Women's Club of Oakland, California, Bd. 3, Nr. 9, Untitled short article, Unnumbered Page (Last Page, Page 8), Oakland, California, 1926

36 Zit. n. www.aphorismen.de/zitat/72505

Cialdini, Robert B.: *Die Psychologie des Überzeugens*, 8. Aufl., Hogrefe, Bern 2017

Killingsworth, Matthew A. & Daniel T. Gilbert: *»A Wandering Mind is an Unhappy Mind«*, in: *Science*, 11/2010

Oswald, Michael: *Strategisches Framing. Eine Einführung*, Springer Fachmedien, Wiesbaden 2019

Wehling, Elisabeth: Politisches Framing. *Wie eine Nation sich ihr Denken einredet*, Ullstein, Berlin 2018

www.oekologiepolitik.de/2017/11/08/interview-es-dominieren-der-terror-frame-und-der-boese-mann-frame/

Patrick Burow,
Adrian Rouzbeh,
Dallan Sam

Jurafakten
Verbotene Süßigkeiten,
erlaubte Morde und
andere Kuriositäten aus
Recht und Gesetz

Taschenbuch.
Auch als E-Book erhältlich.
www.ullstein.de

WUSSTEN SIE, DASS …

… die Flucht aus dem Gefängnis in Deutschland straffrei
   ist?

… Sie zu viel ausgezahltes Wechselgeld behalten dürfen?

… Morde auf Kreuzfahrtschiffen fast nie aufgeklärt werden?

… Sie sich von Punkten in Flensburg »freikaufen« können?

… Bier in Russland erst seit 2011 als alkoholisches Getränk
   gilt?

… das Töten einer Wespe 65.000 € kosten kann?

Solche Kuriositäten und vieles mehr, von verblüffenden
Rechtslücken bis zu juristischen Superlativen, steht in diesem so unterhaltsamen wie erhellenden Buch, mit dem
man sich zum Weltrechtsexperten der besonderen Art
weiterbilden kann.

Felix Denk & Silke Denk

Eltern, die auf Schaukeln starren

Von Bio-Mamas, iPhone-
Papas und anderen
Spielplatz-Profis

Taschenbuch.
Auch als E-Book erhältlich.
www.ullstein-buchverlage.de

Zeige mir deine Schaufel und ich sage dir, wer du bist

Spielplätze sind längst nicht mehr nur Orte für die lieben Kleinen. Nein, sie sind eine Bühne, auf der Väter
und Mütter ihre Rollen als Eltern öffentlich erproben
und einander mit erhobener Schippe kontrollieren.
Bloggende und karriereaffine Damen überbieten sich
gegenseitig dabei, mit ihren Sprösslingen den perfekten Auftritt hinzulegen. Der Kumpelpapa hampelt auf
der Rutsche wilder als sein Sohn, während der Busi-
nessdad lieber über iPhones als über Kinderköpfe strei-
chelt. Helikoptermütter wiederum wittern Gefahren
unter jedem Sandkorn und malträtieren ihre Umwelt
mit Regelwerken, die das BGB in den Schatten stellen.

Silke und Felix Denk schildern die neue deutsche El-
terngeneration pointiert, provokant und vor allem:
urkomisch.